CLAUDIA ENGEL

SCHEISS AUF DIE Glücksfee! ICH MACH DAS JETZT SELBST

Wie du dir mit dem
Gesetz der Anziehung
alles manifestierst,
was du dir wünschst

mvgverlag

Bibliografische Information der Deutschen Nationalbibliothek
Die Deutsche Nationalbibliothek verzeichnet diese Publikation in der Deutschen
Nationalbibliografie. Detaillierte bibliografische Daten sind im Internet über
http://d-nb.de abrufbar.

Für Fragen und Anregungen
info@mvg-verlag.de

Originalausgabe
2. Auflage 2021
© 2021 by mvg Verlag, ein Imprint der Münchner Verlagsgruppe GmbH
Türkenstraße 89
80799 München
Tel.: 089 651285-0
Fax: 089 652096

Redaktion: Iris Rinser
Umschlaggestaltung: Isabella Dorsch
Umschlagabbildung: Shutterstock.com/Magnia
Layout & Satz: Christiane Schuster | www.kapazunder.de
Druck: CPI books GmbH, Leck
Printed in Germany

ISBN Print 978-3-7474-0340-2
ISBN E-Book (PDF) 978-3-96121-707-6
ISBN E-Book (EPUB, Mobi) 978-3-96121-708-3

Weitere Informationen zum Verlag finden Sie unter

www.mvg-verlag.de

Beachten Sie auch unsere weiteren Verlage unter www.m-vg.de

Für Titus, Lilly und Lasse,
ihr seid meine größte Inspiration.
Behaltet euch immer diese kindliche Freude, Neugier und Lebenslust
und steckt damit alle in eurem Umfeld an.
Denn das ist die wahre Grundlage einer jeden Manifestation.

Inhalt

Achtung

Dieses Buch ist kein Buch, das du mal so nebenbei liest; bei dem du immer eifrig mit dem Kopf nickst, weil du all die Kalendersprüche darin so schön findest – und dann in deinem Leben trotzdem nichts änderst. Es ist nicht wie ein Diätbuch, das du mit einem Hanuta in der Hand durchblätterst und mit absoluter Überzeugung und Schokokrümeln an der Lippe rufst: »Ja, morgen setze ich alles um, was hier steht!« Es ist auch kein reines Informationsbuch, wo du auf jeder Seite etwas mit Textmarker grün anstreichst und auf dem an allen Ecken kleine Post-its kleben. Schwere Kost, die du nur zur Hand nimmst, wenn du dich richtig gut konzentrieren kannst. Dieses Buch versucht etwas ganz Neues:

Es darf unterhalten, es darf dich an der einen oder anderen Stelle zum Schmunzeln bringen. Und es darf gleichzeitig etwas in deinem Kopf und deinem Herzen bewegen. So dass du direkt loslegst und etwas veränderst, wenn du das möchtest. Denn wir alle haben unzählige Bücher im Schrank, die wir total sinnvoll finden. Nur wenn wir mal ehrlich sind: Wie viel aus den Büchern haben wir dann wirklich im Alltag umgesetzt?

Ich wünsche mir für dich aus tiefstem Herzen, dass dieses Buch dich unterhält, dich motiviert, dich reflektiert und dir bewusstmacht: Du kannst alles, womit du unzufrieden bist, ab heute verändern. Das Buch ist wie mein Podcast *Gluck in Worten:* praktisch, unterhaltsam, direkt und klar. Mit Anleitungen für den stinknormalen Alltag. Nicht nur für Tage, an denen du Zeit hast, zu meditieren, Tagebuch zu schreiben, ein Schweige-Retreat zu machen, deine Kindheitsverletzungen in allen Details zu ergründen, dich um deinen Körper, deine Seele und deinen Geist zu kümmern. Nein, dieses Buch ist für jeden Tag. Für den Tag, an dem du zwischen Meetings, Abgabefristen, Lunch to go und Freunde treffen gerade noch die Zeit findest, um aufs Klo zu gehen. Genauso wie für die Tage, an denen du dir eine Stunde Zeit für dich nehmen kannst. Ich wünsche mir, dass es ein Buch für deinen Alltag ist. Für den Scheiße-was-ist-heute-los-Tag genauso wie für den Ich-könnte-die-ganze-Welt-knutschen-Tag.

Dass die Tipps und Anleitungen dir an guten Tagen helfen, dich noch besser zu fühlen und deinem Leben genau die Richtung zu geben, in der du es haben willst, und dass sie dir an schlechten Tagen helfen, abends doch noch versöhnlich einzuschlafen und darauf zu bauen, dass der nächste Tag etwas Neues bringen wird. Das ist kein Selbstoptimierungs-super-power-tschakka-Buch. Auch kein Lari-fari-schlaue-Sprüche-Buch. Es zeigt, wie du mit einfachen, kleinen Tricks deinen Alltag noch schöner machst. Mal ganz viel, mal nur ein bisschen. Immer in dem Wissen, dass du heute schon großartig und mehr als genug bist.

Danke, dass du dich auf diese Reise einlässt. Danke, dass du zu diesem Buch gegriffen hast und damit glaubst, dass lustig und spirituell gleichzeitig geht; dass Veränderung nicht hochtrabend, meditativ oder qualvoll sein muss. Sondern unterhaltsam und leicht sein kann. Danke, dass du diesen Weg für dich gehst. Ich freue mich, dich ein paar Seiten, Minuten oder Stunden begleiten zu dürfen.

Stell schon mal das Konfetti bereit. Und denk dran: Zieh die Mundwinkel nach oben und entspann dich.

Deine Claudia

Einleitung

Wenn das so einfach wäre

»What the f…? Das gibt's doch gar nicht …« Das müssen so ziemlich die Worte gewesen sein, die mir durch den Kopf geschossen sind, als ich die ersten Seiten des Buches gelesen hatte. Völlig ungläubig starrte ich die Seiten vor mir an. Das KANN doch gar nicht stimmen … Wenn das so einfach wäre, das hätte mir doch irgendwer schon mal gesagt … oder nicht?

Es war 2008 und eine Freundin hatte mir das Buch *The Secret* in die Hand gedrückt. Nicht ganz grundlos. Ich muss wohl so ausgesehen haben, als würde ich mich eisern an jeden Strohhalm klammern, den man mir hinhielt. Kurz zuvor war meine vierjährige Beziehung – meine erste große Liebe und leider eine ewige Gefühlsachterbahn – endgültig an die Wand gefahren. Mit 180 Sachen. Ich war aus Spanien zurückgekehrt, wo ich extra für meinen Freund hingezogen war und lebte kurzfristig wieder bei meinen Eltern. Der Traum einer jeden Frau Anfang zwanzig, die sich erst wenige Jahre zuvor ein großes Stück Unabhängigkeit erkämpft hat. Ich musste erstmal mein Leben wieder ordnen und wusste schlicht nicht wohin.

Meine Laune war seit Wochen spurlos verschwunden. Also zumindest die gute. Ein wenig Trost fand ich abends in meinen Chipstüten, um am nächsten Tag festzustellen, dass die Chips sich in der Tüte wesentlich besser machten als auf meiner Hüfte. Beim Frustessen dachte ich daran, wann ich denn das Glück auch mal wieder auf meiner Seite haben würde? Wann das Schicksal es mal gut mit mir meinen würde? Wann die liebe Glücksfee mit ihrem Zauberstab kommen und mir mal ein anständiges Leben zaubern würde und nicht so eine Grütze hier? Macht nichts, wenn es schnell geht.

So war es auch kein Wunder, dass meine Freunde mir mit mitleidigem Blick Bücher aus der Abteilung »Selbsthilfe« empfahlen. Eine Kategorie Bücher, die ich zuvor noch überheblich als esoterischen Quatsch abgewertet hatte. Und mit Esoterik hatte ich ja mal so gar nichts am Hut. Ich dachte dabei immer an so Alt-68er, die beseelt grinsend mit Räucherstäbchen wedelten und irgendwas von Chakren-Reinigung faselten. Doch zum damaligen Zeitpunkt war ich ehrlich gesagt froh über alles, was mir etwas Perspektive gab. Und so war ich hochmotiviert, als ich anfing, das besagte Buch zu lesen. Natürlich legte ich es, wenn ich irgendwo war, immer mit dem Cover nach unten. Sollte ja keiner mitkriegen, was ich da lese.

Geiles Leben auf Bestellung

»Mit deinen Gedanken erschaffst du dein Leben«, stand in diesem Buch und dass man beim Universum »bestellen« könne.[1] Mit dem Gesetz der Anziehung könne man sich alles manifestieren, was man haben möchte, einfach so, nur durch die Kraft der Gedanken.

Bestellen? Wie bei Amazon quasi? Mit prime-Lieferung? Ich war wie vom Donner gerührt. Wie sollte das denn gehen? Mit den Gedanken das Leben erschaffen …

Da hatte aber jemand kräftig was geraucht, um mit sowas um die Ecke zu kommen, oder? Wie bitte sollte das denn funktionieren? Das Geheimnis, so stand in dem Buch, sei das Gesetz der Anziehung. Damit könne man sich alles wie magnetisch in sein Leben ziehen.

»Hört mal, ihr süßen Motivationsgurus«, dachte ich, als ich all die Experten in dem Buch sah, die mich der Reihe nach angrinsten, »das ist ja eine super Sache, so ein Gesetz der Anziehung. Habe ich nur noch nie von gehört.« Im Grunde wollte alles in mir das Buch zuschlagen, es als esoterischen Unsinn abtun, damit ich mich voller Hingabe wieder in meinem Elend suhlen könnte.

Doch das tat ich nicht. Stattdessen las ich weiter. Und fragte mich immer und immer wieder, ob das wirklich sein könnte? Ob meine Gedanken wirklich so eine Macht hätten, um mein Leben zu verändern? Es klingt ja zu verlockend. Einfach nur an das richtig geile Leben denken, und es kommt dann auf mysteriöse Weise zu mir.

Also wenn das so ist: Ich hätte dann gerne einmal das Premium-Leben All-inclusive. Erfolgreich im Job, eine Sahneschnitte an meiner Seite, gerne groß und braun gebrannt natürlich und schwer verliebt in mich, dazu noch tolle Freundschaften, und wenn wir grad dabei sind, gegen ein schickes Auto in der Garage hätte ich auch nichts einzuwenden. On top dann noch Urlaube auf den Malediven in einem von diesen Strandbungalows mit Wasserboden. In die man nur mit Privatflugzeug kommt und wo die eigenen Koffer und Sorgen von anderen getragen werden. Ja, das hätte was.

So, fertig gedacht. Und wo war es nun, das geile Leben? Meins fühlte sich noch nicht nach All-inclusive auf den Malediven an. Eher nach Zwei-Sterne-Bed & Breakfast mit Raufasertapete im Allgäu.

13

Ich dachte an meinen Alltag. Das ständige Auf und Ab in der zurückliegenden Beziehung, das Studium, das so vor sich hinlief, die Tatsache, dass ich nach der Trennung kurzzeitig wieder bei meinen Eltern wohnte und mir vorkam wie mit 15 – alles, was ich tagtäglich so erlebte. Das passiert halt mal, so war meine Überzeugung. Mal hatte man Glück und mal hatte man Pech. Mal passierte etwas Tolles und dann auch mal wieder was Schlechtes: Und war das nicht auch irgendwie normal? Lebte nicht jeder andere auch sein Leben so vor sich hin? Klar hatte ich Ziele und war ambitioniert. Besonders beruflich wollte ich was aus mir machen (wenngleich mir zu dem Zeitpunkt noch überhaupt nicht klar war, was das sein könnte), und ich strengte mich an, um einen guten Abschluss zu machen und einen Job zu bekommen, aber in vielen Lebensbereichen hatten ja auch andere Leute noch ein Wörtchen mitzureden. Mein Ex zum Beispiel, der häufig eben NICHT meine Meinung teilte (wieso eigentlich nicht?). Oder die Chefs von einigen Fernsehsendern, bei denen ich mich damals auf ein Praktikum beworben hatte und die meine fehlende Berufserfahrung als 22-Jährige bemängelten.

Was also sollten meine Gedanken mit all dem zu tun haben?

Was, wenn es stimmt?

Doch es ließ mich nicht los. Ich könnte mir also einfach mein Leben »erdenken«? Ich könnte genau das in mein Leben ziehen, was ich möchte? Einfach so, und dann würde ich es bekommen? Ich wollte der Sache eine Chance geben.

Aber wenn das wirklich wahr sein sollte, also nur mal theoretisch angenommen, es könnte wirklich stimmen: Wieso wusste ich das nicht? Wieso wurde das nicht in der Schule unterrichtet? Es war, als hätte man mir einen nicht unwesentlichen Schlüssel zum Leben bislang vorenthalten. Deshalb war meine Skepsis auch mindestens so groß wie meine Neugier. Ein Teil von mir sträubte sich wie ein bockiges Kleinkind beim abendlichen Aufräumen. »Das wäre doch zu einfach«, schoss es mir permanent durch den Kopf. So als ob das Leben ein kompliziertes Computerspiel wäre und mir jemand gerade den Code gegeben hätte, mit dem ich direkt ins letzte Level springen könnte. Es fühlte sich ein bisschen an wie schummeln. Und gleichzeitig war es, als ob jemand eine kleine Flamme in mir entfacht hätte.

»Wenn ich es wirklich selber in der Hand hätte, wie meine Realität ist; wenn ich mir wirklich mein Leben erschaffen könnte, wie ich es möchte, das wäre ja der Oberknaller.« Schon damals als angehende Journalistin war mein Schnüffelhund-Reflex sehr ausgeprägt und ich wollte sofort mehr darüber erfahren. Ich wollte wissen, wie das genau funktionierte.

Ich hatte es satt, mich vom Leben hin und her schubsen zu lassen. Ich wollte mich nicht mehr ausgeliefert fühlen und abhängig von meinem Ex-Freund, der je nach Tageslaune die große Liebe in mir sah, um mich am nächsten Tag zu betrügen. Ich wollte nicht mehr darauf angewiesen sein, dass irgendjemand meine Bewerbung für ein Praktikum oder später für einen Beruf für gut genug befindet und damit über mich und meine Zukunft entscheidet. Ich wollte es selbst in der Hand haben. Ich wollte entscheiden, dass ich morgens schon mit einem Lächeln aufwachen könnte. Ich wollte selbst bestimmen, wie mein Leben läuft. Ich war zwar noch sehr jung, aber ich hatte das Gefühl, wenn ich die nächsten 20 und nochmal 20 und nochmal 20 Jahre genauso weitermache wie jetzt, wird das nicht das geilste aller Leben. Ich wollte nicht länger nur Zeit absitzen und schauen, was halt so passiert. Schauen, was der Tag und das Leben so bringt. Denn da waren zwar auch hin und wieder ziemlich coole Sachen dabei, aber eindeutig zu viel Mist in letzter Zeit. Ich wollte selber kreieren, wie ich es haben will. Ich wollte das ganz große Leben. Jeden Tag einen Grund, Konfetti zu werfen und abends mit einem Lächeln ins Bett zu gehen.

Ich hatte mir einen der Experten aus dem Buch, Jack Canfield, genauer angeschaut, weil ich von ihm noch mehr lesen wollte. Und er hatte wundervolle Lachfältchen im Gesicht. Genau die wollte ich auch. Ich wollte, dass mein Gesicht später erzählen würde, was für ein schönes und fröhliches Leben ich hatte.

Es war also klar: Ich wollte alles über dieses sogenannte Gesetz der Anziehung erfahren und vor allem wollte ich es ausprobieren.

Let the magic begin

Die folgenden Jahre habe ich das Manifestieren weiter erkundet, unzählige Bücher dazu gelesen, Kurse gemacht, es ausprobiert, verfeinert, in allen Lebensbereichen getestet und mir damit tatsächlich ein wundervolles Leben erschaffen. Was ich anfangs noch sehr skeptisch betrachtete, stellte sich als das Wertvollste heraus, was ich im Leben lernen konnte.

Meine Reise begann als 22-jährige Studentin mit Liebeskummer, die sich finanziell gerade so über Wasser halten konnte. Heute beim Schreiben dieser Zeilen bin ich 35, erfolgreiche Geschäftsführerin meines eigenen Unternehmens, Podcasterin mit Millionen Downloads, dreifache Mama und glücklich verheiratet.

Und das schreibe ich nicht, um anzugeben, sondern um dir zu zeigen: Alles ist möglich. Ja, das klingt so nach amerikanischer Tschakka-Tschakka-Mentalität. Es klingt nach »Du kannst übers Feuer laufen«, und irgendwie klingt es zu schön, um wahr zu sein. Doch ich meine es genauso, wie ich es geschrieben habe: Alles ist möglich. Wenn du nur halb so skeptisch bist wie ich damals, denkst du jetzt bestimmt: »Schön für sie, aber wie bitte geht das für mich?«

Wenn dein Leben in irgendeinem Bereich nicht so ist, wie du es gerne hättest, und du nicht gerade masochistisch veranlagt bist, gehe ich einfach mal davon aus, dass du schon versucht hast, das zu ändern. Wenn es bislang noch nicht geklappt hat, dann ist vielleicht die Zeit gekommen, um mal etwas anderes zu probieren.

Ich möchte dich einladen, dich darauf einzulassen und den Erkenntnissen aus diesem Buch offen zu begegnen. Ich möchte dir auf den folgenden Seiten alles zum Gesetz der Anziehung und der Kunst des Manifestierens mitgeben, was ich weiß. Ich möchte dir zeigen, wie du dein Traumleben erschaffst. Mit allem Pipapo, den du haben willst. Wie du dich vor allem richtig gut fühlst dabei und nicht so, als wenn du deine Zeit hier auf dem Planeten absitzt und tagein, tagaus wartest, was das Leben so bringt. Fangen wir an, dich wieder richtig für dein Leben zu begeistern.

Hast du noch Träume, die schon ewig in der Schublade liegen, mit dem Ziel, irgendwann mal umgesetzt zu werden? Willst du dich beruflich verändern oder endlich die Liebe deines Lebens treffen? Ich möchte dir zeigen, wie du dein Glück selber in die Hand nimmst, statt zu warten, bis das Schicksal es gut mit dir meint. Getreu dem Motto: Scheiß auf die Glücksfee, ich mach das jetzt selbst!

Vielleicht hast du sogar schon vom Manifestieren und dem Gesetz der Anziehung gehört und wirst gerade nicht ganz so ins kalte Wasser geschubst wie ich damals. Aber irgendwie funktioniert es bei dir nicht so richtig und du zweifelst immer wieder, ob das nicht doch der totale Humbug ist? Den sich einfach mal jemand ausgedacht hat, der schlicht und ergreifend eine Menge Glück im Leben hatte und jetzt durch die Welt läuft und allen erzählt, es gebe da ein Geheimnis, mit dem man sich ein geiles Leben erschaffen kann?

Ja, diese Gedanken kenne ich und deshalb will ich dir auch erzählen, was für mich das Manifestieren ausmacht. Ich habe es nicht umsonst eben als »Kunst« bezeichnet.

Das Grundprinzip ist denkbar einfach, das hatten wir ja schon: »Mit deinen Gedanken erschaffst du dein Leben«. Das stimmt schon, aber gleichzeitig gehört da noch eine ganze Menge mehr dazu. Mit deinen Gedanken und vor allem mit deinen Gefühlen kannst du alles in dein Leben ziehen, was du willst. Den tollen Job, den du schon lange wolltest, einen Partner, der dich endlich genau so nimmt wie du bist, eine Wohnung oder ein Haus, Urlaube und Begegnungen, wie du sie dir wünschst. Die Liste ist endlos. Du kannst erschaffen, was du für möglich hältst.

Aber es hat eben nichts von »Zauber, Zauber, hex, hex« und dann ist es da. Mit diesem Missverständnis möchte ich aufräumen.

Ich möchte dir mit diesem Buch zeigen, wie du das Gesetz der Anziehung für dich nutzen kannst, wie du genau das manifestierst, was du dir wünschst. Vielleicht bist du aktuell noch so skeptisch wie ich zu Beginn. Das macht nichts. Deshalb gehen wir im nächsten Kapitel das Grundprinzip des Manifestierens durch, mit all den Fragen, die dir vielleicht auf den Nägeln brennen und die ich mir damals auch gestellt habe.

Im Kapitel »>Komm mir nicht mit Energie< - die Quantenphysik« möchte ich dir die wissenschaftlichen Hintergründe für das Gesetz der Anziehung näherbringen. Ich kann solche Konzepte immer erst anwenden, wenn ich wenigstens im Ansatz verstehe, wie sie funktionieren. Vielleicht geht es dir genauso und du bekommst in dem Kapitel eine Menge Futter für den logischen Teil deines Gehirns.

Dann schauen wir uns im Kapitel »>Ich habe kein Problem< – Darf ich vorstellen: dein Unterbewusstsein« das Bewusstsein und Unterbewusstsein genauer an. Denn erst, wenn du verstehst, wie die beiden zusammenarbeiten und das wirklich nutzt, kannst du das Manifestieren auch bewusst anwenden.

Dann geht es ans Eingemachte, und wir schauen genauer auf die 3 Schritte der Manifestation. Du bekommst dann in den folgenden Teilen von mir quasi eine Anleitung, was für die einzelnen Steps wichtig ist und vor allem, wie du sie nicht nur in der Theorie beherrschst, sondern sie in der Praxis umsetzt. Denn ich liebe es, Wissen direkt anzuwenden und alltagstauglich zu machen.

Zum Schluss schauen wir uns dann noch an, was alles in so eine Manifestation reinpfuschen kann und wie du das vermeidest.

So, genug der einleitenden Worte, lass uns direkt loslegen.

Also mach es dir bequem, lass dich einfach mal drauf ein und am Ende des Buches wirst du vielleicht schon merken, wie du dir ein Leben ganz nach deinen Vorstellungen erschaffen kannst.

Das Grundprinzip

Die Gedanken-Popcorn-Maschine

Lass uns nochmal kurz zurück springen ins Jahr 2008 zu meiner ungläubigen Erkenntnis: Da stand nun also, dass ich mein Leben selber erschaffe, mithilfe meiner Gedanken. Ich manifestiere mir mein Leben.

Was genau heißt manifestieren? Manifestieren heißt »sichtbar, deutlich, offenbar werden«. Das, was ich denke, wird also sichtbar in meinem Leben. Etwas, das zunächst ein Gedanke war, wird in der Wirklichkeit sichtbar. Das Leben passiert mir also nicht einfach so, sondern ich kann durch meine Gedanken beeinflussen, was ich für mich erschaffe. Ok, das Prinzip konnte ich zwar nachvollziehen, aber da waren Millionen Fragezeichen, die in meinem Kopf aufploppten wie kleine Maiskörner auf dem Weg zum Popcorn.

Plopp, der erste Gedanke: Wie?

Wie funktioniert das? Und dann kamen ungefähr zweihundertachtundsiebzig Fragezeichen.

Das Gesetz der Anziehung besagt, dass Gleiches Gleiches anzieht. Das, woran du denkst und worauf du deine Aufmerksamkeit richtest, davon bekommst du mehr. Du ziehst also das in dein Leben, woran du denkst. Diese Gedanken werden zu Dingen und zeigen sich in deiner Realität.

Für mich trifft das Zitat von Tony Robbins den Nagel auf den Kopf:»Energy flows where attention goes«.[2] Deine Energie fließt dahin, wo deine Aufmerksamkeit hingeht.

Stell dir vor, du gehst spazieren, mit einem fetten Grinsen auf den Lippen. Du bist entspannt und es geht dir gut. Du konzentrierst dich auf den Duft von Moos, das Gezwitscher der Amseln und wie entspannend der Ausblick ins Grüne ist. Deine Aufmerksamkeit geht also zu diesen Dingen, und dahin fließt auch deine Energie. Die ist zunächst mal positiv, du wirst dich wohlfühlen (vorausgesetzt, du magst den Geruch von Moos und das Gezwitscher von Vögeln), den Spaziergang genießen, und du wirst noch mehr von den Dingen bekommen und wahrnehmen, die dich in diese positive Energie bringen. Vielleicht siehst du ein kleines Eichhörnchen, das gerade mit einer ergatterten Haselnuss auf den nächsten Baum huscht und dir ein Lächeln ins Gesicht zaubert. Oder du entdeckst den süßen Nachbarn von gegenüber und ihr grüßt euch augenzwinkernd.

Nehmen wir jetzt also mal an, du hast eher einen schlechten Tag und gehst ebenfalls spazieren. Nun konzentrierst du dich auf die Pfützen vom letzten Regen oder den kalten Wind, der dir immer wieder unangenehm in den Nacken bläst. Du konzentrierst dich auf diese negativen Dinge und deine ganze Energie fließt dahin. Diesmal ist die Energie aber nicht positiv, sondern negativ. Vielleicht ärgerst du dich, dass du überhaupt spazieren gegangen bist oder nur die dünne Jacke angezogen hast. Auf jeden Fall fließt die Energie dahin, worauf du deine Aufmerksamkeit lenkst und davon bekommst du mehr. Kein Wunder also, wenn du nun bemerkst, dass das auf dem Boden eben kein Matsch, sondern Hundescheiße war und deine zu dünne Jacke ein Loch in der Tasche hat, wo bis eben noch dein Haustürschlüssel drin war. Pech gehabt, könnte man meinen. Und da sind wir im Grunde schon bei meinem direkt folgenden Gedanken-Einwand.

Plopp, der zweite Gedanke: Zufall?

Ist das nicht einfach nur Zufall? Pech? Glück? Für den einen war die Realität halt »beschissener« als für den anderen. Getreu dem Motto: Mal hat man Pech und mal haben die anderen Glück …

Wir werden im Laufe des Buches noch ganz oft an dieser Stelle vorbeikommen. Ich selber musste für mein Kontrolletti-Gehirn, das lange nicht wirklich an das Gesetz der Anziehung glauben wollte, jahrelang Beweise sammeln, dass sowas eben kein Zufall ist, sondern dass ich mein Leben aktiv beeinflussen kann. Immer häufiger musste ich feststellen, dass ich entweder ganz schön viele Zufälle erlebe, die mir immer genau das bringen, was meiner Energie entspricht, oder es tatsächlich noch eine andere Kraft da draußen gibt, die für mich am Werk ist. Heute glaube ich nicht mehr an Zufall.

»Zufall ist Gottes Art, anonym zu bleiben.«

Albert Einstein

Am Anfang ist es total normal, alles was wir vermeintlich manifestieren, erstmal als Zufall abzutun. Oder als selektive Wahrnehmung. Das geht wohl den meisten so, und es ist auch verständlich, dass dein Verstand versuchen wird, das, was du erlebst, in irgendein Konzept zu pressen, das er kennt. Du kannst die ganzen »Zufälle« ja einfach erstmal für dich sammeln und dann die Überzeugung gewinnen, dass der Zufall dir ganz oft in die Karten spielt.

Es gibt kaum ein logisches Argument, das dich anfangs davon überzeugen wird, dass hier kein Zufall am Werk ist. Und das muss es auch gar nicht geben. Deshalb gib dir Zeit und beobachte einfach zunächst mal. Nimm die »Zufälle« wahr und schaue, ob sie geballt auftauchen. Wer weiß, vielleicht treffen wir uns in ein paar Monaten oder Jahren und du erzählst mir eine ähnliche Geschichte, wie die, die du gerade liest, mit den Worten: »Damals, zu Beginn, als ich noch an Zufall geglaubt habe ...« Ich freu mich auf jeden Fall jetzt schon auf deine Geschichte.

Plopp, der dritte Gedanke: Realität?

Aber es gibt ja auch Sachen, die sind einfach so. Die kann ich gar nicht verändern. Das ist ja die Realität.

Gibt es denn überhaupt »die eine Realität«? Zwei Menschen können am gleichen Tag den exakt gleichen Spaziergang durch den Wald machen und ganz anders davon berichten. Der eine berichtet von dem Eichhörnchen und dem Geruch nach Moos, wie schön alles war und dass die Sonne so wundervoll geschienen hat. Der andere hingegen hat das Eichhörnchen gar nicht gesehen, weil er den Blick nicht einmal nach oben gerichtet hat und damit beschäftigt war, sich über den Wind zu ärgern.

Zwei komplett unterschiedliche Geschichten, obwohl doch »die Realität« genau gleich war. Das Eichhörnchen war ja schließlich auf diesem Baum. Wir könnten sogar so weit gehen und sagen, beide treten in die Hundekacke. Selbst bei dem gleichen Ereignis ist die Realität nicht zwangsläufig die gleiche. Der eine regt sich fürchterlich auf, während der andere es vielleicht gar nicht bemerkt, weil er grad fasziniert dem Eichhörnchen zuschaut, die Schuhe zuhause dann saubermacht und sich nicht daran stört.

Es ist also nie die »Realität«, die dein Leben beeinflusst, sondern deine Wahrnehmung der Realität.

Plopp, der vierte Gedanke: Emotion?

Ich erschaffe also das, was ich gerade denke und fühle?

Das, worauf du deine Aufmerksamkeit richtest, in Form von Gedanken und Gefühlen, wird mehr. Ist ja logisch, denn wir haben soeben gelernt, dass dahin Energie fließt. Positive oder negative Energie, das ist erstmal egal. Auf jeden Fall eine Menge Energie. Und so erschaffen wir davon ständig mehr.

Wenn ich beim Spazieren gehen schimpfe und mich ärgere, erschaffe ich Wut und noch mehr Ärger. Denn ich gebe meine ganzen Emotionen da rein, ich schimpfe über den Hundehaufen, in den ich gerade getreten bin, ich ärgere mich über die Hundebesitzer und vielleicht ärgere ich mich auch über mich. Wäre ich doch bloß auf dem Sofa sitzen geblieben.

Wenn ich glücklich über die Sonnenstrahlen durch den Wald laufe und mich an jedem kleinen Blümchen am Waldrand erfreue, dann erschaffe ich Freude und Glück.

Ganz heruntergebrochen gibt es zwei Grundemotionen: negative Gefühle wie Hass, Furcht, Ärger, Angst, Traurigkeit oder Wut, und positive Gefühle wie Liebe, Freude, Hoffnung, Euphorie und Dankbarkeit. Die beiden können nicht gleichzeitig da sein. Wir können nicht gleichzeitig wütend und dankbar sein. Oder traurig und euphorisch.

Vielleicht erinnerst du dich noch an die Zeit, wo du mit Zahnspange im Mund und Pickeln im Gesicht mit deinen Freunden Flaschendrehen gespielt hast. Da haben die meisten von uns das mal ausprobiert mit dem Haufen Emotionen, die gefühlt alle gleichzeitig da sind. Einige Emotionen liegen eng beieinander, und es fühlt sich manchmal so an, als könnte man z. B. lieben und hassen gleichzeitig. Zumindest habe ich das mit 13 regelmäßig gedacht; da war Sebastian aus meiner Klasse den einen Tag die große Liebe, mit dem ich gemeinsam *Titanic* geschaut habe, und am nächsten Tag nicht mal mehr einen Blick wert. Frag mich nicht, warum. Ich weiß es schlichtweg nicht mehr.

Du siehst, nicht nur in der Pubertät, sondern auch später im Leben, wechseln sich die Emotionen manchmal schnell hintereinander ab. Sie sind aber nicht gleichzeitig da. Um das Gesetz der Anziehung zu verstehen, ist das wichtig. Wenn du glücklich bist, erschaffst du mehr, wofür du glücklich sein kannst. Wenn du wütend bist, erschaffst du mehr Wut. Wenn du dankbar bist, erschaffst du Dankbarkeit. Wenn du ängstlich bist, erschaffst du Angst.

Wenn wir uns also Sorgen machen, uns vor der Zukunft fürchten und die Gedanken in unserem Kopf ständig zu einer Worst-Case-Szenario-Party einladen, erschaffen wir eine Realität, die nicht so witzig ist und die wir nicht wollen. Wenn wir uns stattdessen mit dem beschäftigen, was schön ist in unserem Leben, innerlich quasi Blümchen pflücken gehen, dankbar sind und Freude darüber empfinden, erschaffen wir noch mehr davon.

Plopp, der fünfte Gedanke: alles wichtig?

Wenn ich also mit dem, was ich denke, meine Realität erschaffen kann, dann ist im Grunde ja jeder Gedanke wichtig. Jeder einzelne Gedanke. Ach du Scheiße. Was da im Oberstübchen bei mir los ist, da bin ich ja am dauer-erschaffen.

Ja genau, das stimmt im Grunde auch. Wir alle denken die ganze Zeit. Ich will gar nicht wissen, welche Gedanken dir alleine beim Lesen der ersten Absätze durch den Kopf gegangen sind. Und das, obwohl dein Geist ja eigentlich beschäftigt ist. Mit Lesen. Aber das macht nix, der kann Multitasking.

Da oben rattert es also in einem fort und das erschafft jetzt die eigene Realität?

Ja, wir nehmen das jetzt mal so als Grundlage, um die Details kümmern wir uns noch.

Du erschaffst dein Leben durch deine Gedanken und deine Gefühle. Das bedeutet, dass du dauerhaft etwas erschaffst, denn du hast (wie jeder, der sich noch nicht ins Nirvana meditiert hat) permanent Gedanken und Gefühle. Sogar wenn du schläfst, da merkst du es nur meistens nicht, weil es da im Unterbewusstsein abgeht wie bei einer wilden Party, während das Bewusstsein ein paar Stündchen Pause hat. Auch mal angenehm.

Wir kommen noch dazu, warum es auch wichtig ist, was dein Unterbewusstsein so anstellt.

Das Gesetz der Anziehung wirkt immer. Ob du nun daran glaubst oder (noch) nicht. Du manifestierst ständig. Es gibt leider keine »Pause« - Taste. Manchmal wünsche ich mir, ich könnte einfach die Finger überkreuzen und das Universum »hört nicht zu«. Aber die meiste Zeit feiere ich es sehr, dass ich selber mein Leben erschaffe.

Am Anfang klingt es unfassbar schwierig, dass wir ständig etwas erschaffen – ist es aber gar nicht. Es geht nämlich nicht darum, deine Gedanken unter Kontrolle zu kriegen, das ist schlichtweg nicht möglich. Uns gehen ungefähr 60.000 bis 80.000 Gedanken am Tag durch den Kopf. (Plopp, da kommt bei mir schon wieder die Frage auf, wie man das wohl gemessen hat?) Davon ist ja nur ein Mini-Teil bewusst. Diesen Teil können wir verändern. Und bei den zehntausenden unbewussten Gedanken dazwischen machen wir uns ein paar Prinzipien zunutze, um damit ebenfalls ein geiles Leben zu erschaffen.

Du musst nicht den ganzen Tag unentwegt bewusst an das denken, was du erschaffen möchtest. Es reicht, wenn du dich in einem Zustand befindest, von dem du noch mehr kreieren möchtest: Freude oder Dankbarkeit, Zufriedenheit oder Entspannung.

Du hast die Wahl: Wenn du dich morgens beim Anblick deines Spiegelbilds wohlwollend betrachtest, dir ein Lächeln schenkst und dich darüber freust, dass dir die Farbe des Pullovers hervorragend steht, dann sendest du Freude aus. Und wirst davon mehr bekommen. Es kann also sein, dass du nachmittags an der Supermarktkasse vorgelassen wirst, worüber du dich ebenfalls freust. Du siehst, die Situationen müssen nicht unbedingt etwas miteinander zu tun haben. Was aber gleich ist, ist die Emotion, in diesem Fall Freude.

Wenn du dich stattdessen morgens mürrisch anstarrst, dich darüber ärgerst, dass der Pickel an deinem Kinn zu einem ausgewachsenen Krater mutiert ist, deine Haare schon wieder eine eigene Party ohne dich gefeiert haben und du soeben Zahnpasta auf deinem Pullover verteilt hast, dann sendest du Ärger aus und der Tag wird in dem Muster weitergehen. Denn Gleiches zieht Gleiches an.

Plopp, der sechste Gedanke: Gedankenmüll?

Ah Hilfe, ich habe auch schon total viel Mist gedacht. Ich denke ständig irgendwelchen Mist. Oder rege mich auf, über andere Autofahrer oder meinen Chef oder den nervigen Halbstarken mit den gepiercten Ohrläppchen, der sich gestern an der Kasse so dreist vorgedrängelt hat. Und was ist mit all dem, was in meinem Leben bislang schiefgelaufen ist, wo ich einfach Pech hatte, wo ich ungerecht behandelt wurde? Bin ich da jetzt selbst dran schuld? Habe ich nur falsch gedacht?

Wie du in den folgenden Kapiteln noch lernen wirst, reicht nicht nur der Gedanke an etwas, um es – tadaaa – ins Leben zu ziehen. Da gehören noch ein paar Feinheiten dazu, denen wir uns in diesem Buch widmen. Grundsätzlich gilt aber: Wenn du den lieben langen Tag an gequirlten Mist denkst, wirst du ziemlich viel gequirlten Mist in deinem Leben erschaffen.

Du wirst jetzt vielleicht sagen: Wenn ich schlechte Laune habe, habe ich mir aber ja noch lange nicht den Hundehaufen selbst vor meine Füße geklatscht (obwohl das auch ein lustiges Bild wäre). Es ist also nicht im klassischen Sinne deine Schuld, dass der Hundehaufen da liegt. Da aber Gleiches Gleiches anzieht, wirst du mit ständigen negativen Gedanken mehr Hundehaufen-Erfahrungen machen als mit positiven Gedanken. Heißt also, die Wahrscheinlichkeit, dass du in den Hundehaufen trittst, wenn du gerade eh alles Negative siehst und deine Energie dahinfließt, ist deutlich höher als die Wahrscheinlichkeit, dass du daneben trittst.

Niemand manifestiert sich absichtlich eine Menge Bockmist. Meist liegt es schlicht und ergreifend daran, dass du einfach nicht wusstest, wie mächtig deine Gedanken sind. Und wenn du reintrittst, dann ist es vor allem deine Entscheidung, wie du damit umgehst. Denn das Wissen um das Gesetz der Anziehung bedeutet nicht, dass wir nie mehr Hundehaufen erschaffen (auch im übertragenen Sinne), sondern dass wir eine Basis schaffen, anders mit Erfahrungen umzugehen. Ob uns solch ein Ereignis den gesamten Tag vermiest, wir auf alle Hundebesitzer schimpfen und das nächste Mal schon jede Sekunde wieder auf eine solche Tretmine warten, oder ob wir uns nichts draus machen und es als Gelegenheit sehen, mal wieder die Schuhe zu putzen, oder aufmerksam auf den Weg vor uns zu achten.

Es ist, was du draus machst.

Das Socken-Beispiel

Sind wir doch mal ehrlich: »Es ist, was du draus machst« ist eine ziemlich unbequeme Wahrheit, oder?

Denn im Grunde wollen wir alle nur zu ungern, dass wir selbst irgendetwas in unserem Denken, geschweige denn Handeln verändern. Nein, viel schöner wäre es doch, wenn sich »im Außen« was verändert. Oder eben alle Menschen um uns herum sich verändern. Nehmen wir das klassische Socken-Beispiel: »Wenn mein Mann endlich seine Socken IN die Wäschetruhe schmeißen würde statt daneben, dann hätten wir viel weniger Streit.« Oh ja, wie viele Jahre habe ich das gedacht und mich darüber aufgeregt. Jedes Mal, wenn wieder ein Paar Socken auf dem Fußboden rumlag (ich glaube die müssen heimlich alle wieder aus der Wäschetruhe gesprungen sein), habe ich mit einem lang gezogenem »Schaaaahatz, kannst du nicht einfach deine Socken wegräumen?« reagiert. Und bei jedem

Mal wurden die As in »Schaatz« länger und genervter. Was dann passiert ist? Na, was soll schon passiert sein: Ich habe jedes Mal gleich reagiert, mein Mann hat jedes Mal gleich reagiert. Wenn ich mich recht erinnere, hat er ein kurzes »Ja, mach ich das nächste Mal« oder »Ja, habe ich nicht gesehen« gemurmelt oder er hat einfach gar nicht reagiert. Obwohl sich die Situation ständig genau gleich abspielte, habe ich darauf gehofft, dass irgendwann der Mann wie durch eine heilige Erkenntnis nie wieder seine Socken liegen lässt. Das gilt übrigens gleichermaßen für Situationen mit Kindern oder Kollegen. Hat sich jemals wirklich langfristig etwas an so einer Situation geändert? Ich behaupte, das ist eher die Ausnahme. Wie Albert Einstein schon sagte: »Die Definition von Wahnsinn ist, immer wieder das Gleiche zu tun und andere Ergebnisse zu erwarten.«

Wir tun es trotzdem alle ständig. Nach ein paar Jahren Socken-Genörgle musste ich feststellen, dass ich so offenbar nicht weiterkomme. Ich habe also anders auf die Situation reagiert, schließlich hatte ich zu der Zeit »Es ist, was du draus machst« schon verinnerlicht, und ich wusste: Es liegt in meiner Verantwortung, was ich aus der Situation mache.

Zuerst habe ich mich flach auf den Boden geschmissen und die Socken angestarrt, als wären sie gerade von einem fremden Planeten hier bei uns gelandet. Ungefähr so hat mich dann auch mein Mann angeschaut. Dann habe ich meine Socken einfach dazugeschmissen (fand mein Mann gar nicht witzig) oder habe einen Zettel drauf geklebt mit: »Ist das Kunst oder kann das weg?« Ich habe alle möglichen Reaktionen ausprobiert. Hauptsache, sie waren anders als das, was ich bislang gemacht hatte.

Und was soll ich sagen? Wir haben gelacht, wir haben uns köstlich amüsiert. Ich war manchmal sogar fast traurig, wenn mal keine

Socken dalagen, denn dann konnte ich keine meiner Ideen ausprobieren. Und am Ende des Tages ist dieses Problem quasi verschwunden. Ich habe keine negative Energie mehr darauf gegeben. Ich habe mich nicht mehr automatisch schlecht gefühlt, wenn da Socken lagen. Ich habe Verantwortung für meine Gefühle übernommen. Ich habe selber entschieden, was ich aus der Realität mache.

Wenn ich selber verantwortlich bin, wie ich die Realität erlebe, dann kann ich auch selber entscheiden, wie ich sie haben will.

(Lies den Satz ruhig nochmal, der ist nicht ganz unwichtig.)

Als ich das mal kapiert hatte, wurde mir bewusst: Wow, was für eine Macht!

Ich entscheide, wie ich meine Realität erlebe. Ich entscheide, was ich aus den täglichen Begebenheiten mache. Und nicht nur das, ich fange an, sie aktiv zu beeinflussen. Ich fange an, mir Gedanken darum zu machen, wie ich mein Leben erschaffen möchte. Ich höre auf, den anderen die Verantwortung für meine Misere zu geben. Damit bin ich unabhängig und kann selber entscheiden, wie ich es haben will. Krasser Scheiß!

Heute weiß ich: Ich trage zu 100 % Verantwortung für mich und für mein Leben. Klar, passieren auch mir mal Dinge, die ich mir vielleicht nicht bewusst aussuchen würde und die ich nicht mag. Und gleichzeitig weiß ich, dass sie für irgendwas gut sind, dass ein Teil von mir sie ausgesucht hat. Dass ich mir das Leben, was ich lebe, so manifestiert habe.

Und trotzdem sage ich es dir ganz ehrlich: Diese Erkenntnis ist im ersten Moment scheiße. Ich soll mir das ausgesucht haben? Ich soll mir ausgesucht haben, dass mein Freund den Hintern einer anderen aufregender fand als meinen? Ich soll mir ausgesucht haben, dass ich gestern statt Blumen für die zehnjährige Betriebszugehörigkeit die Kündigung auf meinem Tisch gefunden habe?

Vor allem für diejenigen, die schon richtig schwere Zeiten erlebt haben, ist das wie ein Schlag ins Gesicht. Aber glaub mir, es ist auch die größte Erkenntnis und Befreiung für deine Zukunft. Denn bislang hast du halt nicht gewusst, was du da manifestierst. Du hast auf deine Hundehaufen geguckt und dich geärgert. Logisch, ist ja auch normal. Du wusstest nicht, dass du dir noch mehr Hundehaufen manifestierst, je mehr du dich darüber ärgerst. Und du wusstest vielleicht auch nicht, für was der Hundehaufen gut sein kann. Was er dich lehrt und wie er dich zu dem Menschen macht, der du heute bist.

Ich erinnere mich noch ganz genau, als ich das erste Mal von diesem Für-irgendwas-ist-es-gut-Gedöns gelesen habe. Kurz darauf hat mir eine Freundin erzählt, dass sie sich das Bein gebrochen hat. Sie war sehr geknickt, weil sie einige wichtige Vorstellungen als Schauspielerin dadurch verpassen würde. Als wir sprachen, habe ich ihr ins Telefon geflötet, dass es sich vielleicht jetzt komisch anfühlt das zu denken, aber dass der Beinbruch sicher für irgendwas gut sein wird. Ich glaube, sie war kurz davor, mir die Freundschaft zu kündigen …

Ja, ich gebe zu, heute würde ich das nicht mehr so platt verpacken, aber die Quintessenz ist nach wie vor die gleiche. Für irgendwas ist es gut, auch wenn du es im ersten Augenblick oft nicht sehen kannst. Und was soll ich dir sagen: Durch den Beinbruch ist sie damals mit ihrem Freund zusammengekommen. Sie hat oft an meine Worte gedacht und so genervt, wie sie zunächst von meinem Sieh-doch-das-Positive-Optimismus war, so erstaunt war sie später bei der Erkenntnis, dass der Beinbruch ihr etwas ganz Tolles geschenkt hat. Das ist nur ein Beispiel von vielen.

Du kannst also beeinflussen, wie viele Hundehaufen du erlebst, und du kannst auch immer beeinflussen, wie du mit den vermeint-

lichen Hundehaufen umgehst. Du erschaffst deine Zukunft, und ab
heute kannst du dich aktiv daran beteiligen. Ist das nicht genial?
Ich habe übrigens die Erfahrung gemacht, dass positive Emotionen deutlich mehr Kraft haben als negative. Ich versau mir also
nicht gleich den ganzen Tag, wenn ich mich mal ärgere. Das ist eine
der häufigsten Fragen, die ich gestellt bekomme: »Hast du auch mal
schlechte Tage?«

Ja, um Himmels Willen, ich bin kein Buddha. Ich bin auch mal
schlecht drauf, ich bin auch mal genervt (hallo, ich bin Mutter von
drei Kindern), ich bin auch mal traurig oder wütend oder erschöpft.
Und hey, das ist völlig ok und ganz natürlich. Es ist doch nicht unsere Aufgabe, den ganzen Tag wie ein dauergrinsender mexikanischer
Schwanzlurch durch die Gegend zu laufen (dieses Tierchen musst
du mal googeln, das ist zu niedlich). Jede Emotion ist ok und darf
da sein. Was ich allerdings vermeide, ist, ständig in diesen negativen Emotionen gefangen zu sein. Ich weiß heute, wie ich wieder
aus ihnen herauskomme, wenn ich keine Lust mehr habe, schlecht
drauf zu sein. Und es gibt auch Tage, da habe ich keine Lust, meine
Laune zu verändern, da bin ich einfach bockig. Dann verziehe ich
mich, wenn möglich, in ein eigenes Zimmer und schaue Netflix. Ich
treffe auf jeden Fall an dem Tag keine wichtigen Entscheidungen
und gehe meiner Familie nicht dauernörgelnd auf die Nerven (in
der Theorie ...).

Na, dann wollen wir mal sehen

Nachdem die ersten paar Plopp-Gedanken damals blitzschnell
durch mein Hirn gerast waren, kam bei mir dieses Gefühl auf von

»Challenge accepted«. Wollen wir doch mal sehen, ob das wirklich stimmt. Ich weiß nicht, ob es dir genauso geht, aber ich bin ein klassischer Fall von »Gegenbeispielsortierer«. Das ist ein verdammt sperriger Begriff aus dem NLP (Neuro-Linguistisches Programmieren). Menschen wie ich wollen gerne das Gegenteil beweisen. Im Grunde sind wir ein Leben lang in der Kleindkindphase hängengeblieben. »Ich bin dagegen. Was war die Frage?«

Das Gute ist aber, wir machen auch das Unmögliche möglich. Denn wenn jemand einem Gegenbeispielsortierer sagt: »Das geht nicht. Das hat noch nie jemand gemacht«, kannst du dir wahrscheinlich schon denken, was er versuchen wird. Richtig, er wird dir das Gegenteil beweisen. Alle Menschen, die sich wie wahnsinnig dutzende Hotdogs in wenigen Minuten quer in den Mund schieben, müssen in meinen Augen Gegenbeispielsortierer sein. Bei mir ist das mit dem »Ich beweise euch das Gegenteil« so ausgeprägt, dass ich das auch gegen mich selber mache.

Der rationale Teil von mir hat damals gesagt: »Das mit dem Gesetz der Anziehung kann gar nicht stimmen. Denn wenn das so einfach wäre, würde es ja jeder machen, und ich hätte davon schon mal gehört.« Kennst du solche Aussagen? Eigentlich total dämlich, denn es stimmt ja auch, dass Sport und eine gesunde Ernährung gut sind für uns, und trotzdem schieben sich Millionen Menschen Tag für Tag Schokolade, Chips oder künstliche schwarze Koffein-Plörre in den Rachen. Selbst wenn wir wissen, was stimmt und was gut für uns ist, heißt das noch lange nicht, dass wir es auch machen.

Es gab bei mir dennoch eine gewisse Ablehnung und eine Skepsis á la »Das kann gar nicht sein«. Der kleine Gegenbeispielsortierer in mir war angetreten, um zu beweisen, dass das Manifestieren nicht so einfach funktionieren kann.

Wenn du diesen kleinen inneren Rebell in dir auch spürst, ist das gar nicht schlimm. Wenn du jedoch das meiste aus diesem Buch für dich rausholen möchtest, dann darf dein Gegenbeispielsortierer sich die nächsten knapp 200 Seiten gerne mal schlafen legen. Du hast dieses Buch freiwillig in die Hand genommen, und ich habe es geschrieben, um dir zu helfen. Nicht, um dir irgendetwas zu beweisen. Wenn du nicht an das Konzept des Manifestierens glauben willst, dann kann nichts, was ich hier schreibe, dich umstimmen. Das ist ok. Damit kann ich leben. Wenn du der Sache allerdings eine Chance geben willst, dann lies die Sachen, die dir neu erscheinen oder auf den ersten Blick unglaubwürdig, mit wohlwollendem Blick. Denn du machst das hier nur für dich. Es ist dein Leben. Es ist dein Glück und es sind deine Entscheidungen.

Für mich stand damals fest: Ich wollte es ausprobieren und ich wollte gerne daran glauben. Denn die Aussicht war zu verlockend, vielleicht sogar zu schön, um wahr zu sein. Da stand ich nun mit diesem neu erworbenen Wissen über meine mächtigen Gedanken und manifestierte in den kommenden Tagen und Wochen Kleinigkeiten. In dem besagten Buch *The Secret* stand, man müsste sich genau vorstellen, was man haben wollte und sich dann mit allen Sinnen hineinfühlen, wie es sich erfüllte. Man sollte sich das, was man sich wünscht, so intensiv vorstellen, als wenn es schon da wäre. Also tat ich genau das.

Ich fing an mit Parkplätzen, denn ich hatte gelesen, dass das für den Anfang ganz gut ging. Also stellte ich mir zunächst vor, wie ich auf einem riesigen Parkplatz in der Innenstadt einparken würde. Ich stellte mir vor, wie sehr ich mich freuen würde, wenn dort ein Parkplatz für mich frei wäre. Ich ging so sehr in diese Vision, dass ich alles schon bildlich vor mir hatte. Wie ich souverän einparkte (na logo), wie ich mit einem fetten Grinsen im Gesicht aus dem Auto stieg und dann auf mein Auto schaute mit diesem triumphierenden Gefühl von »I did it«. Gedanklich hörte ich schon beinahe *We are the Champions* im Hintergrund. So mussten sich Menschen fühlen, die gerade die Präsidentschaftswahl gewonnen hatten. Oh ja, das fühlte sich gut an.

Ich war zu der Zeit eine von denen, die von sich selber behaupten würden, dass sie NIE Parkplätze finden. Also tastete ich mich ran und begann mit dem größten Parkplatz in der Innenstadt mit hunderten Plätzen. Und siehe da, ich bekam immer häufiger Parkplätze. »Zufall«, brüllte mein rationales Gehirn, »Ich probiere mal weiter« brüllte der andere Teil meines Gehirns zurück. Also manifestierte ich Parkplätze in bestimmten Straßen und irgendwann sogar ganz gezielte Stellplätze in engen Seitenstraßen. Und es funktionierte immer besser und besser. War ich deshalb überzeugt vom Gesetz der Anziehung? Du kannst es dir denken: Nein.

Ich möchte dir von dem Moment berichten, wo es für mich anfing, real zu werden. Vielleicht erscheint dir diese Manifestation klein und unbedeutend, doch in meinem Kopf hat sie einen Schalter umgelegt. Es war quasi der Moment, wo ich wirklich entschieden habe, dass ich keine verdammte Glücksfee brauche, sondern dass ich das selbst kann.

Ich war damals Studentin, und das Geld war immer knapp. Bei der Miete wurde ich Gott sei Dank von meinen Eltern unterstützt, ansonsten hatte ich einen Nebenjob in einem billigen Klamottenladen, in dem ich sage und schreibe 6,25 Euro die Stunde verdiente. Ja, damals war das noch legal.

Ich dachte also, wenn ich dieses Gesetz wirklich testen will, dann soll es mir doch mal Geld bringen. Hundert Euro wollte ich haben, denn das konnte ich mir gerade noch so glauben, obwohl ich nicht mal den Hauch einer Ahnung hatte, wo das herkommen sollte. Ich stellte mir also auch das vor und sah mich schon vor Freude in die Luft springen, wenn ich das Geld in den Händen halten würde. Ich fühlte es mit jeder Faser und war gleichzeitig ganz entspannt und geduldig, wie und wann es zu mir kommen würde. (Das ist ein elementarer Teil, auf den wir später im Buch noch genauer eingehen.)

Ich war damals, wie du schon weißt, kurzfristig bei meinen Eltern untergekommen, nachdem ich meine Studentenbude untervermietet hatte und eigentlich gerade verliebt knutschend bei meinem Freund sitzen sollte. Es muss irgendwann im Februar oder März gewesen sein, also deutlich nach meinem Geburtstag und vor Ostern oder sonst irgendeinem besonderen Anlass. Schon einige Jahre zuvor war ich bei meinen Eltern ausgezogen, war also auch nicht mehr offiziell dort gemeldet. An dem Tag kam meine Mama vom Briefkasten und sagte etwas verdutzt: »Hier ist ein Brief für dich.« Ich war in den Tagen zuvor fast high vor lauter Parkplatz-Manifestieren und irgendwie spürte ich wohl, dass sich da gerade etwas Entscheidendes in meinem Leben zeigte. Ich sagte grinsend und ganz selbstverständlich: »Das ist bestimmt mein Geld.« Meine Mutter schaute mich nur etwas verwirrt an, und ich öffnete den Brief. Es war eine Karte von meiner Oma, und darin waren 50 €.

In dem Moment bin ich fast hintenübergekippt. Meine Oma hatte mir zuvor (und auch danach) noch nie einfach so Geld geschenkt. Nur zum Geburtstag oder zu Weihnachten. Dies war der erste und einzige Brief, in dem sie mir einfach mal so Geld schickte. Weil sie mich lieb hatte und weil ihr grad danach war.

In dem Moment hat sich etwas verändert für mich. An Zufall konnte und wollte ich nicht mehr glauben. Seit diesem Tag habe ich so unendlich viele Beweise gesammelt, dass das Manifestieren funktioniert. Es war ein Aha-Erlebnis. Und plötzlich war der rebellische Gegenbeispielsortierer in mir still. Und mit ihm der Skeptiker. Ich war einfach nur geflasht und zutiefst dankbar.

Ach so, und falls du dich fragst, ob ich nicht enttäuscht war, weil es doch keine 100 Euro, sondern nur 50 waren: No way, ich war sowas von baff. Es war damals gerade genug, um mich zu überzeugen. Es war für mich der Startschuss in ein neues Kapitel meines Lebens.

»Komm mir nicht mit Energie« – Die Quantenphysik

Ok. Kurze Quizfrage: Ein Mann kommt in einen Raum mit zwanzig bis dreißig anderen Menschen, vermeidet unter allen Umständen jeglichen Blickkontakt und grunzt dann unverständlich etwas in seinen Bart. Nach einem kurzen Nicken holt er ein mikroskopisch kleines Reststück Kreide aus seiner abgeranzten Ledertasche, dreht sich zur Tafel um und beginnt, unleserliche Formeln und Sätze zu schreiben. Begleitet von weiterem monotonen Bartgenuschel macht er das für die nächsten 45 Minuten, wohlgemerkt ohne sich erneut umzudrehen oder irgendein Zeichen von Begeisterung oder Interesse für die Menschen hinter sich zu zeigen.

Wo befinden wir uns?

Ja, genau, im Physikunterricht. Oder zumindest in meinem, vor etlichen Jahren in der Schule. Du kannst dir sicher vorstellen, wie ich währenddessen in der letzten Reihe saß und mir gelangweilt die Fingernägel lackierte.

Meine Erinnerungen an Physik kann man deshalb nicht unbedingt als euphorisch begeistert beschreiben. Wobei ich es natürlich super fand, dass ich mich während der Schulzeit so hingebungsvoll meiner Wellnessroutine widmen konnte. Bei den Worten, die mir zu Physik einfallen, kommen Wörter wie »interessant«, »fesselnd« oder »spannend« daher aber eher auf den letzten Plätzen der Rangliste.

Warum ist das wichtig?

Weil es nun um Physik geht. Zumindest kam ich an dem Wort Quantenphysik nicht vorbei, als ich mich näher mit dem Gesetz der Anziehung beschäftigte. Ich wollte es genau wissen. Das war ja alles schön und gut, aber gab es dieses Gesetz der Anziehung nun wirklich? Gelesen hatte ich davon noch nie, in der Schule gelehrt wurde es auch nicht. Zumindest wenn ich die gelegentlichen Wortfetzen meines Physiklehrers damals richtig interpretiert hatte.

Da es sich ja angeblich um ein Gesetz handelt, musste es ja irgendwie wissenschaftlich belegt sein. Schließlich heißt es »Gesetz«, und da hat Glaube erstmal wenig zu suchen. Ich kann mir ja auch nicht aussuchen, ob ich heute mal an das Gesetz der Schwerkraft glaube oder nicht. Denn dann würde ich, zumindest was meine Brüste angeht, einfach mal nicht dran glauben wollen ...

»Wissenschaftliche Beweise« wäre mir am liebsten, denn wenn etwas wissenschaftlich bewiesen ist, dann ist es immer schon mal gut. Dann bleibt auf jeden Fall weniger Spielraum für Zweifel. Ich wollte einfach sichergehen, dass ich nicht bei irgendwelchen Sekten, Verrückten oder sonstigen Spinnern gelandet war und alles Hand und Fuß hat, wie mein Vater sagen würde.

Es gibt sie, die wissenschaftlichen Beweise, nur leider wie immer nicht die *eine* Theorie, die alles hieb- und stichfest beweist (oh, ich habe es mir doch so gewünscht). Vielmehr ist Manifestieren eine

Kombination aus vielen Teilbereichen. Es gibt heute etliche wissenschaftliche Studien, sowohl aus der Quantenphysik als auch aus der positiven Psychologie und der Gehirnforschung, die das Gesetz der Anziehung und unsere Fähigkeit zu manifestieren, untermauern. Ich möchte dir ein paar Erkenntnisse daraus zeigen.

Warum? Weil es mir wesentlich leichter fiel, an das Gesetz der Anziehung zu glauben und damit mein Leben zu erschaffen, als ich es einigermaßen verstanden hatte.

Energie und Schwingungs-Gedöns

Wenn man mehr über die Thematik liest, steht auf vielen Internetseiten und in einschlägigen Büchern eine Menge von »Energie« und »Frequenz«. Das waren Worte, bei denen meine erste natürliche Reaktion »igitt, igitt« war. Da schlug sofort mein Eso-Radar an. Wenn jemand von Energie sprach, haben sich mir früher immer die Nackenhaare aufgestellt. *Komm, wir fassen uns an den Händen und tanzen im Kreis, damit unsere Energien geweckt werden.* Nee, mit sowas konntest du mich schon immer jagen. Dabei ist das gar nicht so ein Hokuspokus, wie man glauben mag.

Ich wette, du hast Energien auch schon gespürt, vielleicht ohne es zu wissen.

Stell dir vor, du bist bei einem befreundeten Pärchen zum Essen eingeladen und kommst gut gelaunt mit deiner Mousse au Chocolat unterm Arm bei ihnen in die Wohnung geschlendert. Er sitzt auf der Couch, sie kommt gerade mit dir aus dem Flur ins Wohnzimmer, und sobald deine Füße das Altbauparkett berühren, merkst du: Hier stimmt was nicht. Es herrscht »dicke Luft«. Irgendwie liegt eine Anspannung in der Luft, und du weißt, die beiden haben sich gezofft, kurz bevor du die Wohnung betreten hast. Du spürst die Energie im Raum, ohne dass jemand auch nur ein Wort sagen muss. Ich bin wirklich nicht der feinfühligste Mensch, aber selbst ich habe solche Situationen mehr als einmal erlebt. Das ist also Energie. Wir können sie nicht anfassen, aber wir spüren sie sehr deutlich. Manifestieren besagt im Grunde, dass wir durch unsere Energie, oder auch Frequenz, genau die Dinge anziehen, die sich auf der gleichen Frequenz befinden.

Schauen wir uns dazu einmal kurz die Quantenphysik an. Glaub mir, mein Kopf hat da schon mehr als einmal ganz schön geraucht, vor allem weil Quantenphysik mit unserem logischen Verstand so schwer zu begreifen ist. Wer Details will, kann sich in den Welten von Atomen, Wellenfunktionen und Quantenmechanik verlieren. Für alle anderen breche ich es mal runter auf das Wesentliche, was uns hilft, das Gesetz der Anziehung zur verstehen. Also aufwachen, falls du bei den Fachwörtern schon eingenickt bist!

Die ganze Welt besteht aus Atomen. Das sind quasi die Bauteile, aus denen jede Materie besteht. Auch wir Menschen bestehen aus Atomen. Früher dachte man, diese Atome selbst hätten einen festen Kern und so ein bisschen Zeug drum herum. Einstein hat dann mal alles auf den Kopf gestellt (natürlich nicht nur er, aber er war sicher der Bekannteste), und seitdem weiß man, ein Atom besteht vor allem aus Energie.[3] So ein Atom besteht quasi zu Neunundneunzig-Komma-schießmichtot Prozent aus Energie und zu Null-Komma-Null-und-ein-wenig Prozent aus physischer Substanz. Na, das ist doch mal was. Wir sind also quasi im kleinsten Teil eher NICHTS als ETWAS. Na hoppla.

Wir bestehen also aus Energie. Wir sind Energie. Der kleinste Teil in unseren Zellen besteht zu über 99 Prozent aus Energie.

Nichts mit fester Materie oder so. Und alles, was um uns herum ist, besteht auch aus Energie. Jede Sache, jeder Stuhl oder Tisch hat sogar eine eigene Schwingungsenergie, die Eigenfrequenz. (Ich war ganz begeistert, als ich erfuhr, dass sowas sogar an den Unis gelehrt wird. Natürlich erstmal nicht, damit du dir Wünsche manifestierst, sondern zum Beispiel, damit man rausfindet, wann ein Glas durch einen Lautsprecher mit Musik zum Bersten gebracht wird. Nämlich genau dann, wenn die Schallwellen der Eigenfrequenz entsprechen. Naja, kann ja auch mal nötig sein, dieses Wissen.)

Alles besitzt eine Schwingung, auch alle Zellen und Organe in unserem Körper.

Und diese Energien stehen natürlich miteinander in Verbindung. Ähnliche Frequenzen finden zu einer gemeinsamen Schwingung.[4]

Wir sind quasi auf einer bestimmten Frequenz unterwegs. Ich stelle mir das vor wie ein Radio. Du kannst nicht deine Lieblingsmusik hören, wenn du den Radiosender eingeschaltet hast, auf dem gerade ein Fußballkommentator die neuesten Spielgeschehnisse ins Mikro bellt. Du kannst nur auf der Frequenz empfangen, auf der du auch sendest. Das heißt, wenn du kein Fußball magst, schalte um. Auf dein Leben übertragen, wenn du nicht magst, was du gerade so erlebst oder wie dein Leben abläuft, dann musst du auf einen anderen Sender schalten und deine Frequenz verändern.

Mit Gedanken etwas bewegen

Unsere Gedanken und Gefühle senden Signale aus, die man heute längst messen kann. Mit einem EEG-Gerät (Elektroenzephalografie) kann man die elektrische Aktivität der Nervenzellen messen. Im

Grunde sind Gedanken elektrische Impulse. Finde ich total wahnsinnig, wenn man sich das vorstellt, oder? Aktuell wird das z. B. in der Forschung für Gelähmte genutzt. Zuerst waren es Affen, die man darauf trainieren konnte, nur mithilfe ihrer Gedanken einen Joystick zu bedienen.[5] Mittlerweile hat man die Experimente auch bei Menschen erfolgreich durchgeführt. Gelähmte können damit allein durch Gedankenkraft einen Roboterarm steuern.[6]

Stell dir das mal vor: Es ist möglich, durch die Kraft der Gedanken, durch diese elektrischen Impulse, etwas in der materiellen Welt zu bewegen. Wenn das möglich ist, was ist dann noch alles möglich? Jetzt gibt es in den Tiefen der Quantenphysik noch ein Phänomen, das sich Beobachter-Effekt nennt. Der Beobachter beeinflusst das Verhalten von Energie und Materie, also die Wirklichkeit.[7] Für unseren logischen Verstand ist das ja mal so gar nicht greifbar. Der Beobachter beeinflusst die Wirklichkeit. Vielleicht hat der eine oder andere schon mal von Schrödingers Katze gehört (spätestens seit Big Bang Theory ist Nerd-Wissen ja Gott sei Dank angesagt). Die Katze in diesem Gedankenexperiment ist gleichzeitig lebendig und tot, solange sie keiner beobachtet. (Wenn du dir das Gedankenexperiment mal reinziehen magst, du findest es auf YouTube[8].)

Im Grunde geht es um die Gesetze der klassischen Physik, die wir aus unserem Alltag kennen (Makrokosmos) und die Gesetze der Quantenmechanik, die für den Mikrokosmos gelten, also für kleinste Teilchen wie Elektronen und Atome. Diese Teilchen können nämlich an zwei Orten gleichzeitig sein. Und auch zwei verschiedene Zustände gleichzeitig haben. Das ist im Mikrokosmos ganz normal. (Auch wenn man sich das als Mensch absolut nicht vorstellen kann.) Was passiert nun also, wenn man diese zwei Welten des Mikrokosmos und Makrokosmos zusammenführt? Dann könnten nicht nur kleinste Teilchen an zwei Orten oder in zwei verschiedenen Zuständen sein. Dann kommt nämlich so was dabei raus, dass eine Katze theoretisch tot und lebendig gleichzeitig sein kann, solange noch keiner hinguckt.

Absolut crazy. Aber gleichzeitig auch nicht so weit hergeholt, schließlich bestehen wir ja aus Atomen, also Teilen des Mikrokosmos. Ein abgefahrenes Gedankenexperiment also. Ich musste es mehrmals gucken und mit meinem logischen Verstand dabei gefühlt eine Atemtherapie machen, der ist nämlich schier durchgedreht. Mir hat es fürs Erste schon genügt, dass ein Beobachter die Wirklichkeit beeinflusst.

Aber es gibt noch mehr, was uns hilft, das Manifestieren zu verstehen.

Die Relativitätstheorie nämlich stellt das ganze Raum-Zeit-Gefüge auf den Kopf. Keine Sorge, wir gehen jetzt nicht die Relativitätstheorie durch, um Gottes willen. Wichtig ist nur, dass Zeit sich z. B. relativ zur Bewegung verhält. Heißt also, wenn ein Mensch sich mit Lichtgeschwindigkeit bewegt und ein anderer stillsteht, altern beide nicht gleich schnell, sondern der, der stillsteht, altert schneller, denn Zeit dehnt sich mit Bewegung aus. Was diese Gedanken zeigen: Nicht alles, was wir sehen und wahrnehmen, ist absolut. Sondern eher absolut relativ. Und vielleicht sollten wir uns mit dem Gedanken anfreunden, dass Relativität nicht nur etwas für den Physikunterricht ist.

Wie der Harvard-Dozent Shawn Achor in seinem Buch *Das Happiness Prinzip* schreibt: »Jede Sekunde unserer eigenen Erfahrung muss durch ein relatives und subjektives Gehirn gemessen werden. Mit anderen Worten bedeutet ›Wirklichkeit‹ lediglich das relative Verständnis unseres Gehirns von der Welt basierend darauf, wo und wie wir diese Wirklichkeit wahrnehmen.«[9]

Um es einfach auszurücken: Unser Gehirn ist immer subjektiv und relativ. Und unser Gehirn nimmt die Erfahrungen da draußen in der Welt wahr und verarbeitet sie. Das, was wir als Wirklichkeit in der Welt sehen, ist im Grunde nur das, was dieses subjektive Gehirn draus macht.

Puh, ganz schön abgefahren, oder?

Was das Ding auf unserem Hals so alles kann

Wir können mit unseren Gedanken die Wirklichkeit verändern, das untermauern auch etliche Studien der positiven Psychologie und Gehirnforschung. Und jetzt wird's ein bisschen greifbarer, aber nicht weniger eindrucksvoll.

Ellen Langer, Professorin für Psychologie an der Harvard Universität, hat im Jahr 1979 mit einer Gruppe Männer eine kleine Zeitreise gemacht.[10] Sie lud die 75-Jährigen zu ihrem Versuch in ein Erholungszentrum ein, wo sie eine Woche so tun sollten, als wäre das Jahr 1959, also zwanzig Jahre früher. Sie sollten in der Zeit entsprechende Klamotten tragen und sich so wie damals verhalten. Es gab Zeitschriften aus der Zeit und Ausweise mit ihren Fotos als 55-Jährige. Einige der Männer unterhielten sich in dieser Woche über die Ereignisse aus 1959 in der Gegenwartsform. Langer wollte damit herausfinden, ob die Art, wie wir uns wahrnehmen, unseren Alterungsprozess tatsächlich beeinflussen kann. Und sie hatte Recht. Die Probanden wurden vor ihrer Woche gründlich untersucht und danach erneut. Körperhaltung, Wahrnehmung, Kognition und Kurzzeitgedächtnis hatte sich beim überwiegenden Teil der Männer nach nur einer Woche verbessert. Sie agierten flexibler, ihre Handkraft und ihre Körperhaltung hatte sich verändert. Das durchschnittliche Sehvermögen war um zehn Prozent gestiegen, ihre Leistungen bei Gedächtnistests hatten sich verbessert und ihr Intelligenzniveau ebenfalls. Nach nur einer Woche so tun, als ob sie zwanzig Jahre jünger wären.

Sie sahen sogar anders aus. Im Durchschnitt drei Jahre jünger als vor der Woche. Unsere mentale Einstellung kann also massiv unsere Wirklichkeit verändern, bis hin zu unserem Körper und natürlich unserer Psyche.

Wir kennen auch alle den Placebo-Effekt und wissen, wie erstaunlich die Veränderung von Patienten sein kann, nachdem sie ein paar Zuckerpillen geschluckt haben. Plötzlich tut das Knie nicht mehr weh, weil angeblich operiert wurde, oder Schmerzen nach Verbrennungen wurden gelindert, ohne dass die aufgetragene Salbe irgendein wirksames Mittel enthalten hätte. Placebos verändern die Schmerzverarbeitung im Gehirn, das kann man mithilfe von Kernspintomografie sichtbar machen. Wissenschaftler des Universitätsklinikums Hamburg haben herausgefunden, dass der Placebo-Effekt körpereigene Endorphine freisetzt, die die Schmerzwahrnehmung hemmen.[11] Wir können uns also nachweislich besser fühlen, ohne dass wir irgendetwas gemacht oder bekommen haben, das tatsächlich die Schmerzen lindert. Nur der Glaube daran, dass etwas hilft, hilft schon. Dieser Effekt ist im Körper nachweisbar. Überleg mal: Du brauchst gar keine Schmerzmittel, weil dein Körper nur durch deinen Glauben eigenes Schmerzmittel in Form von Endorphinen bilden kann.

Du hast sicher schon tausende Male vom Placebo-Effekt gehört. Aber wenn das bei Schmerzempfinden geht, warum nutzen wir das nicht auch in allen anderen Bereichen unseres Lebens?

Unser Geist ist so viel mächtiger, als wir denken.
Das Gehirn kann nicht unterscheiden, ob etwas wirklich passiert oder nur in unserer Vorstellung. Es werden dabei dieselben Areale im Gehirn aktiviert, und das führt im Nervensystem zu einer Kette von Ereignissen mit ganz realen körperliche Folgen. Wenn wir etwas Positives erleben, werden im besten Falle Glückshormone wie Dopamin, Serotonin oder Endorphin produziert. Bei Stress schüttet unser Körper Adrenalin und Cortisol aus. Genau das Gleiche passiert aber auch bei dem Gedanken an Stress oder an etwas Schönes.[12] Für unser Gehirn ist es also völlig unerheblich, ob wir verschwitzt in letzter Sekunde die Präsentation bei unserem Chef abgeben oder gemütlich im Bett liegen und nur daran denken.

Die Gedanken haben sogar körperliche Folgen. Und das kann man natürlich hervorragend nutzen. Zum Beispiel beim Thema Muskelaufbau. Du kannst deine Muskeln nachweislich stärken, ohne sie real zu bewegen.[13] Spitzensportler nutzen das für ihr Training. Sie stellen sich mit allen Sinnen vor, wie sie trainieren, und setzen damit in Körper und Nervensystem das gleiche in Gang wie im realen Training. Das ist quasi Marathon laufen, aber auf der Couch. Klingt extrem verlockend, oder?

Um hier nochmal den Harvard-Dozenten von eben zu zitieren: »Die mentale Wahrnehmung unserer täglichen Handlungen bestimmt unsere Wirklichkeit mehr als die eigentliche Handlung.«[14]

Wie wir das wahrnehmen, was wir tun, ist also viel wichtiger als die eigentliche Handlung. Körper und Geist sind eben nicht voneinander getrennt, sondern wirken zusammen.

Ein weiterer Baustein des Manifestierens ist die selbsterfüllende Prophezeiung. Auch sie ist mittlerweile wissenschaftlich belegt und nicht mehr nur ominöser Humbug.[15] Wenn ich glaube, dass ich zwanzig Liegestütze schaffe, werde ich ein besseres Ergebnis abliefern, als wenn ich von vornherein davon ausgehe, dass ich nach zwei Liegestützen schnaufend zusammenbreche. (Ich weiß aktuell noch nicht, ob ich mir das mit den zwanzig glaube, aber ich arbeite daran).

Halten wir also fest: Unser Gehirn hat ziemlich abgefahrene Sachen drauf. Unsere Wahrnehmung hat massiven Einfluss auf unsere Wirklichkeit und die Art und Weise, wie wir etwas wahrnehmen und einordnen, hat unmittelbaren Einfluss auf unsere Realität. Denn Realität ist immer nur durch unsere eigenen Filter möglich. Da draußen gibt es nicht die eine Realität, die für jeden genau gleich ist. Es ist immer eine Frage der Perspektive, der Vorgeschichte, der Herangehensweise und so vieler Sachen mehr, wie du jetzt in diesem Kapitel gelesen hast.

Wir alle bestehen aus Energie und können diese Energie nutzen, um auf der Frequenz unterwegs zu sein, die richtig Spaß macht und uns noch mehr Positives bringt.

Die gesammelten Erkenntnisse in diesem Kapitel sollen dir zumindest mal eine Idee davon geben, wie Körper und Geist zusammenwirken und dass wir das eine nicht ohne das andere betrachten können. Unser Geist, besonders unser Unterbewusstsein, hat ein riesiges Potential. Und wir nutzen nicht mal einen Bruchteil davon.

Wenn du dich noch mehr mit den wissenschaftlichen Studien zum Thema Manifestieren beschäftigen willst, dann lies dich gerne noch tiefer ein. Ich denke, dass es in den nächsten Jahren und Jahrzehnten noch viel mehr Erkenntnisse auf dem Gebiet geben wird.

Mit all dem Wissen kannst du dir nun ein Leben gestalten, das so richtig Spaß macht. Und jetzt kommt das Allerbeste: Am eindrucksvollsten ist unser Unterbewusstsein. Denn die meisten von uns wollen jetzt ihr geiles Leben bestellen, und das passiert zunächst einmal im Bewusstsein. Warum das aber zum Scheitern verurteilt ist, wenn dein Unterbewusstsein nicht den gleichen Plan hat, wollen wir uns jetzt mal anschauen. Denn bevor wir zu den einzelnen Manifestationsschritten kommen, ist es wichtig, die Funktionsweisen von Bewusstsein und Unterbewusstsein zumindest grob zu kennen.

Ich mag das Bild von Alexander Hartmann, der in seinem Buch *Mit dem Elefant durch die Wand*[16] schreibt, dass dein Bewusstsein der kleine Reiter ist. Dein Unterbewusstsein aber ist der riesige Elefant. Du hast keine Chance als Reiter, den Elefanten durch Ziehen und Zerren da hinzubekommen, wo du hinwillst. Wenn du aber das richtige Lockmittel hast, kann auch der Elefant sich bewegen.

Wenn du einmal verstanden hast, wie dein Bewusstsein und dein Unterbewusstsein funktionieren, und vor allem, wie du sie zusammen für dich nutzt, dann hast du quasi den Turbo für die ganze Manifestationsgeschichte entdeckt. Und genau das schauen wir uns jetzt an.

»Ich habe kein Problem« – Darf ich vorstellen: dein Unterbewusstsein

Vor mir fädelten sich die Autos in einer schnurgeraden Schlange auf, während ich den Blinker setzte und mich rechts hinter einem LKW einordnete. »I see your trueeeee coooolours shining through, I see your true coooolours« schmetterte ich in meinem Auto, während ich vom Einkaufen nach Hause fuhr. »That's why I love ... Moment, wieso singe ich Phil Collins?«, schoss es mir durch den Kopf, als ich gerade wieder zum Überholen ansetzte. Ich mag Phil Collins noch nicht mal. Und auch das Original von Cyndi Lauper nicht besonders. Wieso singe ich diesen Song? Im Auto war es ruhig, es lief keine Playlist und auch zuvor hatte ich bewusst keine Musik gehört. Ich muss dazu sagen, ich bin sehr ohrwurmanfällig. Als Teenie hatte ich mal drei Tage lang ununterbrochen (wirklich wahr) einen Ohrwurm von *Barbie Girl*, so ziemlich der nervigste Song, den die Musikgeschichte je erlebt hat, noch vor *Mambo No. 5* und *Macarena*. Noch heute, wenn jemand mal wieder lustig in der Weißt-du-noch-damals-Kiste gräbt und dieses Lied zur Sprache bringt, muss ich mir entweder die Ohren zuhalten oder schnell was anderes singen (So, wer jetzt noch immer keinen Ohrwurm hat, ist echt standfest).

Woher kam aber jetzt plötzlich *True Colors*? Dann fiel mir ein, dass beim Einkaufen im Supermarkt immer so dudelige Hintergrundmusik läuft. Da muss ich also unbewusst den Song gehört haben, und er hat sich auf geheimnisvolle Weise den Weg bis zu meinen Stimmbändern gebahnt. Frechheit.

So ist das mit dem Unterbewusstsein. Wir hören, sehen, fühlen, riechen und schmecken viel mehr, als unser Bewusstsein wahrnimmt. Wir können ein Lied hören (ohne es bewusst wahrzunehmen) und dann sogar unbewusst wiedergeben. Gott sei Dank ist es mir dann noch aufgefallen und ich habe anständige Musik angemacht.

Wir meinen ja immer, wir wären so logisch und hätten für alles Erklärungen und würden aus absolut freiem Willen handeln. Aber am Ende des Tages ist das leider höchst selten der Fall. Unser Bewusstsein ist wie die Spitze eines Eisbergs. Doch das was unter Wasser ist, ist viel größer und auch entscheidender (wir erinnern uns an die Titanic . . .), und dieser große Teil hat ganz unbemerkt das Ruder in der Hand. Es ist nämlich das Unterbewusstsein, das entscheidet.

So auch im Supermarkt: Beim Einkaufen werden alle Sinne des Kunden angesprochen. Und das hat maßgeblichen Einfluss auf das, was du in den Wagen legst. Manche Märkte versprühen Orangen- oder Schokoladenduft über die Klimaanlage. Oder verstärken den Duft von Frischgebackenem im Backshop. Der ist aber auch verdammt lecker. Mit der richtigen Beleuchtung bei Obst und Gemüse wird uns suggeriert, dass die Äpfel so knackfrisch sind, dass sie gleich platzen. Mit der richtigen Musik untermalt, entsteht dann eine solche Wohlfühlatmosphäre, dass wir entweder gleich einziehen wollen oder eben ein bisschen mehr kaufen, als wir eigentlich haben wollten. Alles, ohne es bewusst zu merken, gesteuert nur durch unser Unterbewusstsein.

> *»Unser Bewusstsein denkt, es sei der Chef.*
> *Unser Unterbewusstsein denkt gar nicht, ist aber der Chef.«*[17]
>
> **Jen Sincero**

Wahrnehmung – Ein seltsames Phänomen

Lass uns mal ein kleines Experiment machen. Keine Sorge, du musst dafür noch nicht mal von der Couch aufstehen. Das Einzige, was du dafür brauchst, ist eine Uhr oder ein Handy mit Timerfunktion, also irgendwas, womit du eine Minute stoppen kannst. Wenn du magst, kannst du dir Stift und Zettel hinlegen und die Ergebnisse notieren, oder du sprichst sie per Diktierfunktion auf dein Handy. Wenn du nichts von beidem zur Hand hast, dann zählst du einfach nur laut auf, was du beobachtest. Wenn du soweit bist, legen wir los:

Schau dich eine Minute lang im Raum um und beschreibe, welche Farben du siehst. Schau dir alles genau an: Möbel, Wände, Fußboden und Dekoration. Und dann finde heraus, welche Farben es am meisten gibt und finde die drei häufigsten Farben in diesem Raum. Und los.

Fertig? Hast du alles beschrieben? Ganz schön schnell um so eine Minute, oder? Jetzt hast du vielleicht eine Liste mit den drei Farben, die am häufigsten in dem Raum vorkommen. Nun kommt eine weitere Frage, die du ohne zusätzliche Zeit unmittelbar beantworten darfst: Welche Geräusche hörst du in dem Raum?

Wahrscheinlich fallen dir gar nicht so viele verschiedene ein, oder?

Lass uns jetzt genau beobachten, ob das stimmt. Nimm dir nochmal eine Minute Zeit und achte diesmal nur auf die Geräusche. Am besten schließt du dabei die Augen und lauschst ganz genau, was du alles hören kannst. Und los.

Na, was hast du gehört? Vielleicht die Hintergrundmusik von deinem Nachbarn, Straßenlärm, das Ticken deiner Uhr, vielleicht sogar deinen eigenen Atem? Und wie hat sich dein Zeitgefühl verändert? Kam dir die Minute kürzer oder länger vor als die vorige?

Wie du sicher bemerkt hast, filtert unser Bewusstsein die Wahrnehmung. Bei Aufgabe 1 waren die Geräusche nicht wichtig. Du kannst sie deshalb meist danach nicht detailliert beschreiben, denn dein Bewusstsein war mit etwas ganz anderem beschäftigt. Bei Aufgabe 2 dagegen lag dein Fokus auf den Geräuschen. Du hast sie bewusst wahrgenommen und sicher viel mehr Töne und Geräusche gehört als noch zuvor. Wenn ich dich jetzt nach Gerüchen, Geschmäckern oder Körperempfindungen befrage, wirst du mir das sicher nicht im Detail beschreiben können, weil dein Bewusstsein sich damit bei keiner der Aufgaben beschäftigt hat.

Jede Sekunde schicken unsere Sinne, also Hören, Sehen, Fühlen, Schmecken und Riechen eine Vielzahl an Einzeleindrücken ans Gehirn. 11 Millionen solcher Sinneseindrücke prasseln pro Sekunde auf uns ein und werden dem Gehirn übermittelt.[18] Das Bewusstsein kann aber nur 40 Sinneseindrücke aufnehmen.

40.

Von 11 Millionen.

Der ganze Rest an Sinneseindrücken landet im Unterbewusstsein. Die Speicherkarte fürs Bewusstsein ist schlicht und ergreifend oft überfüllt.

Forscher schätzen, dass nur 0,1 Prozent von dem, was das Gehirn gerade tut, bewusst wird. Ich bin ja froh, dass ich nicht jeden Atemzug bewusst verfolgen muss, aber das ist schon eine erschreckend kleine Zahl.

Ich weiß doch, was ich gesehen habe

Das Problem mit unserem Bewusstsein ist also, dass es ständig filtern muss. Kennst du das Video mit den Basketballmannschaften und dem Gorilla?[19] Es gibt zwei Mannschaften in unterschiedlichen Trikotfarben, die einen Ball hin und her werfen. Dabei soll man als Betrachter nun zählen, wie oft der Ball geworfen wird. So eine schöne Fleißaufgabe, habe ich natürlich mit Freude gemacht. Die Lösung war sogar richtig, aber um die ging es gar nicht. Am Ende wurde ich im Video gefragt, ob mir irgendetwas seltsames aufgefallen sei. Nö.

Ob ich den Gorilla bemerkt hätte, der quer durchs Bild gelaufen sei? Bitte was???

Ja, Tatsache, bei erneutem Gucken fiel mir auf, dass im Video plötzlich ein Mensch in einem Gorillakostüm mitten durchs Bild läuft, sich sogar noch eindrucksvoll auf die Brust hämmert und ganz langsam an der anderen Seite des Bildrandes wieder verschwindet. Nee, ähm, das klitzekleine Detail ist mir wohl beim ersten Gucken entgangen.

Fast der Hälfte der Betrachter dieses psychologischen Versuchs geht es übrigens genauso. Warum? Weil unser Gehirn sofort filtert: Brauchen wir nicht, ist für die Aufgabe nicht wichtig. Passt grad nicht zu dem, was wir sehen. Weg damit. Und Schwups, können wir mit dem Bewusstsein nicht mal mehr wahrnehmen, was genau vor unseren Augen passiert.

Es ist, als ob ein Türsteher die ganze Zeit breit wie ein Schrank vor unserem Bewusstsein steht und jede Wahrnehmung kritisch abscannt. Sobald etwas nicht essentiell wichtig ist oder nicht in unser Weltbild passt, hört es den Satz: »Stopp. Du kommshiernischrein«.

Vogelgezwitscher, das uns beim Lesen ablenken würde: »Stopp. Du kommshiernischrein«.

Seltsame Menschen in Gorillakostümen, die wir nicht zum Zählen brauchen: »Stopp. Dukommshiernischrein«.

Steuererklärung, die wir seit Monaten vor uns herschieben: »Stopp. Du kommshiernischrein.«

So bekommen wir quasi ständig eine gefilterte Realität präsentiert. Und sind felsenfest davon überzeugt: Das ist eben so. Das ist die Realität. Punkt.

Nein, da war kein Gorilla, wirklich nicht. Ich werde ja wohl noch wissen, was ich gesehen hab. Oder nicht …?

Weihnachtsmänner und fliegende Autos

Wenn wir uns also auf unser Bewusstsein nicht wirklich verlassen können, schauen wir uns doch mal unser Unterbewusstsein an, hoffentlich sieht's damit besser aus. Das Unterbewusstsein wird in der Kindheit intensiv von uns (und vor allem von unserem Umfeld) gefüttert und geformt. Im Grunde sind die wichtigsten Teile des Unterbewusstseins im Grundschulalter »befüllt«. Du musst dir das so vorstellen: In unseren ersten sieben Lebensjahren glaubt dein Unterbewusstsein alles, was es wahrnimmt, und alles, was dir als Wahrheit verkauft wird. Du erinnerst dich sicher noch, wie du mit fünf Jahren am 24. Dezember ganz aufgeregt neben dem Weihnachtsbaum von einem Fuß auf den anderen gehibbelt bist, weil dieser ominöse Mann mit den roten Klamotten und dem weißen Bart gleich das neueste Lego-Spielzeug unter den Baum legen würde. Wir haben daran geglaubt, dass wir nur einen Wunschzettel nach Himmelpfort schicken müssten und Schwups, wüsste der da oben Bescheid. Wir haben daran geglaubt, dass es den Weihnachtsmann gibt. Wir haben ihn ja teilweise sogar gesehen. In meiner Kindheit kann ich mich an einen Heiligabend erinnern, an dem der Weihnachtsmann mit einem goldenen Buch in der Hand hereinkam, um dann meinem Bruder und mir aus dem Buch vorzulesen, was wir in dem Jahr alles Schönes, aber auch nicht so Schönes angestellt hatten. Da ging mir aber der Arsch auf Grundeis. Der wusste ja wirklich alles! Natürlich war der echt, woher sollte der denn sonst alles so genau wissen? Wir glaubten als Kinder so ziemlich alles.

Mein Zwillingsbruder und ich konnten sogar manchmal mit Autos fliegen. Bei uns im Dorf wohnte eine nette griechische Familie mit drei Söhnen. Einer von ihnen ging mit meinem Bruder und mir in die gleiche Klasse in der Grundschule. Ich durfte bei den Jungs immer mit zum Spielen (wahrscheinlich, weil wir Zwillinge waren) und seine Mama hat mir in der Küche leckeres Essen gemacht, während die Jungs das Wohnzimmer zerlegten. Der Papa fuhr uns dann immer nach Hause, mit seinem ganz besonderen Auto. Das konnte nämlich fliegen.

Wir waren total aufgeregt, wie das gehen sollte. Der Papa drehte sich dann geheimnisvoll zu uns um und flüsterte:»Ja, das kann fliegen. Aber das geht nur, wenn alle Kinder die Augen zu haben.« Daran hielten wir uns natürlich – vorerst. Und er berichtete dann ganz begeistert, wie das Auto jetzt fliegt. Wow, fanden wir das grandios. Irgendwann haben wir natürlich mal geluschert, um dann entrüstet festzustellen:»Wir fliegen aber doch gar nicht«.

»Ja, das ist ja logisch, wenn ihr die Augen aufmacht, funktioniert das Zauberauto nicht.« Das leuchtete uns ein. Zumindest als 6-Jährige.

Das ist ein wunderbares Beispiel, wie das Unterbewusstsein im Kindesalter funktioniert. Wir glauben die Sachen, ohne sie sehen zu können. Wir sind als Kinder quasi der Inbegriff von absoluter Naivität. Wir glauben an den Weihnachtsmann, wir glauben, dass Autos fliegen können, und wir glauben natürlich auch alles, was wir von unseren Eltern gesagt bekommen, und vor allem, was sie uns vorleben.

Wenn deine Eltern dir in der Kindheit gesagt haben:»Du bist toll und einmalig und kannst alles erreichen, was du willst«, – dann glaubst du das. Wenn du stattdessen ständig gehört hast:»Du schaffst das eh nicht, du kapierst ja gar nichts, versuch das lieber nicht, das Leben ist hart, wir sind hier nicht bei Wünsch-dir-was«, – dann glaubst du auch das. Wir nehmen alles auf, ohne es besser zu wissen.

Der Frontallappen, also der Bewusstseinsbereich unseres Gehirns, ist noch nicht vollständig ausgebildet. Das heißt, wir haben als Kinder noch keinen Filter. Wir speichern in unserem Unterbewusstsein alles als Wahrheit ab. Zudem befindet sich das Gehirn bei Zwei- bis Siebenjährigen fast ausschließlich im Theta-Zustand.[20] Das sind niedrig frequentierte Gehirnwellen, die z. B. beim Meditieren, beim Träumen oder während einer Hypnose gemessen werden können. Kleine Kinder sind dauerhaft in diesem Trance-Zustand. Das heißt, sie sind maximal beeinflussbar. Das Unterbewusstsein ist quasi wie weiche Knetmasse. Du kannst es wunderbar formen. Je älter wir werden, desto schwieriger wird es, unterbewusste Überzeugungen und alles, was wir als Wahrheiten ansehen, zu verändern. Das ist dann quasi die Knete, die zwei Wochen unterm Tisch vergessen wurde und nun hart ist.

Die Grundlage dessen, was wir als wahr betrachten, ist das, was wir als Kinder in unser Unterbewusstsein gepflanzt (bekommen) haben.

Du wirst jetzt vielleicht einwerfen: »Aber ich glaub doch nicht mehr an den Weihnachtsmann.« Das liegt zum einen daran, dass du dich irgendwann nicht mehr dauerhaft in diesem Theta-Wellen Zustand befindest, und zum anderen, dass du ab einem gewissen Alter das eigene Wissen reflektieren kannst und über die Fähigkeit verfügst, dich in andere hineinzuversetzen. Dieser Perspektivwechsel führt dann dazu, dass die meisten Kinder ungefähr mit acht Jahren erkennen, dass doch nur Herr Rohrbeck von nebenan im roten Weihnachtsmannkostüm steckt.

Mit unseren unterbewussten Überzeugungen ist das nicht ganz so einfach wie mit dem Glauben an den Weihnachtsmann. Sie bestimmen eigentlich unser ganzes Leben. Alles, was wir gelernt oder zu bestimmten Themen gehört haben, läuft in unserem Unterbewusstsein wie ein Ohrwurm permanent ab. Was wir einmal als Wahrheit ansehen, bleibt im Grunde immer unsere Wahrheit. Gedanken, die wir oft gedacht oder gehört haben, werden zu Glaubenssätzen. Wenn wir als Kind glauben, dass wir tollpatschig sind, dann nehmen wir diesen Glauben mit in unsere erwachsene Welt. Und erschaffen uns immer wieder Beweise dafür, dass wir auch wirklich tollpatschig sind und dass diese Überzeugung stimmt.

Warum dein Unterbewusstsein wie Mama ist

Ich habe noch eine supergute Nachricht für dich: Du kannst schon manifestieren. Du bist sogar ein echter Meistermanifestierer. Du bist großartig, und du manifestierst schon dein ganzes Leben lang. Das klitzekleine Problemchen an der Sache ist nur: Die meiste Zeit hast du das wahrscheinlich bislang unbewusst getan.

Manifestieren ist gar keine Fähigkeit, die wir erlernen müssen, so wie Schwimmen oder Fahrrad fahren, es ist eine Kompetenz, die du schon längst hast. Nur wenn sie bislang eben in deinem Unterbewusstsein ist und nicht in deinem Bewusstsein, dann kann es vorkommen, dass du gar nicht das manifestierst, was du manifestieren möchtest, sondern genau das Gegenteil. Deine unterbewussten Glaubenssätze und Überzeugungen haben erheblichen Einfluss darauf, was du auch wirklich im Leben bekommst. All das, was du für wahr hältst, alles, was du glaubst, das ist entscheidend. Da kann sich dein Verstand auf den Kopf stellen und mit den Beinen wackeln, da hat er nämlich nullkommanix zu sagen, wenn dein Unterbewusstsein was anderes denkt. In dieser Konstellation ist ziemlich eindeutig, wer von beiden am längeren Hebel sitzt. Dein Unterbewusstsein ist ein bisschen wie Mama früher, als du fünf Jahre alt warst. Da kannst du diskutieren wie eine Wilde, Mama hat das letzte Wort. Punkt.

Um dir deutlich zu machen, was ich meine, hier ein Beispiel. Nehmen wir mal den Klassiker: Du möchtest mehr Geld haben. Du sagst dir jetzt also fleißig jeden Tag im Bewusstsein: »Ich möchte so gerne reich sein, ich habe viel Geld, ich manifestiere mir jede Menge Hundert-Euro-Scheine.« Das Problem ist aber, dein Unterbewusstsein hat da ein fettes Problem mit. Denn da sitzt vielleicht die Überzeugung »Geld verdirbt den Charakter, reiche Menschen sind schlecht, Geld stinkt, Geld wächst nicht auf Bäumen, du musst hart arbeiten für Geld ...« Du kannst die Liste beliebig erweitern. Was wird sich also manifestieren? Na das, was du im Unterbewusstsein gedacht hast. Denn da ist eine Menge Energie drauf, das glaubst du schließlich schon dein ganzes Leben. An deinem Kontostand ändert sich folglich erstmal gar nichts. Höchstens nach unten.

Du merkst also schon, das Unterbewusstsein ist super mächtig. Und es hat uns vollkommen im Griff. Deshalb kann es sein, dass du zunächst gar nicht das bekommst, was du dir im Leben so wünschst. Und dann denkst du: »Der ganze Kram mit dem Wünschen, der klappt nicht.« Vielleicht hat dein Unterbewusstsein eine ganz andere Agenda und fährt grad alle Geschütze auf, um seinen Willen zu bekommen. Vielleicht denkst du tief in dir »Ich bin nicht liebenswert« und wunderst dich, wieso eine Beziehung nach der nächsten an die Wand fährt.

Nur 5 % deiner Entscheidungen fällt dein Bewusstsein, die restlichen 95 % entscheidet dein Unterbewusstsein.

Ich stelle mir das vor, als hättest du hinter dir ein riesiges Rechenzentrum. Da drin sind alle Programme und Glaubenssätze abgespeichert. Und die laufen alle wunderbar automatisiert ab. Das Problem ist, einige dieser Programme sind uralt, die sind noch auf Diskette. Und manche funktionieren auch nicht mehr richtig, wie eine zerkratzte CD, die irgendwann anfängt, immer wieder den gleichen Loop abzuspielen. Nur fällt dir das gar nicht mehr auf, weil du dich so sehr an diese automatisierten, teilweise fehlerhaften Programme gewöhnt hast. Es wäre also mal an der Zeit, dir dein Rechenzentrum genauer anzusehen, den Staub wegzupusten und zu schauen, ob du einige der alten Programme nicht mal auf die neueste Version updaten kannst.

Die gute Nachricht ist also, du kannst längst manifestieren. Was wir jetzt in den folgenden Kapiteln lernen wollen, ist, wie deine unterbewusste Manifestation und deine bewusste Manifestation ein und dasselbe werden. Damit du wirklich das Leben erschaffst, auf das du Bock hast. Stell es dir vor wie ein Amazon-Paket. Du bestellst die ganze Zeit fleißig: »Oh ja, Liebe, ab in den Warenkorb; Geld, ab in den Warenkorb; ein leichtes Leben, ganz viel Glück, Spaß und Konfetti. Hell, yeah, das nehme ich.« Und dein Unterbewusstsein geht hin und leert ständig diesen Warenkorb wieder aus. Klick, und weg. Es leitet den Paketboten um, lässt deine Bestellung im Nirvana verschwinden oder sorgt dafür, dass deine Bestellung bei deiner Namensvetterin im Nachbardorf landet. Damit die Bestellung auch wirklich bei dir ankommt, müssen Bewusstsein und Unterbewusstsein Freunde werden oder zumindest zusammenarbeiten.

Erwin aus Mittelfranken

Weißt du, was der größte Feind unseres Unterbewusstseins ist? Die Veränderung. Wenn es könnte, würde das Unterbewusstsein schreiend wegrennen, sobald es etwas von Veränderung hört. Da ist es wie ein Rentner aus Mittelfranken, der fünfzig Jahre in der gleichen Firma war, sein Leben lang weiße Schiesser-Unterhosen trägt und demonstriert, wenn der Tante-Emma-Laden im Dorf einem Edeka weichen muss. Veränderung? Nein, danke, mit mir nicht.

Warum ist das so? Bei Erwin aus Mittelfranken weiß ich es nicht genau, es wird aber ähnliche Gründe haben wie jedes Unterbewusstsein.

Dein Unterbewusstsein hasst Veränderungen, weil sie gefährlich sind.

Weißt du noch, damals, als wir noch in Höhlen wohnten (lang, lang ist es her), da wusste die Sippe: Wenn wir rechts aus der Höhle gehen, dann ist es sicher. Da ist ein Felsspalt, da können wir uns verstecken. Und dann finden wir einen sicheren Weg in den Wald und schleichen uns hinterrücks an den Säbelzahntiger und erlegen ihn. Super. So weit, so gut. Das macht die Sippe jetzt schon ein paar Jahrzehnte so, weil die Stammältesten das mal als gute Idee weitergegeben haben. Nun sagt ein junger Pfiffiger mit Lendenschurz: »Hey, Leute, was haltet ihr davon, wenn wir heute mal links aus der Höhle raus gehen? Wäre das nicht mal eine geile Idee?«

Jetzt werden nicht alle begeistert in die Hände klatschen und die tolle innovative Idee loben. Nein, sicher nicht. Denn links ist vielleicht keine Felsspalte, vielleicht kommt man linksrum auch nicht so sicher in den Wald, und vielleicht erlegt dann nicht die

Sippe den Säbelzahntiger, sondern der Säbelzahntiger die Sippe. Aus die Maus.

Veränderung bedeutet immer eine potentielle Gefahr. Denn Veränderung ist etwas Neues, etwas, das wir noch nicht kennen und von dem wir nicht wissen, ob wir es überleben. Veränderung ist also böse. Und an dieser Grundannahme deines Unterbewusstseins hat sich seit der Steinzeit leider nicht viel getan. (Wie auch, das wäre ja eine Veränderung …)

Wenn du in diesem Moment lebst (und ich nehme stark an, dass du das tust, wenn du dieses Buch liest), dann hat dein Unterbewusstsein seine Arbeit erledigt. Du lebst. Juchuuuu. Das ist erstmal alles, was dein Unterbewusstsein interessiert. Es will nicht unbedingt, dass du dir das schönste Leben aller Zeiten kreierst, es ist froh, wenn es dich sicher durch den Tag bringt. That's it.

Und jetzt weißt du auch, warum wir dringend das Unterbewusstsein UND das Bewusstsein brauchen, und warum die beiden bestenfalls miteinander ein geiles Team bilden, anstatt sich gegenseitig die Wünsche aus dem Warenkorb zu klauen oder dich daran zu hindern, mal was Neues auszuprobieren.

Her mit dem geilen Leben –
Das muss ich ausprobieren

So, dann mal her mit dem geilen Leben. Jetzt hast du viel über dein Bewusstsein und Unterbewusstsein erfahren, und du hast auch schon mal eine Idee davon bekommen, dass es nicht einfach damit getan ist, sich etwas bewusst zu wünschen. Nun wollen wir mal schauen, wie das Manifestieren im Alltag praktisch funktioniert. Wissenschaftliche Beweise hin oder her, das Wichtige ist doch: Wie kannst du damit dein Leben schöner, einfacher und entspannter machen? Ich möchte dir anhand einiger Beispiele verdeutlichen, wie eine bewusste Manifestation aussieht, und dann schauen wir auch mal, was du schon alles in deinem Leben kreiert hast.

Angela, eine meiner Kundinnen, hat hier ein schönes Beispiel einer bewussten Manifestation:

Vor drei Jahren bin ich mit sechs Freunden nach Südafrika geflogen, um auf Safari-Tour zu gehen. Der erste Halt war im Krüger Nationalpark. Für mich stand von Anfang an fest, dass ich unbedingt eine Safaritour in der Abenddämmerung machen will und auch unbedingt zwei Giraffen bei Sonnenuntergang sehen möchte.

Als ich das meinen Freunden erzählte, lachten sie nur und sagten: »Ach, Angie, du bist so süß mit deinen kitschigen Wünschen!« Ich ließ mich nicht unterkriegen und ging immer wieder in das Bild und das Gefühl rein.

Dann kam der Tag bzw. der Abend. Die Tour war von Anfang an so magisch. Wir sahen eine Elefantenherde, dann von weitem einen Leoparden, ganz viele Warzenschweine,

Zebras und Antilopen. ABER, zu meiner Enttäuschung, keine einzige Giraffe. Giraffen sieht man sonst immer, aber an diesem Tag einfach nicht. Ich gab die Hoffnung nicht auf, denn die Sonne war noch am Horizont zu sehen. Die ganze Zeit stellte ich mir das Bild vor und kurz bevor die Sonne dann endgültig unterging, sahen wir sie. Zwei wunderschöne Giraffen, und in der Mitte die untergehende Sonne! Ich konnte mein Glück kaum fassen, denn die Tiere schauten sogar noch in unsere Richtung.

Das Gefühl war so surreal, dass ich so lachen musste und mir vor Freude Tränen runtergekullert sind! Auch meine Freunde waren kurz still und etwas sprachlos, aber auch sie freuten sich über diesen schönen Moment, denn meine Vorstellung schien so unmöglich zu sein und doch ging mein Wunsch wahrhaftig zu hundert Prozent in Erfüllung!«

Ähnlich muss sich wohl Franziska gefühlt haben, eine andere Kundin, die sich ihre Traumwohnung manifestiert hat:

Meine Wohnung habe ich mir im Kopf manifestiert. Ich habe mir genau überlegt, wie sie sein soll. Und ich machte es mir leicht: Ich habe dem Maklerbüro genau gesagt, was ich will und dass sie sich melden sollen, wenn sie was Passendes gefunden haben. Ganz spontan luden sie mich zur Besichtigung ein. Da waren noch drei andere Interessenten. Ich sah die Wohnung und wusste, DAS ist mein neues Zuhause. Ich habe mich sofort wohlgefühlt. Ich wollte eine extra Küche, am besten schon eingebaut, ruhige Lage, ein modernes Bad, und ich wollte von den Fenstern

in den blauen Himmel schauen können. In einer eng be-
bauten Stadt gar nicht so leicht. Alles hat sich erfüllt. Nur
der Eigentümer wollte mich nicht als Mieterin, da mein Leben vorher zu unstet gewesen war. Ich bekam Panik, da ich
schnellstens aus der WG rausmusste und unbedingt diese
Wohnung wollte. Deswegen habe ich mich gedanklich voll
auf mein Ziel fokussiert. Mein Name stand schon an der
Tür. Jedes Mal, wenn ich duschte, duschte ich in meinem
neuen Bad. Ich sah mich in meiner Küche Kaffee trinken.
Ich sah mich durch die Wohnung tanzen.

Es gab noch einige Auf und Abs, doch am Ende un-
terschrieb ich den Mietvertrag. Und das Beste: Ich hatte
nach der Trennung von meinem Ex kaum Geld für Möbel, Waschmaschine etc. Und dann bekam ich neunzig
Prozent aller Geräte und Möbel für meine neue Wohnung
geschenkt. Das Universum hat geliefert. Von meiner Oma
war der Herd, von meinen Eltern die Waschmaschine, von
meiner Schwester das Bett usw. Bis heute ein voller Erfolg.

Gab es für dich auch schon solche Momente, wo du genau das bekommen hast, an das du schon lange gedacht hast? Oder dass genau
die Person anruft, über die du eben gesprochen hast? Was hat in
deinem Leben schon gut geklappt? Vielleicht hast du dir immer gewünscht, eine Familie zu haben und bist heute verheiratet und hast
Kinder? Oder du wolltest unbedingt Lehrerin werden und stehst
heute regelmäßig vor Schulklassen? Was hast du vielleicht auch Negatives manifestiert, weil du dir schon immer Gedanken darüber
gemacht hast, wie es wohl wäre, wenn das eintritt?

Es geht hier nicht darum, dass du dich jetzt schuldig fühlst oder dir denkst »Ach du je, was habe ich denn da für einen Bockmist manifestiert?« Ich möchte lediglich einmal ein Bewusstsein dafür schaffen, was du schon alles erschaffen hast. Manchmal sind es auch Manifestationen, die wir zwar wollten, die dann aber doch etwas anders eintrafen als gewünscht.

Carina, eine andere Kundin von mir, wollte gerne kurzfristig mehr Geld verdienen. Sie wurde dann für jede Menge Feiertage und Wochenenddienste in ihrem Pflegejob eingeteilt. Zack, mehr Geld am Ende des Monats. So hatte sie sich das zwar nicht vorgestellt, aber es war genau ihre Bestellung. Sie wollte mehr Geld, sie bekam mehr Geld. Das Universum liefert immer. Du lernst in den folgenden Kapiteln noch, wie du an solchen Stellen zielgerichteter und genauer manifestierst, fürs erste aber ist es super, dir einfach mal alles, was du bislang erschaffen hast, klar zu machen.

Sammle einmal für dich, was du in deinem Leben schon manifestiert hast. Egal, ob bewusst oder unbewusst. Egal, ob »gut« oder »schlecht«. Schreib es dir gerne auf. Und notier dir am besten gleich mal, was du ab heute bewusst manifestieren willst.

Die Reise lohnt sich

Im Sommer 2014 war ich mit meinem Mann in einem ausgebauten Bulli unterwegs. Da war ein aufklappbares Bett drin, eine Kühlbox und ganz wichtig: ein Notfallklo. Besser gesagt, eine Holzplatte, in die mein Mann voller Liebe ein Loch geschnitten hatte und in die man giftgrüne Beutel hängen konnte, die man dann komplett verschlossen auf dem nächsten Parkplatz unauffällig im Mülleimer verschwinden lassen konnte. Warum das so wichtig war? Ich war gerade im dritten Monat schwanger und hatte eine Sextanerblase, die uns ansonsten zu einer Routenplanung von einem Klohäuschen zum nächsten gezwungen hätte. Wir fuhren einmal quer durch Europa. Durch Frankreich an die Côte d'Azur, dann weiter die italienische Küste entlang, danach auf die andere Seite des Stiefels und nach einer nächtlichen Fährüberfahrt, die mir nicht in allzu guter Erinnerung geblieben ist, die kroatische Küste entlang nach Norden. Dort wollten wir auf die Insel Hvar, denn die sollte atemberaubend schön sein. War sie auch. Nur der Weg dahin nicht. Kroatische Straßen sind nun grundsätzlich ein wenig … anders, und an irgendeiner Stelle sind wir mit unserer »Rakete« (so haben wir unseren etwas in die Jahre gekommenen VW-Bulli mit einem Augenzwinkern getauft) falsch abgebogen. Das mit dem falsch abbiegen haben wir aber erst sehr spät gemerkt. Nämlich erst dann, als unsere Straße einfach endete. Da waren wir aber schon eine gute Stunde in der Richtung unterwegs gewesen. Die Himmelsrichtung war nämlich absolut richtig, nur leider war es die Seitenstraße. Umkehren und die eigentlich richtige Straße nehmen, hätte uns sicher zwei Stunden Umweg gekostet. Das wollte mein Mann unter keinen Umständen, also navigierte er uns sicher zu einem kleinen Feldweg, tippte auf sein Handy und ich sah ihn mit zwei Fingern unendlich weit reinzoomen, bis er triumphierend verkündete: »Mein Google Maps sagt, hier geht's weiter. Hier kommen wir durch.«

Meine Einwände, dass der Weg bestenfalls wie ein Trampelpfad für Fußgänger aussah (und die wären auch besser hintereinander als nebeneinander gegangen), wurden gekonnt wegargumentiert. Wenn Google Maps sagt, da geht es lang, dann muss es da lang gehen. (Meine Erfahrungen mit Navigationsgeräten war jetzt nicht die allerbeste. In einem Urlaub mit Freunden in Italien sagte uns die nette Stimme aus dem Navi die ganze Zeit, wir sollten nun endlich abbiegen auf »Straße« und als wir das lachend ignorierten, weil da einfach gar nichts war, wiederholte sie penetrant, wir sollten abbiegen auf »Europa«... Ja, gut, so viel dazu.)

Wir einigten uns, dass wir es zumindest bis zur nächsten Ecke mal probieren könnten, ansonsten müssten wir eben umkehren. Also fuhren wir in einen kleinen, nicht gerade einladend aussehenden Wanderweg auf dieser kroatischen Insel, und ab da wurde es ungemütlich. Das Wetter änderte sich gefühlt schlagartig. Es wurde neblig, die Sicht mit jeder Kurve schlechter. Rechts von uns erstreckte sich eine steile Felswand, bei der ich mir nicht sicher war, ob alles lose Geröll schon den Weg nach unten gefunden hatte. Links von uns war gar nichts. Da ging es metertief nach unten. Das konnten wir irgendwann allerdings nicht mehr sehen, als es nämlich anfing, wie aus Eimern zu schütten. Umkehren konnten wir schon lange nicht mehr, weil der Weg mittlerweile so schmal geworden war, dass unser Auto haargenau drauf passte. Die Rakete hätte keinen Zentimeter breiter sein dürfen. Mein Mann war auch nicht mehr ganz so überzeugt von der Sache, versuchte aber mir zuliebe Zuversicht auszustrahlen. Noch dazu wusste ich, dass er ein verdammt sicherer Autofahrer ist und sein Fahrzeug bestens beherrscht. Ich betete einfach nur noch, dass wir hier heile rauskommen mögen, saß ansonsten aber mucksmäuschenstill auf meinem Platz und bewegte mich nicht, während wir im Schneckentempo vorwärts krochen.

Hinter der nächsten Kurve sahen wir eine kleine Hütte, und als wir daran vorbeifuhren, sprangen plötzlich zwei Menschen auf unser Auto zu. Nach der ersten Schrecksekunde sahen wir, dass es ein junges Pärchen war, die sich völlig durchnässt in der Hütte untergestellt hatten. Sie waren bei ihrer Wanderung von dem plötzlich einsetzenden Regen genauso überrascht worden wie wir. Wir ließen sie einsteigen und es stellte sich heraus, dass es auch Deutsche waren. Ab da ging es mir besser, weil ich plötzlich mit jemandem reden konnte. Dann kam uns ein Auto entgegen. Oh mein Gott, was jetzt? Gekonnt setzte der Wagen ein weites Stück nach hinten in eine Böschung, wo er uns ausweichen konnte. Da war uns klar, hier muss es weitergehen, denn der Fahrer war ganz offensichtlich ein Einheimischer. Der restliche Weg wurde dann auch wieder etwas breiter, die Stimmung ein wenig ruhiger und mein Puls wieder unter der 200er-Grenze.

Ich erinnere mich noch haargenau an den Moment, an dem wir von diesem Feldweg wieder runter auf eine geteerte Straße gefahren sind. Das Pärchen stieg dort aus, und ich hätte am liebsten den Boden geküsst. Noch nie in meinem Leben war ich so froh und dankbar, am Leben zu sein. Mein Mann und ich haben beide ganz schön Muffensausen gehabt und lagen uns dann erleichtert in den Armen.

Heute ist das eine der spannendsten Geschichten, die wir von der ganzen Reise erzählen. Mittlerweile können wir auch drüber lachen. Damals war mir aber wirklich mulmig zumute. Vergessen werden wir diese Erfahrung sicher nie. 11 Länder, 6000 Kilometer in knapp 4 Wochen – unzählige Erlebnisse hatten wir auf dieser Europareise. Aber diese 15 Minuten haben sich ins Gehirn gebrannt. Ich will hier keinen animieren, das nachzumachen. Das fällt eher in die Kategorie: nicht ganz so schlau.

Was diese Geschichte aber zeigt: Manchmal machen wir Sachen, die sich währenddessen komisch anfühlen, ungewohnt und, ja, auch angsteinflößend. Und am Ende kommen wir trotzdem an. Und dürfen auf dem Weg noch eine Menge lernen, was wir sonst nie erfahren hätten. Es scheint nicht immer die Sonne und wir gehen nicht immer den einfachsten Weg, aber es lohnt sich trotzdem. Also schnall dich an, denn nun geht es an die Umsetzung.

Simpel, aber nicht immer einfach

Das Grundprinzip, wie du dir ein geniales Leben erschaffst, ist denkbar simpel, aber ich sage auch: Es ist nicht immer einfach. Was meine ich damit?

Für mich ist es wie eine meiner ersten Yogastunden. Ich wollte eigentlich nie Yoga machen. Das ist nur was für Möhrchen fressende Veganer, dachte ich damals, und diese Verrenkungen konnte ich eh alle nicht. Zumal mir an einigen Stellen auch einfach mein kleines bisschen Speck im Weg war. Zumindest dachte ich das.

Dennoch habe ich mich irgendwann auf die Matte getraut. Und da schnaufte ich nun, den Hintern meilenweit in die Luft gestreckt, in der Position des herabschauenden Hundes. Und jetzt sagte die durchtrainierte Yogalehrerin, ich solle nun die rechte Hand lösen und in Richtung meines linken Fußes bringen. Bitte was? Ich habe wirklich gedacht, die will uns verarschen. Das war schlichtweg unmöglich. Nicht nur, weil ich natürlich noch lange nicht so gelenkig war, dass meine Hand auch nur irgendwie in die Nähe des Fußes gekommen wäre, sondern vor allem, weil ich schlicht und ergreifend sofort aufs Gesicht geklatscht wäre, wenn ich die Hand auch nur einen Zentimeter angehoben hätte. Mein ganzes Gewicht war auf meinen zwei Händen. Für mich war es physikalisch unmöglich, dass man in dieser

Position die Hände lösen sollte. Ich habe ihre Anweisung dann auch einfach mit einem hysterischen Lachen quittiert und habe weiterhin versucht, schon mal auf beiden Füßen und Händen nicht umzufallen.

Mit deutlich mehr Yogaerfahrung habe ich diese Übung später natürlich hinbekommen. Es ist ein klassisches Beispiel von einer ganz simplen Aufgabe: Hand zu Fuß. Da muss man jetzt auch nicht für studiert haben, um die zu verstehen. Umsetzen konnte ich sie aber nicht, weil es für mich in dem Moment alles andere als einfach war.

Das, was du hier lernst, kannst du dir ein bisschen so vorstellen wie dein erstes Mal auf der Yogamatte. Theoretisch total simpel und gleichzeitig wird es dir vielleicht nicht immer ganz einfach vorkommen. Aber glaube mir, es wird mit der Zeit immer einfacher.

Ich zeige dir jetzt genau die drei Steps, die es zum Manifestieren braucht. Wenn das alles wäre, dann wäre das Buch an dieser Stelle zu Ende. Ist es aber nicht, denn zu diesen Steps gehören noch einige Feinheiten. Deswegen werfen wir danach auch noch einen genauen Blick auf die einzelnen Schritte und schauen, was das Wichtige ist, das du beachten darfst.

Manifestieren in drei Schritten

Step 1: Wünschen

Du darfst dir wünschen, was du haben willst. Das ist deine Bestellung. Das ist der Moment, wo du bei Amazon etwas in den Warenkorb legst. Du formulierst in Gedanken oder auch laut, was du haben möchtest. Was hier alles »schiefgehen« kann, darauf kommen wir gleich noch. Du weißt also ganz klar, was du willst.

Step 2: ins Gefühl gehen

Du stellst dir vor, wie es ist, wenn du das schon hast, was du dir wünschst. Du fühlst heute schon das Gefühl, das du hättest, wenn dieser Wunsch in Erfüllung ginge. Dieses Gefühl darfst du heute schon haben, damit du schon auf der richtigen Frequenz unterwegs bist und das Passende in dein Leben ziehst.

Step 3: Empfangen

Na, das ist ja super simpel. Ich warte, bis es kommt. Auch hier gibt es aber eine Menge Stolpersteinchen, warum wir oft nicht das empfangen oder annehmen können, was wir uns so wünschen.

Fabienne, eine meiner Kundinnen aus meinem Programm *Glücksmagnet*, hatte eine besonders süße Geschichte zum Annehmen auf Lager. Wir fangen in dem Programm immer an, Kleinigkeiten zu bestellen, z. B. bestimmte Autofarben, einen Blumenstrauß, ein Lächeln oder ähnliches. Sie hat sich also ein giftgrünes Auto manifestiert:

Nach einigen Tagen, an denen ich angestrengt geschaut habe, habe ich am Abend nach der Arbeit an der Bushaltestelle gleich drei grüne Autos gesehen, allerdings nicht genau in dem Ton, den ich mir vorgestellt hatte. Natürlich ist sofort mein Kopf angesprungen und hat gemeint: »Nöö, das isses nicht, ist ja eh alles Zufall, außerdem ist es schon dunkel, du siehst es ja eh nicht richtig, blablabla.«

Keine zwei Minuten später fuhr ein grüner Lieferwagen an mir vorbei mit der Aufschrift: »Grüner wird's nicht!« Das war ein so krasses Zeichen des Universums, dass ich endlich mal vertrauen darf. Spätestens seit diesem Moment glaube ich definitiv an das Gesetz der Anziehung.

Also, wenn das Universum liefert, darfst du es auch erkennen, nach dem Motto: »Das hier ist es. Das waren jetzt drei grüne Autos. Grüner wird's nicht«.

Du siehst: Theoretisch ist die ganze Sache simpel: *Ich stelle mir vor, was ich will, ich fühle es, und dann muss ich nur noch warten, bis es da ist.* Theoretisch. Und da liegt der Hase im Pfeffer. Die Menschen lesen so etwas und sagen: »Ok, das mache ich. Das ist ja total easy.« Und merken dann: »Oh, das funktioniert aber gar nicht. Ich denke doch die ganze Zeit an den Porsche in meiner Garage, und wenn ich gucken gehe, steht da immer noch der 15 Jahre alte Opel Astra.«

Es ist ein ganz simples Prinzip, und gleichzeitig ist es nicht immer einfach, denn zu diesen drei Komponenten gibt es jede Menge Details: Schon beim Wünschen konzentrieren sich die meisten eher auf das, was sie nicht mehr wollen. Viele manifestieren aus einem Gefühl des Mangels heraus und wundern sich, warum sie immer wieder Mangel in ihr Leben ziehen, und auch Annehmen fällt den meisten von uns nicht gerade leicht.

Ich gebe dir mal ein paar Beispielsätze aus dem Bereich Beziehung, mit denen du sicher *nicht* das bekommst, was du haben willst:

»Ich habe echt keinen Bock mehr auf Männer, die mich nur ausnutzen.«

»Alle, die ich kennenlerne, wollen nichts Festes.«

»Ich fühle mich so einsam.«

»Wann kommt denn endlich der Richtige für mich?«

»Also, wir teilen die Rechnung beim Date auf jeden Fall, ich bin schließlich emanzipiert.«

»Danke, du musst mir nicht helfen. Ich kann das schon alleine.«

Vielleicht kannst du dir jetzt schon denken, warum das absolute No-Go-Sätze sind. Wenn nicht, wird es dir gleich klarer werden.

Step 1: Was willst du eigentlich?

Das Spaghetti-Bolognese-Dilemma

Stell dir einmal folgendes Szenario vor: Eine Frau, nennen wir sie Lisa, geht zum Italiener in der Stadt und möchte dort essen. Sie setzt sich an einen wunderschönen Tisch auf die Terrasse, in der Ferne geht die Sonne gerade unter und taucht die Landschaft in ein faszinierendes Weinrot, die Vögel zwitschern im Hintergrund, eine sanfte Brise lässt die Zweige eines Apfelbaums sacht hin und her wehen. Der junge Kellner kommt mit einem Lächeln zu Lisa an den Tisch und bringt ihr die Karte. Doch noch bevor sie reinschaut, ruft sie schon ungeduldig: »Ich will essen. Ich habe Hunger.«

»Na klar, gerne. Dafür sind wir ja hier«, sagt der Kellner etwas irritiert, aber freundlich. »Haben Sie schon gewählt?«

»Ich habe Hunger«, ruft Lisa wieder ungeduldig.

»Ja, doch. Was darf ich denn bringen?«

»Ich will keinen Hunger mehr haben.«

»Ok, es ist wohl dringend. Sagen Sie mir einfach, was Sie möchten, wir bringen es dann schnellstmöglich.«

»Mir egal. Auf keinen Fall die Fischsuppe.«

»Ok. Vielleicht lieber Pasta oder unser Steak des Tages?«, fragt der Kellner nun etwas ratlos.

»Auf keinen Fall die Fischsuppe. Ich habe Hunger«, ruft Lisa nur. Der Kellner ist jetzt kurz davor, seine Berufswahl anzuzweifeln und schaut sich schon nach der versteckten Kamera um. Er fragt erneut vorsichtig: »Haben Sie eine Idee, in welche Richtung es gehen soll?«

»Nudeln. Ich will Nudeln.«

»Ok, die Pasta Arrabiata vielleicht?«

»Nudeln. Ich habe Hunger.«

»Also die Arrabiata? Oder lieber die Lasagne? Die Tortellini mit Steinpilzen sind auch sehr empfehlenswert.«

»Nein, ich will keine Tortellini, verdammt.«

»Sie müssen mir schon sagen, was Sie wollen«, sagt der Kellner sichtlich überfordert.

»Ich habe Hunger«, ruft Lisa erneut und funkelt ihn mit ihren Augen vernichtend an.

Der Kellner ist mittlerweile verzweifelt, zuckt mit den Schultern und wendet sich dann mit einem »Hunger also … ok« zum Gehen.

»Irgendwelche Nudeln für die Dame von Tisch acht« ruft er in die Küche.

Zwanzig Minuten später kommt er wieder und bringt Lisa … Tortellini.

»Ich hatte doch gesagt, keine Tortellini«, schimpft Lisa.

»Ach ja stimmt, Entschuldigung«, murmelt der Kellner und will gerade nochmal fragen, was es denn stattdessen sein soll. Da blitzt ihn Lisa nur an, und er weiß, was sie sagen will: »Ich habe Hunger.«

Also gibt es erneute zwanzig Minuten später die Pasta Arrabiata aus der Tageskarte.

»Ehhh, die mag ich nicht«, sagt Lisa angeekelt, schmeißt ihre Serviette hin und ruft lauthals: »Saftladen!«

Skurrile Situation, denkst du? So würde doch keiner im Restaurant bestellen? Vielleicht hast du recht, aber im Leben bestellen wir ständig so.

Wir wissen nicht genau, was wir wollen, wir sprechen ständig nur davon, was wir nicht mehr wollen und formulieren nur vage Vorstellungen.

Der Universumskellner in deinem Leben

Lass es uns gerne ausprobieren. Nimm dir jetzt mal wieder dein Handy raus für eine Sprachmemo oder sprich laut vor dich hin. Ich empfehle dir eine Aufnahme, denn dann kannst du genau hören, was du beschreibst, und hast es auch später noch parat. Ich lade dich ein, hier wirklich mitzumachen, so gelingt die praktische Umsetzung gleich viel leichter.

Was möchtest du an deiner aktuellen Lebenssituation verändern? Wie stellst du dir dein Leben in fünf Jahren vor?

Sprich einfach alles auf, was dir in den Sinn kommt. Uuund bitte! Fertig? Super! Na, war das leicht? Wie viel ist dir eingefallen? Hast du eine klare Vorstellung von deinem Traumleben? Bist du konkret geworden? Was möchtest du haben und erreichen? Wie wohnst du, wie arbeitest du, wie sind deine Beziehungen, wie sind deine Freundschaften? Engagierst du dich sozial? Was sind deine Hobbys und Leidenschaften?

Vielleicht hast du auch einiges schon beschreiben können. Nun höre dir deine Aufnahme gerne nochmal an: Wie oft benutzt du eine Verneinung?

»Ich möchte nicht mehr so einen Chef haben wie jetzt. Ich möchte mich nicht mehr mit meinen Kindern streiten. Ich will nicht ständig die Handwerker rufen, weil in der Wohnung was kaputt ist.«

Im Grunde geht es den meisten von uns wie Lisa. Wir wissen genau: Es soll sich was verändern. ICH HABE HUNGER. Aufs Leben übertragen könnte das heißen: Mich nervt mein Job – und das Universum ist der Kellner. Der steht jetzt etwas ratlos daneben, weil er bisher nur gehört hat, dass du Hunger hast. Das ist schön. Sonst wärst du wohl nicht da. Aber was jetzt?

Doch du weißt nicht genau, was du stattdessen willst. Du weißt, dass der Hunger weg soll = Der Job nervt. So weit, so unklar. Im Restaurant würdest du dir wahrscheinlich ziemlich dämlich vorkommen, wenn du am laufenden Band brüllst: »Ich habe Hunger«. Im Leben werden wir aber nicht müde, die ganze Zeit zu sagen: »Der Job nervt«. Und der Kellner steht immer noch verdutzt daneben und weiß nicht, was er tun soll.

Irgendwann sagst du dann vielleicht so etwas wie Lisa: »Mir egal, auf keinen Fall die Fischsuppe.« Das wäre in etwa so, als wenn du sagen würdest: »Keine Ahnung, aber ich will nicht so einen cholerischen Chef wie jetzt.«

Aha, nun ist der Universums-Kellner aber noch nicht wirklich schlauer als vorher. Im Zweifel hört er nur Fischsuppe und bringt dir ausgerechnet die. Wenn er ein sehr höflicher Kellner ist, fragt er wie in unserem Beispiel einfach nochmal. Der Kunde ist ja König. Und nun kommt immerhin schon mal eine Richtung: Nudeln.

Das wäre in etwa: »Ich will einen Job mit Kundenkontakt« – okay ...

Das kann jetzt eine Menge bedeuten: Rigatoni, Linguine, Lasagne, Spirelli, Tortellini, Tagliatelle, Farfalle ... Wenn dein Italiener gut ausgestattet ist, hast du 12 bis 87 Varianten, aus denen du wählen kannst.

Bei der Formulierung »Ein Job mit Kundenkontakt« kannst du da wahrscheinlich noch ein paar Nullen dranhängen. Ein bisschen konkreter darf's schon sein.

Ein Job mit Kundenkontakt. Vielleicht Friseur? Nein, um Gottes willen. Das auf keinen Fall. Das sind dann die Tortellini, die Lisa auf keinen Fall will. Nur: Wenn du nichts Konkretes sagst, darfst du dich nicht wundern, wenn du am Ende genau die Tortellini oder die Pasta Arrabiata bekommst, die du eigentlich gar nicht magst. Das Universum, in diesem Fall also der Kellner, hat sich echt alle Mühe gegeben.

Ich habe keine Ahnung, was ich will

Vielleicht geht es dir wie den Millionen Lisas da draußen (an alle, die Lisa heißen: Fühlt euch bitte nicht auf den Schlips getreten, das gilt auch für alle Stefans, Claudias oder Kunigundes.): Du hast keine Ahnung, was du willst. Du fragst nicht nur im Restaurant ständig alle anderen, was sie denn wohl nehmen, weil du dich nicht entscheiden kannst, sondern du hast auch für dein Leben keine genaue Vorstellung, was du möchtest. Das geht vielen so. Als Kinder haben wir noch ganz genaue Vorstellungen, was wir wollen und wann wir es wollen und wie: »Ich will Eis. Jetzt! Und am liebsten noch eins gleich hinterher.«

Nur was passiert im Laufe der Jahre? Wir lernen, dass unsere Wünsche überzogen, zu viel, nicht angebracht sind. »Nein, du hattest jetzt schon vier Kugeln Eis, es reicht jetzt wirklich.« Und hey, als Mama finde ich das völlig in Ordnung. Wir dürfen unseren Kindern zeigen, dass sie sich erstmal wünschen können, was sie wollen. Ob wir es dann immer erfüllen, steht auf einem ganz anderen Blatt. Wenn wir etwas größere Kinder sind, hören wir dann vielleicht, dass unsere Träume und Wünsche total realitätsfremd sind, dass man mit dem Berufswunsch nun wirklich kein Geld verdienen kann und wir gefälligst was Anständiges lernen sollen. Und dann kommen zu guter Letzt noch ein paar Sprüche drauf wie: »Gib dich doch zufrieden mit dem, was du hast«; »Du immer mit deinen Luftschlössern« oder »Wer hoch fliegt, kann tief fallen«. Irgendwie wird uns von Eltern, Lehrern oder der Gesellschaft immer wieder suggeriert, dass unsere Träume nicht wichtig sind, dass wir sie uns abschminken können. Und so verlernen die meisten von uns, überhaupt zu träumen.

Wir geben uns zufrieden mit dem, was realistisch ist. Dabei reden uns meist genau die Leute unsere Träume aus, die sich ihre eigenen nicht erfüllt haben. Wenn du das nächste Mal »größenwahnsinnige« Träume hast, dann teile sie am besten nur mit den Leuten, die selber ihre Träume verwirklicht haben, denn die werden dich eher bestärken. Weil sie nämlich wissen, dass alles möglich ist.

Eins ist klar: Es wird immer Leute geben, die dich belächeln werden für das, was du erreichen willst. Dir sollte nur bewusst sein, dass das *ihre* begrenzenden Überzeugungen sind, nicht deine.

Was glaubst du, wie viele Leute mich belächelt haben in meinem Leben? Zunächst habe ich Literatur, Kultur und Medien studiert. Nachdem ich mir eine Weile den Mund fusselig geredet habe bei der

Frage, was man denn damit mal macht, bin ich irgendwann dazu übergegangen, einfach nur zu sagen: »Keine Ahnung, aber es wird großartig.«

Ich sollte recht behalten. Und als ich dann irgendwann sagte: »Ich möchte zum Fernsehen«, bekam ich nur zu hören: »Ja, das wollen viele«; »Das ist ganz schwer«; »Da kommt man nur über Beziehungen rein«. Mich spornt sowas extrem an. Ich denke dann immer: Euch werde ich es zeigen. Und ich habe es gezeigt. Ich bin an eine Journalistenschule gegangen und danach vom Fleck weg und ohne Volontariat bei RTL in München angenommen worden. Als ich meinen Vertrag bei RTL in Köln wegen der Nachtschicht nicht verlängert habe, wollte mein Chef mich sogar der *Tagesschau*, der Konkurrenz, empfehlen. Weil er so begeistert von mir war. Ich habe dankend abgelehnt, weil ich damals schon merkte, dass das nicht mein Weg ist. Ich war gut in dem, was ich gemacht habe, und ich kann heute sagen: Fernsehsender sind auch nur ganz normale Arbeitgeber, die sich über gute Mitarbeiter freuen, wie jedes andere Unternehmen. Wenn du gut bist, in dem was du tust und begeistert, bekommst du immer eine Stelle. Dann ist es egal, wer dich davor für deine Pläne belächelt hat.

Wie findest du jetzt aber heraus, was du überhaupt möchtest?

Stell dir gerne mal folgende Fragen:

Wenn alles möglich wäre, was möchte ich dann machen/erschaffen/in diese Welt bringen?

Wenn jemand auf magische Weise meine Wünsche erfüllen würde, ohne dass ich etwas dafür machen muss, was würde ich mir wünschen?

Welche Lebensbereiche würde ich aktuell verändern/verbessern wollen und warum?

Wenn ich eine Milliarde auf meinem Konto hätte, womit würde ich dann meine Zeit verbringen? Wo würde ich leben? Was und wie würde ich arbeiten? Würde ich überhaupt arbeiten? Wenn keiner zuschauen würde, was würde ich gerne machen? Wenn du diese Fragen für dich beantwortest, kommst du vielleicht der Sache näher, die du gerne machen möchtest. Vielleicht hast du ja auch schon deinen Traumjob gefunden, aber in anderen Lebensbereichen noch keine konkreten Vorstellungen? Du kannst die Fragen auf alles anwenden. Schau dir einfach an, mit welchen Lebensbereichen du aktuell noch nicht hundertprozentig zufrieden bist. Und überlege, was es braucht, damit du sagst:»Ja, geil, das erfüllt mich voll und ganz.«

Du darfst dir ein Leben kreieren, bei dem du jeden Morgen aus dem Bett hüpfst, weil du dich so freust. Für mich ist das oft vergleichbar mit einer Urlaubsreise. Vielleicht gibt es auch mal Sachen, die wir nicht megacool finden. Ich zum Beispiel packe nicht so gerne Koffer oder stehe früh auf, weil der Flieger geht. Und gleichzeitig mache ich es gerne, wenn ich weiß, es geht in den Urlaub.

Du darfst dir erlauben, ein Leben zu erschaffen, das dir rundum Spaß macht. Du darfst dich jeden Tag fühlen, als würde es Konfetti für dich regnen. Denn das Leben ist dafür gedacht, dass es Spaß macht. Wenn ich mir die Leute morgens in der Bahn oder auf dem Weg zur Arbeit manchmal so angucke, dann haben sie entweder ihrem Gesicht nicht Bescheid gesagt, dass sie gute Laune haben oder sie haben einfach keine. Dann will ich sie packen und schütteln und rufen: Du bist doch nicht auf diesem Planeten, um miesepetrig durch die Gegend zu laufen. Das ist doch nicht der Sinn und Zweck hinter all dem. Such dir was, das dir Spaß macht, und überhaupt darfst du auch mal einfach so lächeln.

Zieh die Mundwinkel nach oben und entspann dich.

Lisas zweiter Versuch

So, nun weißt du hoffentlich schon etwas mehr, was du eigentlich willst im Leben. Gib dir Zeit und entwickle deine Visionen Stück für Stück. Wie bekommst du aber jetzt genau das, was du willst? Lass uns erneut ins Restaurant gehen. Lisa kommt an einem anderen Tag wieder und hat nun eine genauere Vorstellung. Sie setzt sich also an den Tisch, der Kellner bringt die Karte und sie bestellt: »Ich hätte gerne die Spaghetti Bolognese mit fein gehobeltem Parmesan. Obendrauf ein Basilikumblatt und sind Sie so nett und bringen mir noch etwas Salz und Pfeffer dazu?«

Das ist doch mal eine Bestellung. Der Kellner freut sich. Die Irre vom letzten Mal spricht in klaren Worten und weiß, was sie will. Jucheeee! Das ist schon mal eine gute Sache. So kann eine Bestellung auch ankommen. Könnte …

Denn Lisa wird nach fünf Minuten ungeduldig. Sie ruft den Keller zu sich: »Entschuldigen Sie, aber sind meine Spaghetti schon im Topf? Ich wollte nur sichergehen, dass Sie sie nicht vergessen.«

Der Kellner wird schon leicht skeptisch, sagt aber immer noch freundlich: »Ja, die werden gerade zubereitet, etwas Geduld. Soll ich Ihnen solange noch etwas zu trinken bringen?«

»Nee, ich habe Hunger. Ich warte.«

Wieder fünf Minuten später steht Lisa auf, guckt sich suchend um und schleicht sich dann in die Küche. Dort stellt sie sich neben den Koch, der sie verdutzt anschaut: »Was machen Sie denn hier? Kann ich helfen?«

»Ich wollte nur schauen, ob Sie meine Spaghetti Bolognese machen? Ich habe nämlich Hunger, wissen Sie. Oh, wo ich das grade sehe, machen Sie nicht zu viel Salz in das Nudelwasser, das schmeckt sonst nicht.«

Der Koch ist etwas entrüstet und sagt entschieden: »Lassen Sie mich mal machen. Gehen Sie bitte wieder an Ihren Platz. Das geht hier auch nicht schneller, wenn Sie neben mir stehen. Im Gegenteil.« Lisa trottet also langsam wieder auf die Terrasse zurück, bleibt aber an der Ecke stehen, damit sie von dort aus die Küche im Blick hat.

Die nächsten zwanzig Minuten vertreibt sie sich damit, ungeduldig von einem Bein aufs andere zu wippen, auf die Uhr zu schauen und jedem Kellner, der vorbeigeht, zu fragen, ob ihr Essen schon fertig sei. Da kommt er, der eingangs freundliche Kellner, der sich schon vor etlicher Zeit dazu entschieden hat, nächstes Mal auf keinen Fall die Terrasse, sondern nur den Innenbereich zu bedienen. Und er hat die Spaghetti Bolognese dabei. Aufgeregt springt Lisa neben ihn und trötet ihm ins Ohr: »Vorsicht, nicht dass Sie es fallenlassen. Das ist ja hoffentlich heiß. Achtung, da ist eine Stufe. Gehen Sie lieber hier entlang, das geht's schneller.«

Der Kellner macht mittlerweile nur noch genervte Armbewegungen, als wollte er eine lästige Fliege abschütteln. Kurz vor Lisas Tisch huscht sie ihm noch halb unterm Teller lang, um ihm den Stuhl an der Seite wegzurücken. Er hat den gekonnten Schlängelschritt an Tischen und Stühlen vorbei aber so perfektioniert, dass er jetzt wegen Lisas Dazwischenfunken total aus dem Tritt kommt und stolpert. Die gesamten Spaghetti Bolognese mit dem gehobelten Parmesan und dem Basilikumblatt landen formvollendet auf dem Boden der Restaurantterrasse.

»Saftladen!«, ertönt es da nur, und Lisa verlässt erneut wutentbrannt das Restaurant.

Das, meine Lieben, ist exakt das, was viele von uns machen. Erst bestellen wir gar nicht und wenn, dann völlig unkonkret. Und wenn wir dann schon mal eine genaue Vorstellung davon haben, wie wir es gerne hätten und diese sogar ordentlich bestellen, sind wir meist viel zu ungeduldig und pfuschen allen ständig rein.

Lisa hätte sich stattdessen auf die Terrasse setzen, dem Sonnenuntergang zuschauen und ihren Rosé genießen sollen. Dann wäre der Kellner ganz entspannt mit ihren bestellten Spaghetti Bolognese gekommen, und sie hätte ein fabelhaftes Essen in aller Ruhe genießen können. Hätte, hätte ...

»Ich will keine Tortellini, verdammt« – Das Problem mit der Verneinung

»Achtung lass das nicht fallen« – plumps.

»Vorsicht, lauf da nicht gegen die Tür« – döing.

»Vergiss nicht deinen Schlüssel« – zu spät.

Warum nur passieren uns oft genau die Dinge, die wir nicht wollen? Die Dinge, vor denen wir warnen? Die Dinge, die uns gerade so gar nicht in den Kram passen? Warum bekommen wir die Tortellini, wenn wir genau die Tortellini nicht wollen? Warum vergessen wir den Schlüssel, wo wir uns doch die ganze Zeit beim Anziehen gesagt haben: »Ich darf den Schlüssel nicht vergessen«? Warum nur bekommen wir einen Schnupfen, wenn wir denken, dass krank sein uns jetzt so gar nicht in den Kram passt?

Die Lösung ist im Grunde ganz einfach: Dein Gehirn denkt in Bildern. Aber auch Klänge, Gefühle, Gerüche und Geschmäcker sind beteiligt. Denken besteht darin, dass wir unsere Sinne innerlich nutzen.[21] Wenn wir an etwas denken, das wir schon einmal gesehen, gehört oder gefühlt haben, dann erzeugen wir diese Bilder, Klänge und Gefühle innerlich neu. Denke gerne mal an deinen letzten Urlaub.

Wo bist du hingefahren oder -geflogen? Vielleicht siehst du Bilder, hörst bestimmte Geräusche oder hast einen typischen Geruch oder Geschmack in der Nase bzw. auf der Zunge. Das Ganze funktioniert auch bei Erfahrungen, die du noch nicht selber gemacht hast, die du dir aber vorstellen kannst. Vielleicht bist du noch nicht mit einem Fallschirm aus einem Flugzeug gesprungen. Ich auch nicht, um Gottes Willen. Wenn wir uns jetzt aber mal gemeinsam vorstellen, dass wir mit einer kleinen Propellermaschine abheben, in der Luft nach unten schauen, während der Wind uns ins Gesicht peitscht und uns kurz vor dem Sprung nochmal entgeistert anstarren, dann haben wir bestimmte Bilder oder Geräusche parat, um diese Szene in unseren Köpfen lebendig zu machen. Und wir könnten in Gedanken auch springen, wenn wir das denn wollten. Oder eben wieder sicher mit dem Flugzeug landen.

Einige Menschen haben bei solchen Vorstellungen vor allem Bilder im Kopf, bei anderen sind es Geräusche oder Gefühle. Bei manchen Vorstellungen oder Erinnerungen kommen uns auch Geschmäcker und Gerüche in den Sinn. In Millisekunden liefert dir dein Gehirn also z. B. Bilder, wenn du an etwas denkst oder darüber sprichst. Manchmal werden dir diese Bilder bewusst, ganz oft aber bemerkst du sie nicht.

Unsere Fantasie kreiert in unserem Kopf sofort ein Bild, ganz oft sogar gleich einen ganzen Film. Und je nachdem, was du dem Kopf an Informationen gibst, handelt es sich um eine Komödie oder eben ein Drama. Dieser Film beeinflusst also auch direkt deine Gefühle:

Das kleine blonde Mädchen lachte, und ich konnte ihre Grübchen sehen. Ich sah, wie in ihren Augen die pure Freude aufblitzte, während sie mir schelmisch zulächelte und rief: »Na komm, mach es mir nach.«

Blitzschnell drehte sie sich um und rannte auf die Wiese. Ich sah ihre zwei wilden Zöpfe im Wind wehen und hörte, wie sie lachte, während sie sich einladend zu mir umdrehte:»Kannst du das hier?« Sie schlug ein wenig ungelenk ein Rad und plumpste mit ihrem Po in die Gänseblümchen, während sie das Grinsen nicht aus dem Gesicht bekam.

Da war doch jetzt ein Film in deinem Kopf, oder? Wie war das Wetter? Bestimmt hat die Sonne geschienen, oder? In dem Text ist mit keinem Wort erwähnt, wie das Wetter ist, doch die meisten werden bei so einer Szene im Kopf die Sonne scheinen lassen. Weil es zu dem Film passt. Du hast sicher auch die Wiese gesehen und wie das Mädchen das Rad geschlagen hat. Genau das passiert, wenn wir Bücher lesen oder Hörbücher hören: Es entsteht ein Film vor unserem inneren Auge. Und du bist der Regisseur, der mit großer Wahrscheinlichkeit eine fröhliche Szene mit Sonnenschein daraus gemacht hat. Der Film soll dem Zuschauer, also in diesem Fall dir selber, ein Lächeln ins Gesicht zaubern. Die Bilder sind positiv.

Wenn du dein Gehirn mit anderen Bildern fütterst, erzeugst du eine andere Stimmung:

Ihre Augen waren geschwollen, die Taschentücher türmten sich fast kniehoch neben ihr, und sie konnte nur mühsam durch den Mund Luft holen. Ihr Kopf dröhnte, als ob jemand mit einem Presslufthammer direkt vor ihrem Bett den Boden aufreißen würde. Jede Bewegung durchzuckte sie wie ein Blitz. Sie zog sich die Bettdecke noch ein Stück höher bis unter die Nase; sie fröstelte, obwohl sie unter zwei Decken lag. Die Suppe auf ihrem Nachttisch war inzwischen kalt geworden, an Essen war nicht zu denken. Sie wollte einfach nur schlafen.

So, das reicht dann jetzt auch. Der Film macht etwas weniger Spaß als der davor, oder? Weil jeder vor seinem inneren Auge ein Mädchen oder eine Frau im Bett liegen sieht. Wie alt ist die Protagonistin in deinem Film? Ist sie alleine im Zimmer oder ist da noch jemand anderes? Wie ist das Wetter bei dieser Geschichte?

Macht dein Film Spaß?

Du siehst jetzt also, im wahrsten Sinne des Wortes: Unser Gehirn spielt in Windeseile Filme in unserem Kopf ab. Deshalb sollten die Filme immer dem entsprechen, was wir wollen. Und bestenfalls sollten die Filme auch Spaß machen. Denn sonst geht Aufmerksamkeit und damit die Energie in Filme, die wir gar nicht haben wollen.

Was für ein Film läuft in deinem Kopf ab, wenn ich sage:»Achtung, diesen schweren Topf, den du da in der Hand hast, lass den nicht fallen! Nicht, dass er dir gleich runterfällt!« Oder:»Vorsicht, lauf nicht gegen die Tür!«?

Na logo, du siehst etwas fallen und du siehst jemanden gegen eine Tür rennen. Oder zumindest beinahe.

Wenn ich von Tortellini spreche, dann siehst du sicher keine Spätzle und wenn du dir sagst:»Ich darf auf keinen Fall den Schlüssel vergessen«, dann schau doch mal, wie du das in deinem Kopf »repräsentierst«. Was siehst du, wenn du »Ich darf auf keinen Fall den Schlüssel vergessen« hörst?

Es ist höchst spannend, immer mal wieder in den Kopf zu schauen und sich seiner eigenen Bilder und Filme bewusst zu werden. Wenn ich »Schlüssel vergessen« höre, dann sehe ich unsere Schublade, in der die Schlüssel liegen und direkt danach schneidet mein Gehirn quasi eine Sequenz daran, wie ich vor der Tür stehe und mir gegen den Kopf schlage, so nach dem Motto »Mist, vergessen!«.

Da ist übrigens jeder Mensch anders. Ich mach das total gerne in meinen Coachings, dass wir Bilder vergleichen, das ist so spannend. Fest steht aber: Du hast immer Bilder oder Filme in deinem Kopf. Wenn du jetzt denkst: »Da ist nichts«, dann liegt das höchstens daran, dass dein Unterbewusstsein diese Bilder so schnell hervorbringt und sie dir deshalb nicht bewusst werden. Du spulst den Film aktuell quasi in fünffacher Geschwindigkeit vor. Langsamer reden hilft da schon enorm (ich spreche aus eigener Erfahrung), und es gehört auch etwas Training dazu, diese Filme wahrzunehmen. Das machen wir ja nicht allzu häufig im Alltag.

Die Filme und Bilder, die du in deinem Kopf hast, sollten also nach Möglichkeit positiv sein, wenn du etwas Positives in dein Leben ziehen willst. Du kannst schließlich auch nicht erwarten, dass du dir ein Drama oder einen Horrorfilm im Fernsehen anschaust und dabei vor Freude jauchzend durchs Wohnzimmer springst. Das passt nicht zusammen. Wie oft aber reden wir von all unseren Sorgen oder von genau dem, was wir nicht wollen, und wundern uns dann, dass wir nicht gut drauf sind?

»Du kannst nicht an Scheiße denken und Gold erschaffen.«

Deine Worte dürfen zu dem Ergebnis passen, das du haben willst. Dabei ist es egal, ob du die Worte aussprichst, oder ob sie nur in deinem Kopf sind. Wenn du deinen Schlüssel nicht vergessen willst, dann sprich davon, an deinen Schlüssel zu *denken*. Wenn du möchtest, dass jemand nicht gegen eine Tür rennt, dann sag ihm um Himmels Willen nicht genau das. Es sei denn, du willst dir einen Spaß draus machen. Ansonsten wäre es besser, was Lockeres zu sagen wie: »Achtung, mach die Glastür vor dem Durchgehen auf« oder einfach

»Geh an der Tür vorbei«. Noch besser ist es, wenn du demjenigen gleich dir Tür aufmachst – das ist auch gut fürs Karma.

Besonders mit Kindern sprechen wir ja oft genauso. Wir sagen: »Achtung, fall da nicht runter.« Und das meint jede Mutter sicher gut, es erzeugt aber in unseren Köpfen und vor allem in den Köpfen der Kinder (wir erinnern uns: sehr formbar) ziemlich doofe Bilder. Wo ich meine Kinder schon überall hab runterfallen sehen, oh mein Gott. Seitdem ich das mit den Bildern weiß, formuliere ich auf Spielplätzen häufig um: »Pass gut auf dich auf, balancier schön weiter da oben, du machst das super« etc.

Wir halten also fest: Wenn du keine Tortellini willst, sprich nicht von Tortellini. Wenn du keinen meckernden Chef willst, hör auf, dich über ihn aufzuregen.

Stattdessen fang an, über das zu sprechen, was du haben willst. Und da fängt das Dilemma bei den meisten ja schon an. Da sind viele wie Lisa. Sie wissen genau, was sie alles nicht mehr wollen, haben aber keinen blassen Schimmer davon, was sie denn als Alternative gerne hätten.

Denk daran: Du bestellst quasi in jeder Minute, und dein Universumskellner darf doch wissen, was er bringen soll. Werde dir also klar darüber, was du möchtest. Und wenn du es noch nicht genau weißt, dann probiere es aus. Lass dir halt erstmal die Spätzle bringen, und wenn du dann feststellst, dass die nicht so der Hit sind, dann bestellst du danach eben noch Pommes. Hauptsache, du fängst überhaupt erstmal an, aktiv das zu bestellen, was du haben möchtest, anstatt die ganze Zeit dazusitzen und dich zu beschweren, dass du Hunger hast.

Bestellen – Das kleine 1 x 1

Bestellen ist eigentlich kinderleicht, wenn du die Grundsätze beherrschst. Deswegen kommt hier das kleine 1 x 1 für Bestellungen. Vorab: Du kannst deine Bestellung schriftlich machen oder einfach nur im Kopf. Irgendwann wirst du bewusst gar nicht mehr so viel darüber nachdenken, aber für den Anfang empfehle ich, Bestellungen aufzuschreiben. Damit achtest du auf die Formulierungen, auf die ich jetzt genauer eingehe. Zudem kannst du immer wieder draufgucken und dir deine Bestellung bewusst machen.

Das kleine Bestellungs-1 x 1

1. Formuliere positiv (das weißt du jetzt schon). Schreib also das auf, was du haben willst. Überprüfe deine Bestellung, indem du dir den Film vorstellst, der vor deinem inneren Auge abläuft.

2. Schreibe in der Ich-Form, also z. B. »Ich sehe ein rotes Auto«.

3. Formuliere in der Gegenwart.
   Das ist wichtig, weil wir alle uns ja etwas wünschen, was aktuell noch nicht da ist. Du willst es aber in deine aktuelle Realität bekommen. Deshalb darfst du es so beschreiben, als wäre es schon da oder auch, als wäre es schon vorbei, je nachdem, was sich für dich besser anfühlt, z. B. »Ich sehe ein rotes Auto./Ich habe ein rotes Auto gesehen«. Wenn du nämlich schreibst: »Ich werde ein rotes Auto sehen«, bleibt die Erfüllung des Wunsches immer in der Zukunft.

4. Beschreibe intensiv und möglichst mit allen Sinnen.
Jetzt wird deiner Bestellung »Leben eingehaucht«. Wie würdest du dich fühlen, wenn sie in Erfüllung ginge? Wir gehen da detailliert in Step 2 drauf ein. Nur so viel vorab: Was würdest du denken, sagen, fühlen, hören, riechen, schmecken, wenn die Bestellung da wäre?

»Ich freue mich so und bin total begeistert, weil ich dieses rote Auto gesehen habe«, hört sich doch schon ganz anders an als die Sätze davor.

Du sagst und schreibst das unbedingt in deinen eigenen Worten. Ich habe schon Manifestationen aufgeschrieben wie »Alter, ist das geil, ich habe einen Buchvertrag, ich raste aus!« (hat offenbar ziemlich gut funktioniert.) Du darfst in die Emotionen gehen und intensiv diesen Moment auskosten, wenn die Bestellung geliefert wird.

Vielleicht kommt dir die Bestellung mit dem roten Auto albern vor. Rote Autos gibt es doch immer. Das ist doch nur selektive Wahrnehmung. Erinnere dich, dass das ein Bestandteil des Manifestierens ist und dass es da draußen keine »Realität« gibt, sondern nur deine Wahrnehmung der Realität. Deshalb ist das eine tolle Möglichkeit, anzufangen. Ich empfehle dir, am Anfang wirklich noch Sachen zu nehmen, die dir im Grunde egal sind und bei denen dein logischer Verstand sagt, das ist absoluter Zufall. Wenn das gut klappt, dann kannst du immer spezifischer werden und irgendwann wird es für dich einen Punkt geben, an dem du nicht mehr an Zufall glaubst. Aber gib dir Zeit und probiere es Stück für Stück aus.

5. Beschreibe möglichst detailliert.

Vielleicht möchtest du dir z. B. eine Beziehung manifestieren. Dann könntest du jetzt bestellen »Ich bin in einer Beziehung«. Oder aber du stellst dir ganz konkret eine Situation vor, in der du dich mit deinem/r Freund/Freundin siehst. Was macht ihr gemeinsam? Wie ist die Stimmung? Was fühlst du? Je genauer du dir diese Situation vorstellen kannst, desto greifbarer ist deine Manifestation. Du musst deshalb noch nicht alles ganz genau wissen und planen, was ihr macht. Nimm dir einfach eine Situation raus, die für dich stellvertretend für eine schöne Beziehung steht. Und die erlebst du in Gedanken immer und immer wieder. Das gilt vor allem bei Bestellungen, die sich irgendwie schwammig anfühlen. Wenn du beispielsweise gelassener sein willst und du bestellst »Gelassenheit«, dann ist dein Gehirn jetzt erstmal überfragt. Eine zauberhafte Frage finde ich: »Woran würde ich das merken?«

Jetzt sagst du vielleicht: »Ach, wenn ich gelassener wäre, dann würde es mich nicht stören, wenn meine Freundin zehn Minuten zu spät zu unserem Termin kommt, ich würde derweil in der Sonne sitzen und die spontane Ruhe genießen, anstatt mich zu ärgern.« An solchen Situationen kannst du dann gut überprüfen, ob sich schon was verändert hat.

6. Bestelle Qualitäten

Ganz oft wissen wir zwar, was wir wollen oder in welche Richtung es gehen soll, aber sind uns bei den Details überhaupt nicht sicher. Vielleicht möchtest du einen anderen Job oder eine neue Beziehung und hast ein paar Kriterien, aber der Rest ist dir erstmal egal. Dann kannst du wunderbar »Qualitäten« bestellen. Was sind Qualitäten an deinem aktuellen Job oder an deiner letzten Beziehung, die dir gut gefallen haben oder auf die du Wert legst? Du musst dann noch nicht genau wissen, wie die exakte Berufsbezeichnung ist, aber immerhin weißt du jetzt genauer, auf was du Wert legst: »Ich möchte einen Job, bei dem ich so geniale Kollegen habe wie jetzt. Ich fühle mich wohl und gehe voller Freude zur Arbeit. Ich sehe einen Sinn darin, was ich täglich mache und habe immer wieder neue Aufgabengebiete, die ich total spannend finde.« Damit ist noch gar nicht klar, was das genau für ein Bereich ist, aber es ist dennoch eine sehr konkrete Bestellung. Und du kannst dazu Gefühle abrufen, du kannst dir vorstellen, wie du dich fühlst, wenn du abends nach Hause kommst oder morgens zur Arbeit gehst.

7. Bestelle ich mit einer konkreten Zeitangabe?

Das habe ich hier bewusst als Frage formuliert. Denn genau das werde ich immer wieder gefragt. Braucht meine Bestellung eine Deadline? Muss ich also konkret sagen, bis wann sie geliefert werden soll? Meine Antwort dazu ist recht eindeutig: Ich habe die Erfahrung gemacht, dass es den meisten Menschen Druck und Stress macht, wenn sie eine bestimmte Zeitangabe machen.

»Bis zum Ende des Jahres habe ich meinen Traumpartner getroffen.«

Wie entspannt wärst du denn dann Anfang Dezember, wenn noch nicht mal ein Date in Sicht ist? Oft kommt auf halber Strecke dann auch schon: »Ich wollte das ja in vier Wochen bestellen, jetzt sind schon zwei rum, und es ist noch gar nichts passiert.« Meine Empfehlung ist deswegen an dieser Stelle:

Stress dich nicht unnötig mit Zeitangaben. Lass den Zeitfaktor mal komplett außen vor. Eine Bestellung braucht eh genau so lange, wie du glaubst, dass sie braucht.

Von daher entspann dich erstmal. Je entspannter du bist, desto besser manifestierst du.

Deine Kleinigkeiten-Bestellung

Wenn du jetzt einmal ausprobieren möchtest, wie das mit dem Manifestieren funktioniert, dann schreibe deine Bestellung *in Positiv* auf. Keine Verneinung.

Nimm zu Beginn gerne eine Kleinigkeit, z. B. ein nettes Lächeln oder eine bestimmte Autofarbe, die du sehen möchtest. Nimm irgendwas, das dir in den Sinn kommt und sich nach »Kleinigkeit« anfühlt. Es darf zu dir und deinem Leben passen. Für jemanden, der nie mit dem Auto irgendwohin fährt, ist ein Parkplatz sicher keine Kleinigkeit und für jemanden der den Großteil des Tages das Handy ausgeschaltet hat, ist der unerwartete Anruf eher eine Manifestations-Meisterleistung. Nimm also etwas, das zu dir passt. Hier kommen ein paar Vorschläge:

- Blumen
- ich höre einen konkreten Song
- ich sehe ein Tier (z. B. Eichhörnchen, Wildschweine ...)
- ich sehe Autos, Fahrräder in bestimmten Farben
- ein Kompliment
- ein Lächeln
- ich höre einen Witz

- ich bekomme einen Lachanfall
- ich bekomme eine Nachricht, die mich zum Grinsen bringt
- ein kleines Geschenk
- ich bekomme etwas Selbstgebackenes
- ich gewinne etwas
- eine herzliche Umarmung
- ein tolles Gespräch
- ein Küsschen
- jemand bedankt sich von Herzen bei mir
- ich finde etwas Tolles in meinem Briefkasten
- Geld kommt zu mir

Ganz viel Spaß bei deiner ersten bewussten Manifestation!

Ist da oben auch mal Ruhe? – Wenn das Bewusstsein nicht wäre

»Oh, das ist jetzt ungünstig«, dachte ich, als mein Mann mir durch den engen Gang des Flugzeugs entgegenkam. Auf seinem Arm unser Sohn, damals knapp ein Jahr alt, eingewickelt in eine Flugzeugdecke, darunter nur ein T-Shirt und kleine Söckchen. »Was ist denn hier los?«, fragte ich entgeistert. »Wir haben keine Ersatzklamotten dabei, das muss jetzt so gehen«, sagte mein Mann entspannt wie eh und je und setzte sich mit dem Kleinen auf seinen Sitz. Oh Shit, ich hatte wirklich alles eingepackt: Spielzeug, Essen, sogar Medikamente für den Fall des Falles, aber nach einigem hektischen Wühlen in der Wickeltasche musste ich feststellen, dass er Recht hatte und ich tatsächlich die Ersatzklamotten bei unserem ersten Langstreckenflug mit Baby nach Toronto vergessen hatte. Und genau jetzt musste natürlich ein Missgeschick passieren, und das Kind war jetzt quasi nackig. Na herrlich. So mussten wir dann auch wenige Stunden später den Kleinen in den Wanderrucksack bei meinem Mann auf dem Rücken setzen und die Decke notdürftig um ihn herum drapieren, damit er etwas bedeckt war. Nur sein Blondschopf schaute oben aus der Decke heraus, es war ein Bild für die Götter.

So standen wir auf der Rolltreppe am Flughafen Toronto, als uns plötzlich ein Herr von hinten anquatschte. »You have a cute baby«, sagte er. Ich war ein bisschen stolz, dass er unser Baby süß fand, aber auch peinlich berührt wegen der ganzen Aufmachung. Wir fingen ein kurzes nettes Gespräch mit dem Mann an, der uns stolz von seinem eigenen Sohn im gleichen Alter erzählte. Es war so eine richtig nette Zufallsbekanntschaft. Als sich unsere Wege trennten, guckten mein Mann und ich uns etwas irritiert an und sagten beide gleichzeitig: »Den Typ kennt man doch irgendwoher.« Nach kurzem Überlegen war klar: Das war Alec B, der Hollywood-Schauspieler. Wir haben dann noch kurz gegoogelt und Tatsache: Alec hatte an dem Tag eine Premiere in Toronto und war soeben an uns beiden deutschen Touristen mit halbnacktem Kind im Wanderrucksack vorbeigegangen und hatte sich nett mit uns unterhalten. Abgefahren. Alec Baldwin hatte uns angequatscht.

Wenn ich jemals vorhätte, einen Hollywoodschauspieler zu treffen, würde ich dann sagen: Ach, den treffe ich vielleicht in Toronto am Flughafen auf der Rolltreppe? Vielleicht spricht er da meinen Sohn an, weil der sich auf dem Flug eingeschietert hat und wir ihn ganz putzig in eine Decke eingeschlagen haben? Klar, genau so könnte man doch einen Hollywoodschauspieler treffen …

Ähm, nein. Das wäre mir bestimmt nicht eingefallen. Die schönsten Geschichten schreibt bekanntlich das Leben. Und deshalb musst du auch nicht wissen, WIE du etwas erreichst. Dein Bewusstsein macht das aber natürlich ständig. Du manifestierst etwas und bestellst es sogar ohne Verneinung und genau so, wie du es haben willst. Doch spätestens nach einem halben Tag kommt dein Bewusstsein um die Ecke und brüllt dich aus Leibeskräften an: »Wie soll das denn gehen? Wo soll das denn herkommen? Wie um Himmels Willen soll dir denn genau das passieren?«

Die Frage nach dem WIE

»Wie soll ich denn einen Mann kennenlernen? Ich bin im Homeoffice und in meiner Freizeit gehe ich zum Yoga. Da ist nur ein Mann dabei, und der ist schwul. Und ansonsten treffe ich ja noch nicht mal irgendwelche neuen Leute. Ich weiß gar nicht, wo der mir überhaupt über den Weg laufen sollte.«

Das Gehirn ist quasi den ganzen Tag schwer damit beschäftigt, sich auszudenken, WIE um Himmels Willen das Gewünschte ins Leben treten soll. Es bringt ständig Argumente, warum das auf gar keinen Fall geht. Und diese Argumente glaubst du natürlich. Warum? Na, weil sie aus deinem eigenen brillanten Gehirn kommen.

Wir wollen das Problem quasi da lösen, wo es entstanden ist. In unserem Kopf. Warum das nicht funktionieren kann, merkst du sicher selber.

Dein Gehirn ist ein Meister darin, sich Geschichten auszudenken. Meins übrigens auch. Warum das alles nicht geht. Oder warum etwas ganz super geht. Je nachdem, was du gerade brauchst, dein

Gehirn liefert dir dann die passenden Argumente. Kennen wir doch auch alle: Du willst zum Beispiel eine Weiterbildung machen und erklärst deiner Familie, warum das jetzt total wichtig und sinnvoll ist. Dann klappt irgendwas nicht, nehmen wir an, du hast aktuell nicht genug Geld dafür oder bist anderweitig verplant. Jetzt wird dein Kopf sicher auch logische Argumente finden, warum gerade nicht der richtige Zeitpunkt ist, es später noch besser passt, die Weiterbildung eh nicht so wichtig ist und du ja auch dringend noch den Hamster zuhause füttern musst oder was weiß ich.

Du »erfindest« Geschichten, um dein Handeln zu rechtfertigen. Ich erfinde Geschichten, um mein Handeln zu rechtfertigen. Wir alle tun das. Unbewusst.

Deshalb findet dein Gehirn auch sofort logische Argumente, warum etwas nicht klappen kann, in dem Beispiel eben einen Mann kennenlernen. Weil es das WIE nicht kennt, und damit geht das nicht. Punkt.

Das WIE ist aber gar nicht dein Business. Du musst nicht wissen, wie etwas zu dir kommt. Es ist sogar besser, wenn du nicht den Hauch einer Ahnung hast. Denn dann ist das, was du manifestierst, garantiert etwas Neues außerhalb deiner Komfortzone.

Ich empfehle an der Stelle, eine Liste zu schreiben mit mindestens 10 Möglichkeiten, besser gleich 50, wie du einen Mann kennenlernen kannst oder den neuen Job bekommst oder, oder, oder. Das bringt deinen logischen Verstand mal ein bisschen auf Trab und erweitert deinen Horizont.

Den Traummann auf der Couch
kennenlernen

Mich fragen viele meiner Kundinnen, wie sie ihren Partner kennenlernen und ob sie Tinder und Co einfach löschen können, weil es nervt. Sie haben aber oft Angst, dass sie sonst ja niemanden kennenlernen, vor allem wenn sie im Homeoffice sind und der Briefträger nicht die erhoffte Sahneschnitte ist. Das Schöne ist: Das Universum ist da sehr kreativ.

Meine Freundin Betty saß gemütlich auf ihrer Couch, als plötzlich ihr Handy piepste. Eine SMS von einer fremden Nummer. »Lust auf Shoppen morgen?« stand da. Nanu, wer war das denn? Da musste sich jemand vertippt haben, dachte sie und schrieb dennoch zurück. Denn schließlich sollte ja die Unbekannte wissen, dass ihre Nachricht nicht bei ihrer Freundin angekommen war. »Shoppen immer, aber ich glaube du wolltest nicht mit mir shoppen.« Und so entwickelte sich tatsächlich eine SMS-Unterhaltung. Betty dachte die ersten zwei Tage, sie würde mit einer Frau schreiben. Dass die Worte »Lust auf Shoppen« von einem Mann kamen, zog sie gar nicht in Betracht. So war es aber, wie sich dann irgendwann herausstellte. Und die beiden hatten eine so nette Unterhaltung per SMS, dass daraus irgendwann Telefonate wurden und daraus dann reale Treffen. Obwohl sie an zwei Enden von Deutschland wohnten. Und das Schönste: Aus diesen Treffen wurde später eine wundervolle Beziehung.

Diese Geschichte ist nicht erfunden, sondern tatsächlich so passiert, und Betty ist mit ihrem Freund seit mehr als 14 Jahren glücklich zusammen. Da soll nochmal jemand sagen, man kann den Partner nicht kennenlernen, wenn man allein auf der Couch sitzt. Ich habe auch schon von einer Frau gehört, die ihren Partner beim Müll Rausbringen kennengelernt hat, wo er buchstäblich vor ihrer Tür stand und sich so ein Gespräch entwickelte. Und Anja, eine Kundin von mir, bekam einmal ganz unerwartet Hilfe beim Männer-Kennenlernen. Sie war im Homeoffice zu Coronazeiten, wie wahrscheinlich viele von uns. Jetzt kam häufiger der Gedanke vorbei, wie und wo sie denn nun noch jemanden kennenlernen sollte. Eines Tages kam ihre Putzhilfe zu ihr und erzählte ihr, sie habe noch einen anderen Kunden, in dessen Haushalt sie saubermache, und sie könne sich vorstellen, dass die beiden gut zusammenpassen würden. Ob sie die beiden mal bekannt machen dürfe? So entstand tatsächlich das erste Date. Und bevor du nun einwirfst, dass du keine Putzperle hast, die dich verkuppeln könnte: Es könnte jeder sein, den du kennst. Das Universum wird sich für dich auch eine grandiose Geschichte überlegen, wenn du dich entspannst und vertraust. (Keine Sorge, wir gehen da bei Step 3 noch genauer drauf ein.)

Du siehst also, du musst nicht wissen, wie du jemanden kennenlernst. Erinnere dich an die Geschichte von Lisa im Restaurant und wie sie versucht, alles zu kontrollieren und im Blick zu haben. Stattdessen lehn dich zurück und sei gespannt, was das Leben für eine geniale Geschichte schreibt, die du später noch den Enkelkindern erzählen wirst.

Das Geld liegt auf der Straße?!

Das Bewusstsein grätscht uns trotzdem bei den meisten Bestellungen dazwischen und dann geht's los mit den Zweifeln im Kopf: »Ja, stimmt, wenn ich so drüber nachdenke, ist das schon sehr unrealistisch. Ich will diesen super Job, aber da bewerben sich bestimmt total viele, und ich bring auch nicht alles mit, was die verlangen. Und wie soll ich dann noch meine Lücke im Lebenslauf erklären? Mir da jetzt den Job zu manifestieren, ist schon sehr weit hergeholt. Das ist total unrealistisch.«

Ja, genau: unrealistisch. Das ist aber genau das, was wir wollen. Warum? Lass mich dafür ein wenig ausholen: Dein Bewusstsein hat ein großes Problem. Es kann nur auf deine vergangenen Erfahrungen zurückgreifen. Es geht sozusagen deinen Archivschrank durch und schaut, was da so an Erfahrungen drin ist: liebevolle Beziehungen oder mehr so die Sorte, wo auch schon mal Tassen und Fäuste fliegen? Entspanntes Elternhaus oder eher Stock im Arsch beim Kaffeekränzchen? Was hast du bislang erlebt? Was hast du von anderen Leuten schon mal gehört, weil sie es erlebt haben? Was hältst du für möglich? Das ist deine Realität. Das ist das, was du dir vorstellen kannst.

Lass es uns überprüfen:

Was glaubst du, wieviel Geld kannst du auf der Straße finden?

10 Cent? 50 Cent? 1 Euro? 5 Euro? 10 Euro? 20 Euro? Vielleicht sogar 50 Euro? 100 Euro? 500 Euro? 1000 …

An irgendeiner Stelle wird dein Bewusstsein aussteigen und sagen: »Nee, das glaub ich einfach nicht mehr.«

Bei Cent-Beträgen gehen die meisten von uns wohl noch mit, die hat wohl jeder schon mal irgendwo auf dem Boden liegen sehen, Vielleicht ist deine Grenze bei den Scheinen, also vielleicht bei 5 oder 10 Euro. Das waren Summen, die ich bislang noch nicht auf der Straße gefunden habe, und deshalb hielt ich es bis vor wenigen Jahren für absolut unrealistisch, 10 oder 20 Euro auf der Straße zu finden. Nun stelle ich diese Frage immer total gerne in meinen Coachings, weil es so schön zeigt, wo die Grenze zwischen realistisch und unrealistisch verläuft.

Ist es realistisch, 10 Cent auf der Straße zu finden? Jetzt würde wohl jeder sagen: Ja. Ist es realistisch, 1 Million auf der Straße zu finden? Hier würde wohl jeder sagen: Neeeeein. Ok, und wo ist die Grenze? Ab welcher Summe fängt dein Bewusstsein an, zu zweifeln?

Alles, was dein Bewusstsein schon mal erlebt hat, ordnet es als machbar, also realistisch ein. Ich habe schon mal 2 Euro auf der Straße gefunden, also geht das. 20 Euro? Nö, ist mir noch nicht passiert. Glaube ich erstmal nicht.

Nun habe ich einige Kundinnen, die mir davon erzählt haben, dass sie schon 100 Euro auf der Straße gefunden haben. Cool, je häufiger ich das höre, desto mehr fängt auch mein Bewusstsein an, sich an diesen Gedanken zu gewöhnen, der bislang »undenkbar« im wahrsten Sinne des Wortes war. Denn nun habe ich Beweise, dass Menschen das schon mal erlebt haben. Echte Menschen, mit denen ich direkt gesprochen habe. Wenn du mich heute fragst, halte ich es für total möglich, 100 Euro auf der Straße zu finden. Du siehst also, diese Grenze kann sich auch verschieben.

Ohne zu wissen, WIE ich diese 100 Euro auf der Straße finden kann und ohne, dass ich es selbst erlebt habe, halte ich es nun für möglich. Vielleicht gehen sogar 200 oder 500 Euro. Ist das realistisch? Wahrscheinlich nicht im klassischen Sinne, aber ich muss ja nicht wissen, wie etwas zu mir kommt.

Realität basiert immer auf den vergangenen Erfahrungen. Realität ist also immer rückwärts gerichtet. Wir wollen aber gerne etwas Neues erschaffen. Etwas, das du bislang noch nicht hast in deinem Leben. Also darfst du den »Realitätscheck«, den dein Gehirn macht, nicht allzu ernst nehmen. Es kann dafür eben nur auf begrenzte Ressourcen zurückgreifen. Wenn wir etwas Neues erschaffen wollen, dürfen wir über diese vergangenen Erfahrungen hinausgehen und neues Territorium erkunden.

Das Undenkbare denken

Habe ich es für möglich gehalten mit drei kleinen Kindern ein Business zu machen, das ich entspannt von Zuhause aus erledigen kann und in dem ich jeden Tag super viel Spaß habe? Nein, das hätte ich bis vor wenigen Jahren als absolut unrealistisch abgetan. Weil ich es mir nicht vorstellen konnte. Weil meine vergangenen Erfahrungen zeigten, dass ich entweder eine Menge Spaß habe oder Geld verdiene. Oder zumindest, wenn ich Spaß habe und Geld verdiene, sehr viele Stunden beschäftigt bin mit meinem Job. Wie soll da noch Zeit für die Kinder bleiben?

In meinem Bewusstsein gab es also keinerlei Erfahrung zu »Geld verdienen und Zeit für die Kinder haben«. In meinem Bewusstsein gab es überhaupt gar keine Referenz zu »entspannt einen Job haben«.

Ich kann mich noch wie heute an den Tag erinnern, an dem ich auf der Couch in meiner Kölner Wohnung saß und wie erstarrt auf meine Hände schaute. Sie hörten einfach nicht auf zu zittern. Ich hielt sie vor meinen Oberkörper und schaute sie entgeistert an. Die ganze Hand zitterte, als wäre ich auf Entzug. Dabei saß ich seit einer Stunde auf dem Sofa und döste vor mich hin. Das war der Moment, in dem mir klar wurde: Ich musste etwas an meinem Leben ändern. Ich arbeitete zu der Zeit in der Nachtschicht beim Frühstücksfernsehen bei RTL. Meine Arbeitszeit fing um 2 Uhr nachts an und ging bis morgens um halb 11. Jede zweite Woche arbeitete ich von abends um 18 Uhr bis 2 Uhr nachts. Die Arbeit als Redakteurin machte mir richtig Spaß, aber diese Uhrzeiten warfen meinen Biorhythmus komplett durcheinander. Zwischen 4 und 6 Uhr morgens, also kurz vor Sendung, war der Stresspegel am höchsten. Ich musste meine Berichte für die Nachrichten gemeinsam mit einem Cutter schneiden und vertonen, damit sie rechtzeitig zur Sendung um 6 Uhr liefen. Manchmal war das so knapp, dass ich mir nicht 2 Minuten mehr Zeit hätte lassen können. Du kannst dir also den Stresspegel morgens früh vorstellen. Dazu kam noch eine ordentliche Prise Schlafentzug, weil ich mittags in meiner Kölner Innenstadtwohnung direkt neben zwei Bahnlinien nicht friedlich wie ein Baby schlummern konnte. Dementsprechend lief ich außerhalb der Arbeitszeit rum wie eine Schlafwandelnde, ständig zwischen Wachbewusstsein und Tiefschlaf. Und an diesem einen Tag, an dem ich unentwegt auf meine zitternden Hände schaute, wurde mir klar, dass das so nicht weitergehen konnte. Als mir dann mit meinen blutjungen 25 Jahren Bluthochdruck attestiert wurde, war der Ofen aus. Ich kündigte und fing an, Yoga zu machen und mich mehr um meinen Körper zu kümmern, den ich bis dahin offenbar geflissentlich ignoriert hatte.

Für mich war es bis dahin also realistisch, einen stressigen Fernsehjob zu haben, nachts zu arbeiten oder, wie in meinem Job vorher als Freie Redakteurin, mies bezahlt zu werden. Was für mich nicht realistisch war, war ein total entspannter Job. So hat jeder aufgrund seiner vergangenen Erfahrungen seine eigenen Vorstellungen von dem, was realistisch ist und was nicht.

Wenn wir etwas Neues erschaffen wollen, dürfen wir anfangen, an etwas zu glauben, was bislang unrealistisch erscheint. Wenn du also aktuell noch Grenzen in deinem Kopf hast zu dem Thema, das du manifestieren möchtest, dann ist das ganz normal. Denn bislang greift dein Bewusstsein einfach auf deine Vergangenheit zu. So kannst du aber nichts Neues kreieren, weil du ständig den Abgleich machst: Ist das realistisch?

Freunde dich also mit dem Gedanken an, dass etwas, das du für deine Zukunft erschaffen willst, vielleicht aktuell für dich unrealistisch erscheint. Dein Bewusstsein kennt den Weg dahin nicht, es kennt das WIE nicht. (Wie soll das bitte gehen?) Und das ist gut so. Wenn du wüsstest, wie du etwas erreichst, hättest du es doch schon längst erreicht, oder? Also verschieben wir lieber deine Grenzen davon, was du für möglich hältst, als ständig deine Ziele anzupassen und »realistisch« zu machen.

Wie verschiebst du deine Grenzen? Entweder, wie eben an dem Geldbeispiel gezeigt, indem du Beweise sammelst, dass es möglich ist. Mir hilft da auch immer, mich zu fragen: Hat das schon mal jemand gemacht/geschafft? Oder du freundest dich damit an, dass du nicht wissen musst, WIE etwas in dein Leben kommt. Du musst den Weg nicht sehen.

Jack Canfield schreibt dazu: »Denken Sie an ein Auto, das durch die Nacht fährt. Das Licht reicht nur dreißig bis fünfzig Meter weit, doch Sie können die ganze Strecke von Kalifornien bis New York auch in der Dunkelheit schaffen, weil Sie nicht mehr zu sehen brauchen als die nächsten fünfzig Meter.« [22]

Das WIE ist also nicht dein Business. Ich habe sowieso die Erfahrung gemacht, dass wir uns mit unserem Verstand und unseren begrenzten Vorstellungsmöglichkeiten nicht im Ansatz vorstellen können, wie das Universum unseren Wunsch zu uns kommen lässt.

Wenn die Bestellung zu groß ist

Dein Bewusstsein wird trotzdem nicht müde werden, ständig zu fragen, WIE deine Bestellung zu dir kommen soll. Das ist normal. Dafür ist es ja dein Bewusstsein. Und der logische Teil deines Gehirns dreht eh durch, wenn du dir etwas manifestierst, was bislang vielleicht am Rande deiner Vorstellungskraft ist. Hier ergibt sich ein Problem, von dem ich häufig in meinen Coachings höre. Wenn eine Bestellung so völlig unrealistisch ist, einfach weil sie riesengroß für unseren Kopf ist, dann können viele das gar nicht mehr richtig fühlen. Wir gehen im nächsten Kapitel bei Step 2 darauf ein, warum das Gefühl so unfassbar wichtig ist. Deine Bestellung darf deshalb so groß wie möglich sein, aber so »fühlbar« wie nötig.

Was meine ich damit? Du könntest jetzt hingehen und sagen: »Ich manifestiere mir eine Million Euro«. Geile Idee, let's go! Das ist nur, je nachdem, wie deine aktuelle finanzielle Lage ist, für deinen Kopf sehr unrealistisch und sehr weit weg.

Ist das nicht eigentlich super, wir haben doch eben gelernt, dass unrealistisch gut ist und wir nicht wissen müssen, WIE etwas zu uns kommt? Ja – und gleichzeitig müssen wir die Bestellung noch fühlen können. Wie fühlt es sich an, wenn die Million da ist?

Das ist bei vielen Menschen schon so weit weg, dass sie gar kein richtiges Gefühl dafür bekommen. Spür mal rein, was bei dir passiert, wenn du dir eine Million vorstellst. Oder eine Milliarde. Vielleicht kaufst du in Gedanken schon den Helikopter oder das Boot. Für die meisten fühlt sich aber auch das total abstrakt an. Aber nun fühl mal rein, wenn ich dir sage, dass du ab jetzt jeden Monat das dreifache Gehalt bekommst. Dreimal so viel wie bisher, jeden Monat. Was würdest du damit machen? Was würde sich an deinem Gefühl verändern? Hast du da konkrete Pläne, was du mit dem Geld machen würdest oder wie sich das für dich anfühlen würde? Die meisten können das etwas besser spüren.

Hast du eine Ahnung, wie du das dreifache Gehalt bekommst? Nein, wahrscheinlich nicht, oder? Dennoch kannst du in die Vorstellung gehen. Das meine ich mit *so groß wie möglich, solange du es noch fühlen kannst.*

Der Manifestations-Trichter

Ein ähnliches Prinzip gilt für die Details deiner Bestellung. Wir haben ja im letzten Kapitel gelernt, dass eine Bestellung möglichst detailliert sein soll. Du darfst also gerne genaue Vorstellungen davon haben, wie diese Manifestation aussieht, wie sie sich anfühlt, und dir alle Details ausmalen, die dir dazu einfallen. Bei einigen Personen führt das dann aber dazu, dass sie zu konkret bestellen und damit auch gleich das WIE mitbestimmen wollen.

In meinen Programmen manifestieren wir viele Blumensträuße, einfach weil das eine schöne Bestellung ist. Viele Frauen (99 % meiner Kunden sind weiblich) haben aber dann gleich so konkrete Vorstellungen, dass es ein ganz bestimmter Blumenstrauß sein darf und den muss bitte der Freund mitbringen. Wenn der aber bislang nicht so dafür bekannt ist, dass er die Freundin mit Blumen überrascht, schleicht sich natürlich sofort der kleine innere Zweifler ein. Und dann soll es aber bitte auch ein Strauß mit einer Rose sein und gelben Chrysanthemen. Das ist eine so konkrete Vorstellung, dass du damit den Trichter sehr eng machst. Die Bestellung kann also nur von deinem Freund kommen und es müssen diese Blumen sein. Da gibt es nur ein großes Problem: Wenn deine Zweifel größer sind als dein Glaube an die Bestellung, wirst du was geliefert bekommen? Richtig, mehr Zweifel, denn Gleiches zieht Gleiches an.

Du darfst deinen Trichter also weiter öffnen. Vielleicht manifestierst du am Anfang überhaupt erstmal Blumen. Und jetzt kann es sein, dass jemand über Blumen spricht. Hey cool, das nimmst du natürlich als Erfolg wahr. Oder du siehst Blumen auf einem Foto. Auch das ist ein Erfolg. Überall, wo es irgendwie um Blumen geht, machst du einen Luftsprung, weil das deine Manifestation ist.

Johanna hatte genau diesen Fall, dass die Zweifel zunächst etwas größer waren als das Vertrauen in die Bestellung:

> Ich wollte einen gelben Blumenstrauß, und ich wusste genau, wie er aussieht: strahlende gelbe Blumen, doch ich konnte mir nicht vorstellen, dass ich sie geschenkt bekomme. Dann war ich nachmittags in der Stadt und bin mit dem Bus heimgefahren. Vor mir stieg eine Frau mit genau diesem Blumenstrauß aus. Ich fand's total witzig, weil ich mir ja nicht geglaubt hatte, dass ich ihn bekomme, aber ich habe ihn trotzdem gesehen.

Du darfst dir deine Bestellung also noch *glauben*. Du musst nicht wissen, wie sie zu dir kommt, aber du darfst es für möglich halten, dass sie zu dir kommt. Und du darfst sie *fühlen*. Das erscheint jetzt vielleicht etwas kompliziert, aber glaub mir, du wirst bald merken, was gut funktioniert und was nicht. Und du kannst ja jederzeit nachjustieren. Wenn du merkst »Ach Gott, ich zweifle ja total viel«, dann machst du den Trichter deiner Bestellung etwas auf. Dann manifestierst du erstmal Blumen oder Pflanzen überhaupt. Egal, ob du sie irgendwo siehst oder etwas darüber hörst oder was auch immer. Mit etwas Übung kannst du immer konkreter werden, ohne dass die Zweifel sofort um die Ecke geschlichen kommen. It's a journey, baby, enjoy the ride!

Ohmmmm

Es gibt noch etwas, das hilft, die fiese, zweifelnde Stimme des Bewusstseins zu verändern: Meditation. Und hey, das war vor einigen Jahren in meiner Beliebtheitsskala kurz hinter den Begriffen »Energie« und »Yoga« anzusiedeln. Ich habe mich immer gewundert, was man beim Meditieren genau machen sollte. »Nichts« war für mich irgendwie kein richtiger Arbeitsauftrag. Wie geht denn sowas genau?

Wenn du es versuchen magst (und es ist wirklich der Wahnsinn, was für positive Effekte das hat), dann mach bitte nicht die gleichen Anfängerfehler, wie ich sie damals gemacht habe. Als Erstes habe ich mir nämlich sofort ein Meditationskissen angeschafft, Frau braucht ja anständiges Arbeitsmaterial. Wenn ich was mache, dann auch richtig! So habe ich mich dann in den Schneidersitz auf dieses Kissen gehockt, schön die Fingerchen auf den Beinen abgelegt, Daumen und Zeigefinger zusammen (das hatte ich mal bei *Eat Pray Love* gesehen, meine ich) und dann Augen zu. Wecker war auf 30 Minuten gestellt und los!

30:00

29:59

Ok. Jetzt saß ich da so stocksteif und habe mich auf meinen Atem konzentriert, wie ich das in schlauen Büchern mit grinsenden Buddhas auf dem Cover gelesen hatte. Nach kurzer Zeit machten meine Gedanken natürlich erstmal einen Kontrollgang, ob ich das wohl auch alles richtig mache. Sitze ich gerade genug? Berühren sich die Finger noch? Konzentriere ich mich wirklich auf meinen Atem? Ja, aber muss ich etwas Bestimmtes machen beim Atmen? Besser durch die Nase oder den Mund? Dann fing mein Rücken an, wehzutun. Soll das so? Vielleicht sitze ich doch falsch? Dann fingen meine Beine an, einzuschlafen. Ich sitze bestimmt falsch. Das kann doch so nicht gedacht sein. Das soll doch angenehm sein, oder nicht? Und überhaupt, wie lange sitze ich hier schon? Nach gefühlten 15 Minuten schielte ich vorsichtig auf meinen Handywecker.

28:55

What? Ich saß erst eine Minute hier? Das kann nicht sein! Ich gab in dem Moment entnervt auf. Weil das Ziel so unendlich weit weg schien und weil es einfach überhaupt keinen Spaß machte. Spar dir den Stress.

Meditieren ist wundervoll und hilft besonders Menschen wie mir, die sehr aktiv sind, aufgekratzt, viel reden und denken und schwer abschalten können. Nur: Wenn du es probierst, dann mach es dir leicht. Später habe ich mich einfach auf einen Stuhl gesetzt, mich zu Beginn angelehnt und eine geführte Meditation gehört. Das heißt, jemand erzählt mir dabei, was ich zu tun habe. Und ich habe mit wenigen Minuten angefangen. Lieber jeden Tag 5 Minuten als tatsächlich gleich mit 30 oder womöglich 60 Minuten zu starten.

Es gibt Tage, da klappt es wunderbar, und es gibt Tage, da will es gar nicht funktionieren. Ich mache mich heute nicht mehr dafür fertig. Es ist wie es ist.

Was Meditation aber trainiert, ist: Das Bewusstsein hat mal kurz Sendepause. Auch wenn es ständig wieder dazwischenfunkt und aufbockt wie der rebellische Teenager bei Omas Kaffeekränzchen, das Wichtige sind die Millisekunden, in denen du NICHT bewusst tausende Gedanken hast. Es geht quasi um die Lücke zwischen den Gedanken. Und die darf nach und nach etwas größer werden. So beruhigst du deinen Geist und bringst Bewusstsein und Unterbewusstsein auf die gleiche Schwingung.

Dann ist Meditation etwas Großartiges. Verlang also am Anfang nicht zu viel von dir, sondern genieße jedes Mal, wenn es dir gelingt, für einen kurzen Moment zu entspannen und dich darauf einzulassen. Wenn du Lust hast, mal zu meditieren: Du findest auf meiner Seite buch.claudiaengel.de eine geführte Meditation für Anfänger zum kostenfreien Download. Sie hat die ideale Länge für den Einstieg. Ganz viel Spaß beim Hören.

Ich glaub, ich hör Stimmen

Was kannst du noch tun, wenn dein bewusster Verstand einfach nicht aufhört zu quatschen? Der fährt dir ununterbrochen einen Gedankenzug nach dem nächsten ins Ohr und wird nicht müde, logische Gründe zu finden, die gegen deine Manifestationen sprechen.

Ich möchte dich vertraut machen mit einer der wertvollsten Übungen aus dem NLP (Neurolinguistisches Programmieren), die so einfach wie brillant ist. Hör das nächste Mal genau hin, wenn du logische Gründe findest gegen irgendwas oder wenn du an dir oder dem, was du manifestieren willst, zweifelst. Wie hörst du diese Zweifel?

»Ach, das kannst du doch eh nicht!«

»Wie soll denn der Mann in mein Leben treten?«

»Das klappt doch eh alles nicht.«

Das sind Stimmen in deinem Kopf, richtig? Wie hören sich diese Stimmen an? Sagst du »Du« zu dir oder »Ich«? Überprüf das mal. Manche Menschen denken »Ich kann das nicht« und andere denken »Ach, Claudia (ersetze mit deinem Vornamen), das kannst du doch eh nicht«.

Vielleicht kannst du auch mit ein bisschen Übung wahrnehmen, wie sich die Stimme anhört? Ist es deine eigene Stimme oder hörst du vielleicht die Stimme deiner Mutter? Ist die Stimme schrill oder klingt sie ganz normal? Das ist auch wieder eine Trainingssache, bislang hörst du ja nur inhaltlich, was die Stimme sagt, aber wahrscheinlich weniger, wie die so klingt. Man hat ja auch das Gefühl, man ist ein bisschen balla balla, wenn man sich selber so zuhört. Aber keine Sorge, jeder hat diesen inneren Dialog. Wirklich jeder! Wir wollen ihn nur einmal bewusst wahrnehmen.

Wenn du jetzt also weißt, wie diese Stimme klingt und wie du genau mit dir selber redest, kannst du anfangen, das zu verändern. Ich persönlich finde es deutlich effektiver, zu verändern, *wie* die Stimme etwas sagt, als zu verändern, *was* die Stimme sagt. Denn nur stumpf das zu verändern, was du dir selber sagst, bringt nicht viel. Hast du schon mal jemanden mit Flugangst davon zu überzeugen versucht, dass Fliegen nicht schlimm ist? Oder bist du vielleicht selber jemand, der nicht gerne fliegt? Wie sehr hilft es dann, wenn Menschen sagen »Das ist das sicherste Verkehrsmittel der Welt!«? Wahrscheinlich erst mal gar nicht, oder?«

Weil du das ja *weißt*, aber die Angst trotzdem *fühlst*.

Genauso könntest du bei einer Bewerbung wissen, dass deine Angst, nicht gut genug zu sein, vielleicht unbegründet ist, und dennoch fühlst du dich nicht gut genug. Diese Stimme in dir spiegelt nicht das, was du weißt, sondern sie zeigt dir das, was du fühlst. Und das ist hochgradig irrational. Es macht also wenig Sinn, diese Stimme mit Logik schachmatt setzen zu wollen. Wir versuchen das alle ständig, indem wir uns selbst gut zureden, aber am Ende wirkt das leider nicht nachhaltig.

Deshalb probieren wir jetzt mal was Neues. Du lässt den Inhalt deiner inneren Stimme mal genauso wie er ist. Wir nehmen den Beispielsatz »Das schaffst du doch eh nicht«. Vielleicht hast du den schon mal gedacht. Vielleicht heißt er bei dir auch »Das schaffe ich doch eh nicht«. Wie fühlst du dich, wenn du so einen Satz denkst? Bedrückt? Resigniert? Unfähig? Merk dir das kurz.

Gut, kümmern wir uns also als Erstes um deine Anrede. Da ist jeder Mensch individuell, deswegen darfst du einfach ausprobieren, was für dich gut funktioniert. Bei mir hilft es ungemein, wenn ich mich selber nicht mehr »duze« oder »ichze«, sondern einfach anfange, mich zu siezen. Aus »Das schaffst du doch eh nicht« mache ich also: »Das schaffen Sie doch eh nicht, Frau Engel.« Zack, sofort ändert sich die Tragweite dieses Satzes. Kommt mir eher albern vor, weil mich eh niemand siezt und ich das auch nicht so mag. Der Satz wird mir jetzt ein wenig fremder. Gehen wir weiter und verändern mal die Tonlage. Bei mir hören sich solche Sätze meist genervt an, ich höre meine eigene Stimme, wenn ich sage: »Das schaffst du doch eh nicht«, und meine Stimmlage mag ich nicht. Lustigerweise verändert sich meine Stimmlage sofort, wenn ich mich sieze. Dann wird die Stimme irgendwie förmlicher. Probiere das am besten auch mal aus. Man kann einen Heidenspaß mit seinem Kopf haben, wenn man ihn nicht allzu ernst nimmt.

Versuche zum Beispiel, den Satz innerlich in einer ganz dunklen Männerstimme zu sagen. Ich empfehle meinen Kundinnen gerne, sich quasi George Clooney aufs Ohr zu hauen. Wenn du schon einen inneren Dialog hast, dann darf der doch sexy sein und Spaß machen oder nicht? Alternativ kannst du die Stimme ganz fiepsig werden lassen und schauen, wie sich das Gefühl verändert. Bei mir persönlich wird es immer lächerlicher, je höher ich die Stimme reden lasse. Wenn ich dann zusätzlich noch die Anrede verändere, dann glaube ich der Stimme kein Wort mehr.

Du kannst auch die Geschwindigkeit anpassen, das finde ich ebenfalls sehr effektiv. Lass die Stimme doch mal ganz langsam sprechen, so wie Dorie in dem Film *Findet Nemo*. Wenn du magst, kannst du sie auch ein bisschen verzerren, als ob sie in der Synchronisation nachträglich langsamer gedreht wurde. Das Schöne ist: Die Stimme ist ja nur in deinem Kopf, deshalb kannst du mit ihr machen, was du möchtest. Was passiert, wenn du sie schneller laufen lässt? Bei mir klingt sie dann ein bisschen wie die Chipmunks oder Donald Duck und irgendwie versteh ich jetzt auch nicht mehr genau, was die Stimme inhaltlich sagt. Auch mit der Lautstärke der Stimme kannst du variieren, oder du packst deiner inneren Stimme einfach einen Marshmallow in den Mund und hörst mal, was dann so dabei raus kommt.

Probiere einfach aus, was dir gut hilft. Du kannst alles machen, was dir in den Sinn kommt. Vergleiche gerne mal dein Gefühl, das du am Anfang hattest bei dem Satz:»Das schaffst du doch eh nicht« mit dem Gefühl, das du nun zum Schluss hast.

Fassen wir kurz zusammen: Es ist ein Unterschied, ob du zu dir selber sagst:»Ich kann das nicht«, oder ob du zu dir selber in Donald-Duck-Stimme und doppelter Geschwindigkeit sagst:»Das können Sie doch eh nicht«. Probiere es aus, bei mir hat es einfach alles verändert. Überhaupt zu verstehen, dass ich es bin, die diesen ganzen inneren Dialog am Laufen hält, ist ja schon genial. Nur bislang habe ich immer versucht, den Dialog zu stoppen, mir selber zu sagen, dass das nicht stimmt, was ich da denke oder eben den Inhalt zu verändern. Das ist fürchterlich anstrengend. Stattdessen lass doch die innere Stimme einfach quatschen und gib ihr nur einen anderen Ton oder eben einen Marshmallow. Du wirst schnell feststellen, wie du deine eigene Stimme gar nicht mehr richtig ernst nehmen kannst. Und das ist genau das Ziel. Glaub nicht alles, was du denkst.

Das war nun also Step 1 der Bestellung. Du weißt jetzt, wie du eine Bestellung so aufgibst, dass der Kellner sie versteht. Und du hast vielleicht die Filme in deinem Kopf entdeckt, bei denen du ab heute Regisseur bist. Such dir ein Genre aus, das dir Spaß macht, und dann heißt es: »Und bitte!«

Du hast hoffentlich auch deinen logischen Verstand etwas näher kennengelernt und weißt jetzt, dass du nicht jede Geschichte glauben musst. Du selbst kannst nicht nur die Filme in deinem Kopf, sondern auch deinen inneren Kritiker ganz einfach verändern.

Deine Manifestation darf so groß sein, wie du magst, solange du sie noch fühlen kannst. Denn dein Gefühl ist noch viel entscheidender als jedes Wort. Die Bestellung ist nämlich nur der Anfang. Jetzt geht es erst richtig los.

Step 2:
Etwas Gefühl gehört dazu

Wir sind hier nicht bei Wünsch dir was

In den vergangenen Kapiteln hast du gelernt, dass deine Bestellung unheimlich wichtig ist. Und gleichzeitig ist sie nur ein kleiner Teil. Der viel wichtigere kommt danach, nämlich dein Gefühl. Im Grunde stimmt es, wenn die Menschen sagen »Wir sind hier nicht bei *Wünsch dir was*«. Nee, wir sind nämlich tatsächlich nicht bei *Wünsch dir was*, sondern streng genommen bei »Fühl dir was«.

Das Entscheidende bei einer Manifestation ist immer das Gefühl. Wie fühlst du dich bei dem Gedanken an deinen Wunsch? Kannst du heute schon spüren, wie es ist, wenn der Wunsch sich erfüllt? Hast du schon diese Vorfreude in dir, das Kribbeln in deinem Bauch, die Freude, die in dir hochsteigt? Es sind diese Gefühle, die den Wunsch in deine Realität ziehen. Du darfst heute schon fühlen, wie es ist, wenn dein Wunsch sich erfüllt. Und dieses Gefühl darf sich so real anfühlen, dass du tatsächlich kurz überprüfen musst, ob der Wunsch schon in Erfüllung gegangen ist. Denn du erinnerst dich: Unser Gehirn kann nicht unterscheiden, ob etwas wirklich passiert oder nur in unserer Vorstellung. Es ist also beim Manifestieren nicht entscheidend, was du sagst oder was du dir in Gedanken wünschst, wenn dein Gefühl nicht dazu passt.

Vielleicht kennst du das: Du hast irgendwo gelesen, dass du positiv denken sollst, und vielleicht hast du auch schon mal was von Affirmationen, also positiven Bekräftigungen, gehört. Und da stehst du jetzt morgens nach dem Aufstehen: Der Yogi Tee ist gemacht, dein Journal liegt bereit, und du setzt dich ganz entspannt auf deinen Lieblingsplatz, vielleicht mit Blick ins Grüne. Und nun sprichst oder schreibst du deine positiven Affirmationen. Nehmen wir mal wieder ein paar Beispiele, die sicher viele kennen. Einmal kräftig einatmen und los geht's:

»Ich bin so entspannt.«

»Geld fließt zu mir in vollkommener Leichtigkeit.«

»Ich bin so verliebt.«

»Ich fühle mich so frei und selbstbestimmt.«

»Alles ist gut.«

So geht das noch ein paar Minuten weiter. Dann musst du aber wirklich los zur Arbeit, bevor der Chef meckert. Naja, so wirklich frei und selbstbestimmt fühlt sich das jetzt nicht an.

Eben noch das Bett machen. Beziehungsweise die eine Seite, die andere ist wie immer leer, denn da ist halt kein Partner. Der nächste Dämpfer für dein Gefühl. Nicht weiter drüber nachdenken, du checkst noch kurz bei deiner Banking-App, ob das Gehalt schon eingegangen ist und bekommst heftige Schnappatmung bei dem Blick auf deinen Kontostand, der sich schon wieder kurz vor dem roten Bereich befindet.

Spätestens jetzt geht dein Unterbewusstsein in hohem Bogen kotzen. Weil deine Realität und das, was du dir in deinen Affirmationen immer schön vorsagst, kaum weiter auseinander liegen könnten. Und du bist ja nicht blöd. Du weißt, dass du dich aktuell nicht so wahnsinnig frei und selbstbestimmt fühlst, du weißt, dass du in den letzten zwei Jahren hauptsächlich alleine gefrühstückt hast, und du weißt auch, dass du beim Blick auf deinen Kontostand meist keinen Freudentanz aufführst.

Ich glaube, manchmal halten wir unser Unterbewusstsein für ein bisschen beschränkt, so nach dem Motto: Wenn ich mir nur lange genug das Gegenteil erzähle, dann stimmt das vielleicht auch. Das kann sogar funktionieren, denn jeder Gedanke, den du lange genug denkst, wird zu einem unterbewussten Programm. Nur in der Zwischenzeit ist es für die meisten eher frustrierend, wenn sie immer wieder von ihrer rosaroten Wunsch-Wolke runtergezogen werden, weil davon im echten Leben noch nicht so viel zu sehen ist. Versteh mich nicht falsch, ich bin absolut FÜR große Träume und ich bin total davon überzeugt, dass du alles erreichen kannst, was du willst. Nur der Weg dahin ist in meinen Augen nicht immer der, dir stumpf Affirmationen vorzusagen, die von deiner Realität so weit weg sind wie Pinguine vom Äquator. Besser funktioniert es da, ein paar Zwischenschritte einzubauen, auf die wir in den folgenden Kapiteln noch ausführlich eingehen werden. Denn wenn dein Gefühl ist »So eine Scheiße, das stimmt doch alles nicht, was ich mir da morgens beim Yogi Tee vorsäusel« – dann manifestiert genau dieses Gefühl. Und wenn du nach ein paar Tagen oder Wochen gefrustet bist, weil sich noch rein gar nichts geändert hat, dann bekommst du natürlich noch mehr Frust.

Gefühle sind keine Affen

Deine Gefühle sind also das A und O. Ohne die geht nichts. Gefühle sind das Wichtigste bei deiner Bestellung. Die meisten Menschen denken, sie haben überhaupt keine Kontrolle oder Einfluss auf ihre Gefühle. Die kommen einfach so über einen oder springen einen hinterrücks aus dem Gebüsch an, als wären es kleine Äffchen. Oder sie sind halt einfach so da und dann wird man die negativen auch nicht mehr los, wie ein ungebetener Gast, der es sich auf der Couch bequem gemacht hat, als wäre er mit ihr verwachsen. Außer danebenstehen und vielleicht noch ein Bier bringen, kannst du nichts machen. So fühlen sich viele Menschen ihren eigenen Gefühlen machtlos ausgeliefert. Und schließlich haben wir auch gelernt, dass man Gefühle nicht unterdrücken soll. Also immer schön rein in die Gefühlsachterbahn. Die gute Nachricht aber ist: Deine Gefühle sind keine Affen, die springen dich auch nicht an.

Gefühle folgen immer Gedanken.

Es ist also zuerst ein Gedanke da, und auf den folgt ein Gefühl. Häufig nehmen wir diese Gedanken eben nicht wahr, weil sie unbewusst ablaufen.

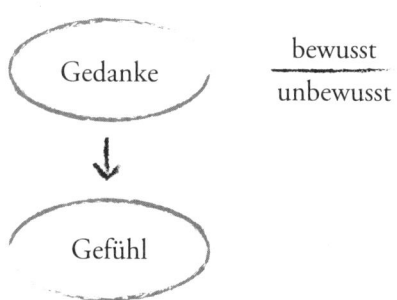

Das bedeutet auch, du kannst keine positiven Gedanken haben und dich dabei schlecht fühlen. Andersrum kannst du dich aber auch nicht gut fühlen, wenn du nur negative Gedanken hast. Denk einmal an die letzten Wochen zurück und erinnere dich an etwas, das dir nicht so gut gefallen hat. Vielleicht eine Auseinandersetzung, ein Frustmoment oder etwas, das dich genervt hat. Wie fühlst du dich, wenn du dir das vorstellst? Genau: negativ. Das reicht dann jetzt, danke. Denk nun mal an etwas Schönes. Wann hast du in den letzten Wochen gelächelt? Vielleicht hast du etwas Lustiges oder rührend Schönes gesehen? Vielleicht hat dir jemand etwas Tolles geschickt oder gesagt? Vielleicht hast du ein Kompliment bekommen? Spür dich einmal ganz intensiv in die Situation rein. Wenn dir nicht direkt etwas einfällt, dann denk an deinen letzten Urlaub oder an einen besonderen Moment, den du in Erinnerung hast. Nimm dir kurz etwas Zeit, um diesen Moment wirklich zu fühlen.

Und? Du sitzt wahrscheinlich immer noch auf der Couch oder deinem Sessel oder wo auch immer du gerade dieses Buch liest. Doch deine Gefühle können sich innerhalb von wenigen Momenten ändern, einfach nur weil du andere Gedanken hast. Das ist eine von den Sachen, wo die meisten sagen: »Ja, Claudia, das ist jetzt auch keine bahnbrechende Erkenntnis.« Nee, ist es auch nicht. Es ist wohl das einfachste überhaupt und dennoch handeln so wenige Menschen danach. Wenn du schlechte Gefühle hast, darfst du als allererstes deine Gedanken ändern.

Wer liegt denn da neben mir?

Lass uns mal konkreter werden, ich liebe ja handfeste Beispiele. Als ich vor mehr als zehn Jahren Single war, hatte ich keine guten Gefühle zum Thema Beziehung. Ich war diejenige, die sich abends in den Schlaf geweint hat, weil das Kissen neben mir leer war. Zu der Zeit war ich gut drei Jahre ohne Partner, und ich war es so leid. Wann immer ich andere glückliche Beziehungen gesehen habe, hat es mir einen Stich ins Herz versetzt. Ich wollte das auch. Ich wollte nicht mehr alleine sein. Sobald ich mich gedanklich damit beschäftigt und mir vorgesagt habe, dass ich ganz bald bestimmt auch den einen richtigen Mann für mich finde, schlich sich sofort ein ungutes Gefühl ein, weil er zu dem Zeitpunkt ja eben noch *nicht* da war. Ich war also ständig im Mangel. Ich merkte, da fehlt was. Und deshalb konnte ich mir tausend Mal vorsagen, dass er bald kommt, mein Gefühl hat immer ausgestrahlt: »Ich fühle mich so unendlich einsam«.

Erst als ich das bewusst gemerkt habe, konnte ich es verändern. Ich hatte vor allem ein »Kissen-Problem«. Immer, wenn ich dieses leere Kissen neben mir gesehen habe, dann fühlte ich mich schlecht. Ich musste also einen Weg finden, dieses Gefühl zu verändern. Also habe ich angefangen, mir vorzustellen, wie genau auf dem Kissen mein zukünftiger Partner liegt. Ich habe die Augen zugemacht und mir in allen Details ausgemalt, wie ich mich fühlen würde, wenn er da wäre. Dazu musste ich natürlich erstmal alle Gedanken durchgehen, die ich dann denken würde: »Ich bin so dankbar für diesen Mann an meiner Seite. Ich fühle mich so geborgen. Wow, ist das cool, dass da jemand direkt neben mir atmet.«

Ich habe mir nur diese eine Situation im Bett neben meinem Partner vorgestellt: wie ich morgens aufwache und in seine Augen blicke. Ich weiß, da gäbe es noch eine Menge anderer Situationen, die man sich im Bett mit seinem Partner vorstellen kann, meine Gedanken waren aber zunächst mal jugendfrei.

Ich habe ihn schon vor mir gesehen (ich wusste zwar nicht genau, wie er aussehen soll, aber ich wusste, dass ich gerne in seine Augen blicken würde). Ich habe seinen Atem direkt neben mir gespürt (und ja, da war auch dieses Gefühl von »Ob das jetzt in echt wirklich so romantisch ist, wenn wir uns morgens gegenseitig ins Gesicht atmen?« Dann habe ich mir die Bettdecke einfach über den Mund gezogen).

Ich konnte es denken, sehen und spüren, dass er da war. Nur in dieser einen Situation, aber die bin ich im Kopf so oft wie möglich wieder und wieder durchgegangen. Und das hat ein gutes Gefühl ausgelöst. Natürlich gab es immer mal wieder andere Situationen, in denen ich im Mangel war. Dann habe ich mich bewusst wieder auf diese eine Vorstellung in meinem Kopf konzentriert. Es hat keine drei Monate gedauert, dann war diese Vorstellung meine Realität, und nun atmet mich seit mehr als 10 Jahren jemand von dem Kissen neben mir an. (Und sogar immer der gleiche.)

Deine Gefühle sind dein Seismograph. Sie zeigen dir an, ob du gerade Mist bestellst oder etwas Gutes. Denn wenn du dich gut fühlst, bestellst du immer mehr davon. Wenn du dich mies fühlst, bestellst du auch mehr davon. Im Grunde ist deine einzige wichtige Aufgabe, in ein gutes Gefühl zu kommen, von dem du mehr haben willst. Vielleicht ist es Entspannung oder Ruhe, vielleicht auch Freude oder positive Aufregung. Vielleicht das Gefühl von frisch verliebt oder unfassbar glücklich.

Die vorherrschende Energie, die du im Laufe des Tages hast, ziehst du auch in dein Leben. Das heißt, es ist nicht weiter wild, wenn du mal negativ denkst oder grummelig drauf bist oder mal genervt. Nur, wenn das ein Dauerzustand ist, dann bekommst du davon natürlich ständig mehr.

Dschinni

Stell dir vor, da oben im Universum sitzt dein persönlicher Flaschengeist, Dschinni. So ein blauer, lustiger Typ, der aus der Flasche gehopst kommt, wenn du dran reibst. Nur, dass du dich nicht auf drei Wünsche beschränken und auch nicht extra an der Wunderlampe reiben musst. Denn Dschinni hört ständig zu: Alles, was du den lieben langen Tag so sagst und denkst, bekommt der mit. Und natürlich nimmt er auch genau wahr, wie du dich fühlst. Gefühle erkennen kann Dschinni gut, da ist er Profi drin. Dschinni hat jedoch keine eigenen Vorstellungen, was du bekommen sollst oder was nicht. Lass uns mal einfach sagen, Dschinni hat keine eigenen Gedanken oder Ideen, der macht ganz stumpf genau das, was du willst. Er reagiert unentwegt auf deine Worte und vor allem auf deine Gefühle, er ist also dein treuester Bediensteter. Dschinni hat keinen ausgeprägten Wortschatz, er hat nur einen Satz parat, den er unentwegt wiederholt. Dieser Satz lautet:»Dein Wunsch ist mir Befehl.«

Du sprichst also den ganzen Morgen über deinen dämlichen Chef und wie sehr es dich aufregt, dass er dich nicht wertschätzt. Und du fühlst dich schlecht dabei, genervt und teilweise sogar wütend. Dschinni sagt:»Dein Wunsch ist mir Befehl.« Und er schickt dir mehr, worüber du dich aufregen kannst und noch mehr mangelnde Wertschätzung und noch mehr vom blöden Chef. Nicht weil Dschinni dich ärgern will, sondern schlicht und ergreifend, weil du es bestellt hast.

Genauso präzise reagiert Dschinni auf deine Gefühle, selbst wenn deine Worte etwas anderes sagen. Du ärgerst dich vielleicht, weil dein Konto immer noch leer ist, obwohl du heute morgen 43-mal gesagt hast:»Ich bin reich, ich bin reich, ich bin reich«. Dein Gefühl sagt aber:»Ich habe Angst, dass ich nächsten Monat die Miete nicht rechtzeitig zahlen kann.« Dschinni spürt dein Gefühl sofort und sagt:»Dein Wunsch ist mir Befehl.« Du willst mehr Angst und finanzielles Unwohlsein? Kannst du haben. So geht das in einer Tour. Dschinni ist da wirklich einfach gestrickt. Das, was du an Gefühlen aussendest, davon bekommst du mehr geliefert.

Ich mag diese Vorstellung, weil sie mir ganz einfach vor Augen führt, dass man oft etwas Positives will, aber etwas Negatives fühlt. Also sei dir bewusst, welche Gefühle du aussendest, weil Dschinni am laufenden Band »dein Wunsch ist mir Befehl« sagt und mehr davon schickt.

Das Vision Board

Eines der schönsten Tools, um in dein Wunschgefühl zu kommen, ist das Vision Board. Das ist ein Plakat oder eine Pinnwand, an die alle deine Wünsche kommen. Diese Collage kannst du dann irgendwo hinhängen, wo du sie regelmäßig siehst. So wirst du nur vom Anschauen immer wieder inspiriert.

Wie machst du so ein Vision Board? Der Fantasie sind da keine Grenzen gesetzt. Du kannst dir Zeitschriften kaufen, in denen dein Traumhaus abgebildet ist oder Fotos, die für dich eine wundervolle Beziehung repräsentieren. Natürlich ist auch Google ein wunderbarer Ort, um tolle Fotos zu finden. Alles, was dich anspricht, kommt auf dein Vision Board. Das können auch bestimmte Sätze sein, die dir gefallen oder auch Urlaubssouvenirs. Das Ganze klebst du auf ein großes buntes Papier oder pinnst einzelne Bilder auf eine Pinnwand. So kannst du Bilder, die sich erfüllt haben, auch ganz leicht ersetzen durch weitere Wünsche.

Es ist manchmal fast schon erschreckend zu sehen, wie genau sich Bilder vom Vision Board erfüllen. Ich habe 2009 mein erstes Vision Board gebastelt. Damals war ich Studentin und wollte unbedingt irgendwann einmal bei RTL arbeiten. Ich habe also ein Bild gesucht, was das zeigt, und da ich nicht ganz sicher war, was ich da genau machen wollte, habe ich ein Bild des RTL-Gebäudes in Köln rausgesucht. Drei Jahre später habe ich genau in diesem Gebäude in Köln gearbeitet. Zwischendurch bin ich mehrmals umgezogen und hatte das Vision Board gar nicht mehr hängen, weil ich zwischendrin ein neues gemacht habe. Aber irgendwann fiel es mir wie Schuppen von den Augen: Das Gebäude, in dem ich arbeitete, war exakt das von meinem Vision Board. Und das ist mir und auch einigen meiner Kundinnen schon häufiger passiert.

Ein Vision Board ist vor allem für Menschen gut, die visuell sind, die quasi »in Bildern denken«. Man erkennt sie gut daran, dass sie z. B., wenn sie von ihrem letzten Urlaub erzählen, vorwiegend beschreiben, was sie gesehen haben. Andere hingegen sind eher auditiv, bei denen geht das Erlebte quasi »durchs Ohr«. Wenn du merkst, dass du eher auditiv bist, dann kannst du dir deine Wünsche und Träume auch aufsprechen und morgens und abends anhören.

Grundsätzlich kannst du alle deine fünf Sinne mit einbeziehen, um so richtig in deinen Wunsch oder das entsprechende Gefühl einzutauchen: Sehen, Hören, Fühlen, Riechen, Schmecken.

Es kann also auch sein, dass du einen bestimmten Geruch benutzt – wie eine Bodylotion oder ein Parfüm –, das dich an einen
Urlaub erinnert, wenn dein Wunsch ein toller Urlaub ist. Alles,
was dir hilft, um in das Gefühl zu kommen, das du dir wünschst.
Probiere dich hier einfach aus und finde das Passende für dich. Du
weißt ja: Du kannst heute schon etwas fühlen, das in der Zukunft
erst stattfinden wird. Dazu darfst du nun ganz offiziell das machen,
was in der Schule früher so verpönt war: Du darfst Tagträumen.
Du darfst dich den ganzen Tag in deinem Traumleben aufhalten,
in Gedanken dein Haus einrichten oder in der Sonne am Traum-
strand liegen. Hauptsache, dein Gefühl dabei entspricht dem, wo-
von du mehr willst.

Fühlen, als ob es schon da wäre

Du kannst Dinge heute schon fühlen, obwohl sie noch nicht da
sind. Das hast du auch schon häufig gemacht. Stell dir mal vor, du
würdest heute eine Mail bekommen, dass du 100 Euro gewonnen
hast, weil du letzte Woche bei irgendeinem Gewinnspiel mitge-
macht hast. Dann freust du dich doch darüber, obwohl sich in diesem Moment an deinem Kontostand noch gar nichts verändert hat.
Meist freuen wir uns sogar in dem Moment, in dem wir es erfahren,
deutlich mehr als später, wenn das Geld dann wirklich da ist. Zumindest freuen wir uns mindestens genauso doll. Wir wissen, dass
das Geld kommt.

Genauso ist es, wenn du eine Reise buchst oder etwas im Internet
bestellst. Du freust dich schon in dem Moment darüber, wenn du
auf den Kaufen-Button klickst. Du weißt, dass es kommen wird.

Das ist ja nur noch eine Frage der Zeit, denn du hast es ja bestellt bzw. gebucht. Du kannst dich schon in dem Urlaub sehen, vielleicht planst du bereits Ausflüge oder ähnliches. Es ist deins, bevor es wirklich da ist. Das Gefühl ist schon da.

Eine meiner Kundinnen, Antonia, hat genau das erlebt:

Ende Oktober 2020 sollte meine Operation anstehen. Sie war nicht lebensnotwendig, aber für mich ganz persönlich sehr wichtig. Zunächst habe ich mir manifestiert, dass die Kosten dafür von der Krankenkasse übernommen werden, was super funktioniert hat. Dann habe ich lange keine endgültige Zusage für einen Termin bekommen. Ich bin aber immer in dem Gefühl geblieben: Ende Oktober werde ich operiert. Ganz kurzfristig kam dann der Termin rein für den 30. Oktober. Das habe ich total gefeiert.

Doch dann hat sich die Lage durch Corona wieder zugespitzt. Viele Operationen wurden abgesagt oder verschoben. Ich hatte dann Kontakt mit einer Frau, die drei Tage vor mir im gleichen Krankenhaus vom gleichen Arzt hätte operiert werden sollen. Sie hat eine Absage bekommen. Ich allerdings habe jedem erzählt, dass ich operiert werde und dass alles wie geplant stattfinden kann. Ich habe immer wieder gehört, wie der Arzt zu mir sagt: »Sie haben echt Glück, dass Ihre OP stattfinden kann« und bin dazu immer in mein Gefühl gegangen. Ich war mir einfach sicher. Und was soll ich sagen: Es lief genau so. Genau einen Tag nach meiner haben sie ganz viele OPs verschoben, ich war gefühlt die einzige im Bereich »nicht lebensnotwendi-

ge OPs«, die operiert wurde. Alles lief wunderbar und genauso, wie ich es mir vorgestellt hatte und wie ich es vorab
schon gefühlt hatte.

Genau darum geht es beim Manifestieren. Das Gefühl kommt als Erstes, das ist schon da, lange bevor du etwas in deiner Realität wirklich hast oder bekommst.

Du fühlst dich heute schon so, wie du dich fühlen würdest, wenn du dein Ziel erreicht hast. Du fühlst dich heute schon so geliebt, wie du dich fühlen würdest, wenn du deinem Traumpartner endlich begegnen würdest. Du fühlst dich heute schon so reich, wie du dich fühlen würdest, wenn du jeden Monat das Dreifache verdienen würdest. Du fühlst dich heute schon so fit und anziehend, wie du dich fühlen würdest, wenn du dein Wunschgewicht hättest. Und Dschinni sagt bei jedem dieser Gefühle: »Dein Wunsch ist mir Befehl« und liefert mehr von diesem Gefühl. Dann kann sich auch im Außen etwas verändern, z. B. dein Beziehungsstatus. Denn dein Gefühl ist jetzt ein anderes. Du fühlst dich nicht mehr einsam und auf der Suche, denn in deinen Gedanken bist du schon geliebt und in der erfüllten Beziehung. Du fühlst dich nicht mehr knapp bei Kasse und entscheidest immer nur nach dem Preis, denn in deinen Gedanken bist du schon reich und lebst in Fülle. Du fühlst dich nicht mehr hässlich, denn in deinen Gedanken hast du schon deinen schönsten Körper.

Zuerst fühlst du dich anders, dann kann das Außen folgen. Wie du das genau machst, zeige ich dir jetzt.

SEIN-TUN-HABEN

Es war ein schöner Sonntagnachmittag, die Sonne schien, als ich aus dem Fenster meiner 28-Quadratmeter-Bude im Münchener Westend schaute. Es war schon angenehm warm für April, und ich entschloss mich, in den Park zu gehen, der direkt am Ende meiner Straße lag, um dort einen entspannten Nachmittag zu verbringen. Also schnappte ich mir meine Picknickdecke und machte mich auf den Weg. Dort angekommen merkte ich, dass ich offenbar nicht die Einzige war, die diese Idee gehabt hatte. Gefühlt waren alle Bewohner der umliegenden mehrstöckigen Häuserreihen hier im Münchner Westpark unterwegs. Und während ich mir schon total gut vorbereitet vorkam mit meiner Decke, meinen Lieblings-Crackern, vorgeschnibbeltem Käse und Weintrauben in einer Ikea-Tupperdose, musste ich diese Einschätzung beim Anblick der anderen umgehend revidieren. Da waren Familien unterwegs, die einfach mal den gesamten Haushalt mitgeschleppt hatten, inklusive Grill, Ausklapptisch, Soundanlage und diverser Sitzgelegenheiten. Eigentlich fehlte nur noch der Einbau-Wandschrank, dann wäre das Wohnzimmer komplett gewesen. Nachdem die Musikbeschallung nicht ganz meinem Geschmack entsprach, ging ich eine Runde durch den Park schlendern. Und kam mir total blöd dabei vor. Ich war gefühlt die Einzige, die alleine unterwegs war. Offenbar war das ok, solange man wenigstens joggte, aber spazieren gehen alleine ging gar nicht. Vor und hinter mir sah ich nur verliebte Pärchen, Mama oder Papa mit Kinderwagen oder Familien mit kleinen Kindern, die fröhlich durch die Gegend sprangen. Ich glaube, ich kam mir noch nie so einsam vor, wie damals unter all den Menschen.

Es war das erste Mal, dass ich alleine spazieren war, und ich schwor mir in dem Moment, dass es definitiv auch das letzte Mal war. Damals entstand in meinem Kopf das klassische Prinzip, das die meisten von uns kennen. Ich nenne es das HABEN-TUN-SEIN-Prinzip. Wir glauben: Erst *haben* wir etwas, dann *tun* wir etwas, dann *sind* wir etwas.

Also in meinem Fall: Erst habe ich die glückliche Beziehung, dann gehen wir gemeinsam sonntags im Park spazieren und dann bin ich glücklich.

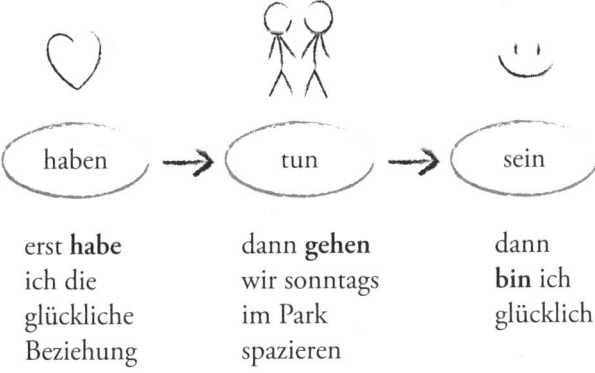

haben	tun	sein
erst **habe** ich die glückliche Beziehung	dann **gehen** wir sonntags im Park spazieren	dann **bin** ich glücklich

Genau aus diesem Grund und weil ich mich so auf diese Reihenfolge versteift habe, fühlte ich mich verdammt unglücklich. Denn ich hatte zu dem Zeitpunkt keine Beziehung und fühlte mich deshalb sonntags im Park alleine total fehlplatziert. Und deshalb natürlich auch unglücklich. Das Fiese an dem Prinzip ist: Wir fühlen uns ausgeliefert und handlungsunfähig. Denn die Situation sonntags im Park kann sich ja aus dieser Sicht erst ändern, sobald wir die Beziehung haben. Bis dahin müssen wir leider unglücklich durch den Park laufen. So war auf jeden Fall mein Gefühl, als ich an jenem Nachmittag völlig geknickt wieder zurück in meine kleine 1-Zimmer-Wohnung getrottet bin.

Schauen wir uns dieses HABEN-TUN-SEIN-Prinzip einmal genauer an.

Die »Wenn-erst«-Falle

Wenn du dir ein tolles großes Haus wünschst oder einen erfüllenden Job oder die Sahneschnitte auf deiner Bettkante (egal, ob du gerade an eine Torte oder einen Menschen gedacht hast), am Ende des Tages geht es gar nicht wirklich um diesen Wunsch, den du hast. Es geht gar nicht darum, dass sich genau das erfüllt.

»Hä, nicht? Aber ich will gerne die Sahneschnitte und das tolle Haus und bitte auch den Job. Und ob ich das will.«

Wenn du mal genauer hinschaust, wirst du feststellen, es geht vor allem um das *Gefühl,* das du mit diesen Sachen verbindest. Es geht um das Gefühl, das du haben wirst in deinem tollen neuen Haus. Vielleicht ist es das Gefühl von Freiheit oder Weite oder angekommen sein. Und es geht auch nicht um den heißen Typen oder die flotte Schnalle, es geht auch hier wieder um das Gefühl, das du dir von der Beziehung versprichst. Liebe, sich begehrt fühlen, Leidenschaft oder was auch immer es ist, das du gerade brauchst.

Es geht also nie wirklich um das Ziel, das wir gerade erreichen wollen, sondern um das Gefühl dahinter. In deiner Vorstellung bringt dir ein Haus eben das Gefühl x und eine Beziehung das Gefühl y.

Das führt uns unweigerlich zur »Wenn-erst«-Falle.

»Wenn ich erst das große Haus habe, dann bin ich angekommen.«

Kennen wir nicht alle so Menschen, die ständig vom nächsten »Wenn-erst« sprechen?

»Wenn ich erst in einer Beziehung bin, dann bin ich zufrieden, denn dann fühle ich mich geliebt.« Dann haben sie die Beziehung und dann kommt das nächste »Wenn-erst«:

»Wenn wir erst eine tolle Wohnung haben, dann sind wir angekommen.« Dann kommt die Wohnung und damit das nächste »Wenn-erst«:

»Wenn wir erst ein Kind haben, dann sind wir als Familie komplett.« Und nach dem Kind kommt dann:

»Wenn ich erst die andere Stelle mit dem höheren Gehalt habe, dann fühle ich mich sicher, dann kann ich uns auch was bieten.« Und dann kommt die Stelle, und so geht es immer weiter:

»Wenn erst die Doppelgarage …«

»Wenn erst die flexiblere Arbeitszeit …«

»Wenn erst mehr Urlaub …«

»Wenn erst die fünf Kilo weniger …«

»Wenn erst der Hund …«

Schlimmstenfalls führt das zu »Wenn ich erst in Rente bin und reisen kann, dann kann ich das Leben genießen«. Genieß es doch einfach heute schon.

Wir alle haben diese »Wenn-erst«-Momente. Es liegt in unserer Natur, uns nie zufriedenzugeben. Und das ist auch gut so.

»Du darfst zufrieden sein, aber musst dich nie zufriedengeben.«

Aber anstatt ständig auf der Suche nach der Erfüllung des nächsten »Wenn-erst«-Moments zu sein, darfst du jeden einzelnen Moment dazwischen genießen. Und dir klarmachen, dass alles, was du erreichen willst, immer nur ein stellvertretender Wunsch für ein Gefühl ist. Die neue Stelle mit mehr Gehalt ist vielleicht deine Vorstellung davon, wie du das Gefühl von Sicherheit bekommst. Der

Partner ist deine Vorstellung, wie du das Gefühl von bedingungsloser Liebe bekommst. Das Schöne aber ist: Du kannst jedes Gefühl heute schon in dir abrufen. Dazu musst du nicht warten, bis der nächste »Wenn-erst«-Moment kommt. Natürlich darfst du dann trotzdem noch das tolle Haus wollen und den tollen Partner, aber das Gefühl dazu kannst du schon heute haben.

Schau dir also gerne mal deine Wünsche an und identifiziere mal die Gefühle, die du damit verknüpfst und auf die du dich freust. Und dann schaust du, wo du dieses Gefühl heute schon spüren kannst. Zum Beispiel ein tolles großes Haus: Ich verknüpfe damit das Gefühl von Weite, von »mich entfalten« können, mich frei fühlen, Großzügigkeit, Zuhause, angekommen sein. Nun kann ich heute schon schauen, wo ich welches Gefühl in mir wachrufen kann, an welchem Ort oder bei welchem Ereignis. Freiheit fühle ich auch beim Reisen oder bei einem Spaziergang durch die Natur. Super, dann mache ich also genau das. Ich erschaffe dieses Gefühl möglichst oft in meinem Alltag. Denn wir erinnern uns: Gleiches zieht Gleiches an.

Wenn ich mir also dieses große Haus wünsche, damit ich ein Gefühl von Freiheit bekomme, versuche ich in meinem jetzigen Alltag möglichst viele Sachen zu machen und Gedanken zu haben, die mir genau dieses Gefühl geben. Damit erschaffe ich mehr solche Gefühle. Ich bin also auf der Frequenz von »Freiheit«, und damit wird das Haus (und andere coole Sachen, die mir auch das Gefühl von Freiheit geben) zu mir kommen. Macht Sinn, oder?

Angekommen sein kann ich in mir spüren, wenn ich meditiere oder mich total wohl fühle, weil ich gerade gemütlich auf der Couch sitze und es mir bequem gemacht habe. Es gibt unzählige Situationen, in denen du die gewünschten Gefühle heute schon in deinem Alltag hast. Du darfst sie dann auch erkennen und dich daran erfreuen; es feiern, dass du schon auf der für dich »richtigen« Frequenz bist. Das ist viel besser als jedes Mal beim Anblick deiner Wohnung zu sagen: »Ach Mensch, jetzt lebe ich immer noch in dieser Wohnung, ich wollte doch schon längst das tolle Haus haben, das ist mir hier zu klein, ich mag die Wohnung nicht.« Denn dann passiert was? Genau, du bist volle Granate im Mangel und ziehst damit noch mehr Mangel an. Du jammerst und bekommst noch mehr Sachen, über die du jammern kannst. Denk daran: »Dein Wunsch ist mir Befehl.«

Prinzip umdrehen

Um nicht in die »Wenn-erst«-Falle zu tappen, dürfen wir also das Prinzip umdrehen von
HABEN-TUN-SEIN hin zu
SEIN-TUN-HABEN.
Ich erzeuge erst die Gefühle in mir, die ich mir erhoffe, ich verkörpere mein neues ICH, das, was ich mir wünsche und was ich erreichen will. Und dann kann ich das tun, was ich tun will, und der dritte Part mit dem HABEN kommt dann von ganz alleine.

Für mein Park-Beispiel bedeutet das: Ich durfte mich zuerst fragen: Was ist das SEIN, das ich mir wünsche? Ich habe ja gedacht: Wenn ich erst eine Beziehung *habe*, dann *gehen wir* sonntags verliebt im Park spazieren und dann *bin* ich glücklich. Ich habe mein Gefühl von glücklich sein also davon abhängig gemacht, ob ich verliebt im Park spazieren gehen kann und ob ich eine Beziehung habe.

Wenn wir uns das Beispiel nach dem neuen, umgekehrten Prinzip anschauen, dann bin ich zuerst glücklich. Ich finde also schon Momente und Situationen, vor allem aber finde ich Gedanken, die mich glücklich machen, dann gehe ich entspannt und verliebt in mich sonntags im Park spazieren und dann kommt die Beziehung von alleine.

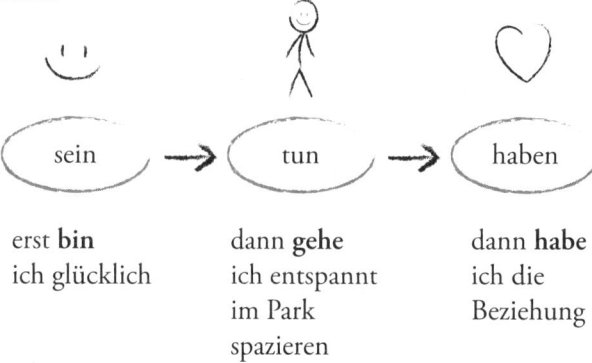

| erst **bin** ich glücklich | dann **gehe** ich entspannt im Park spazieren | dann **habe** ich die Beziehung |

Ich habe damals, als mir das Prinzip bewusst wurde, angefangen, den tollen Sonnenschein wahrzunehmen, die vielen Schmetterlinge, die im Park herumflogen und die wunderbaren Blumen. Ich habe die fröhlichen Familien gesehen und mich voller Vorfreude dort irgendwann mit meiner Familie gesehen. Ich habe mich auf die Gedanken konzentriert, die mir ein gutes Gefühl gegeben haben. Wir sind hier ja unter uns, da kann ich dir das erzählen: Ich habe sogar ganz oft gespürt, wie ich die Hand meines Freundes halte und wie er neben mir herläuft. Ich habe ihn neben mir gespürt, obwohl es ihn damals in meinem Leben ja noch gar nicht gab. Damals im April 2011 wusste ich nicht, dass ich im Juli schon eine Hand in meiner halten sollte. Damals habe ich einfach nur vertraut und mich in die Situation reingespürt, und ich habe nicht mehr länger gewartet, dass endlich jemand kommt, mit dem ich sonntags durch den Park spazieren kann, sondern ich habe mein Glück in meine eigene Hand genommen (man kann auch mit sich selbst Händchen halten, ist irgendwie auch eine schöne Geste). Ich habe mich entschlossen,

HEUTE schon glücklich zu sein und damit das Prinzip umzukehren, das ich so lange gelebt hatte. Ich war zuerst glücklich, dann bin ich im Park spazieren gegangen und genau deshalb konnte dann kurze Zeit später auch die Beziehung zu mir kommen.

Klartext mit dir selbst

Ich möchte dich einladen, dir an dieser Stelle einen Moment Zeit zu nehmen. Was machst du aktuell (noch) nicht, weil du denkst, du brauchst erst noch xy? Es wird Zeit für Klartext mit dir selbst.

»Wenn ich die fünf Kilo abgenommen habe, kaufe ich den schicken Bikini und fühle mich wohl in meiner Haut.«

»Wenn ich genügend Geld gespart habe, mache ich die Weltreise und fühle mich frei.«

»Wenn ich die zusätzliche Ausbildung habe, mache ich mich selbstständig und bin endlich mein eigener Chef und selbstbestimmt.«

Wir alle haben permanent solche Gedanken. Sei mal ganz ehrlich mit dir und schreib dir gerne deine Ziele oder großen Wünsche auf – und dann identifiziere mal für dich, was du glaubst, dafür erst noch haben zu müssen. Das ist dein persönliches HABEN-TUN-SEIN.

Du kannst dieses Prinzip auf fast alles anwenden und für jeden Lebensbereich dein HABEN-TUN-SEIN herausarbeiten. Und jetzt darfst du hingehen und es umkehren in ein SEIN-TUN-HABEN. Nimm das Gefühl, das bei der ersten Liste am Ende der Kette steht. Das ist dein Wunschgefühl.

»Mich wohlfühlen in meiner Haut.«

»Mich frei fühlen.«

»Selbstbestimmt sein.«

Wo kannst du heute schon dieses Gefühl fühlen? Was kannst du denken oder machen, um dich so zu fühlen? Du kreierst dir die Momente, in denen du dich wohl, frei und selbstbestimmt fühlst. Du denkst die Gedanken, die zu den entsprechenden Emotionen führen. Du bist dein eigener Regisseur. Dschinni sitzt da oben und sobald du eines deiner Wunschgefühle heute schon spürst, schickt er dir mehr und mehr und mehr davon. Wie geil ist das denn?

Du wirst sehen, plötzlich öffnen sich überall Türen und Möglichkeiten, deinen Wunsch wahr werden zu lassen. Denn ansonsten wartest du immer auf den perfekten Zeitpunkt. An dieser Stelle muss ich dich leider enttäuschen: Wenn du dein Denken nicht änderst, wirst du dich nie wohlfühlen in deiner Haut, wirst du nie das Gefühl haben, das Ersparte reicht, wirst du dich auch mit der nächsten Ausbildung noch nicht bereit fühlen, dich selbstständig zu machen. Das »Wenn-erst«-Spiel geht dann einfach im nächsten Level weiter.

Mach dir gerne mal eine Liste mit all den Situationen, die dir heute schon dein Wunschgefühl geben. Was wäre anders, wenn du dich jetzt schon wohlfühlen würdest in deiner Haut oder frei oder selbstbestimmt? Manchmal sind es banale Kleinigkeiten, die aber einen entscheidenden Unterschied machen.

Ich gebe dir gerne wieder ein paar Beispiele von mir vor ein paar Jahren:

Was wäre anders, wenn ich mich heute schon wohl fühlen würde in meiner Haut?

Abgesehen von den offensichtlichen Sachen wie »Ich kaufe mir den neuen Bikini« gibt es noch ganz andere Dinge, die sich verändern würden:

Wenn ich mich heute schon wohlfühle in meiner Haut,

dann achte ich auf mich und meinen Körper,

dann ernähre ich mich besser,

dann spreche ich liebevoll mit mir selbst,

dann habe ich stets gepflegte Finger- und Fußnägel,

dann gönne ich mir täglich Zeit für mich und mein Wohlbefinden,

dann buche ich mir regelmäßig eine Massage,

dann lächele ich mich im Spiegel an.

Das sind natürlich jetzt meine Beispiele, die Liste kannst du ergänzen, wie du magst. Es gibt davon viele Dinge, die du heute schon umsetzen kannst. Du musst nicht erst warten, bis du dich wohlfühlst in deinem Körper, sondern du fühlst dich jetzt schon so, als ob das schon längst Realität wäre, als ob du dich schon längst wundervoll fühlen würdest, und du fängst an, die Dinge zu tun, die du eigentlich erst dann tun würdest.

Hier gilt »Fake it until you make it« in kleinen Schritten. Tu so, als ob es schon soweit wäre. Tu heute so, als ob du deinen Körper schon feiern würdest, als wäre er die geilste Schöpfung auf diesem Planeten (denn das ist er). Mein Bruder sagte früher immer: »Ich bin schon ein geiles Stück DNA.« Völlig zu Recht, denn jeder von uns ist einzigartig.

Du wirst sehen, bald stehst du vor dem Spiegel und lächelst dich mehr und mehr an. Denn du lebst deine neue Realität und deine neue Identität schon heute.

Entspannung is the key

Dir ist es sicher auch schon mal passiert: Wenn du aufhörst, etwas zu suchen, findest du es plötzlich. Das gilt für alles: Du begegnest auf der Straße deinem alten Kollegen, der vor drei Jahren in den Ruhestand gegangen ist, und sein Name liegt dir auf der Zunge. Aber du kommst einfach nicht drauf, wie er heißt, so sehr du auch in deinem Hirn wühlst. Du fragst aber auch nicht, denn du willst dir keine Blöße geben. Eine halbe Stunde später, du steigst grad in dein Auto ein und willst ausparken, macht es plötzlich Zack und der Name ist da. Völlig aus dem Nichts.

Oder du suchst wie bekloppt nach deinem Ohrring, der dir eben runtergefallen ist. Der muss doch hier irgendwo liegen. Dann musst du irgendwann los und gibst entnervt auf. Zwei Tage später hockst du auf dem Boden, um die Topfpflanze zu gießen, und da siehst du den Ohrring genau vor dem Übertopf liegen. Du hättest schwören können, dass du zuvor dort nachgeguckt hast, und jetzt siehst du ihn urplötzlich da liegen, als wollte er dich anschreien: »Mach halt mal die Augen auf.«

Je entspannter du bist, desto besser kann dein Gehirn auf Informationen aus dem Unterbewusstsein zugreifen. Der Name des ehemaligen Kollegen war dort die ganze Zeit. Vielleicht ein wenig vergraben unter aktuelleren, relevanteren Informationen, aber die Information geht in deinem Unterbewusstsein nie verloren. Nur, wenn wir angestrengt an diese Information rankommen wollen, haben wir keine Chance. Wir blockieren uns mit dem Bewusstsein quasi selber den Weg. Deswegen kommen so vielen Menschen so geniale Ideen unter der Dusche. Ich selber habe die besten Ideen immer unter der Dusche. Scheinbar bin ich da entspannt und meine Gedanken haben »Freigang«.

Je entspannter du also bist, je weniger du etwas suchst, desto besser kannst du es finden. Dieses Prinzip gilt für alles in deinem Leben.

Wenn du angestrengt einen Partner suchst, weil du glaubst, dass er oder sie dich glücklich macht, dann muss dieser Partner eine Lücke füllen. Ohne ihn fühlst du dich nicht ganz, nicht vollständig.

Da ist eine Lücke, in die nur dieser eine Mensch reinpasst. Und niemand füllt gerne eine Lücke. Genauso wenn du selbstständig bist und dringend Kunden brauchst, damit du deine Miete zahlen kannst. Menschen merken so etwas energetisch. Wir alle kaufen lieber da, wo eh schon viele kaufen, denn das muss ja gut sein. Wir gehen auch nicht in leere Restaurants, weil wir denken, da muss irgendwas faul sein. Wenn wir aber wissen, es ist total schwer, da einen Tisch zu bekommen, dann wollen alle da hin. Je weniger du dich anstrengst und je entspannter du bei einer Sache bist, desto leichter ziehst du sie in dein Leben.

Egal, ob den neuen Job oder nur eine Kleinigkeit, wie Johanna, eine Kundin von mir, es beschreibt:

> Auf dem Weg zu meinem Vater habe ich im Bus Bilder von Torten auf Pinterest angeschaut und mich in eine Rote-Beeren-Sahnetorte verliebt. Auf die hatte ich total Appetit. Weil ich da grad auf meine Ernährung geachtet habe, dachte ich so:»Hm, das wäre jetzt lecker, aktuell eben ohne Sahne und ohne Kuchenboden. Also bleiben ja nur noch die Johannisbeeren übrig.« Ich musste noch schmunzeln, weil ich mich selbst für meine Diät gedanklich ausgelacht habe. Kurz danach, als ich ankam, ging ich zum Kühlschrank und sehe vor mir eine RIESEN-Schüssel Johannisbeeren. Und die gab es bei uns sehr selten.

Hast du dich schon mal auf mehrere Stellen beworben, und das eine Bewerbungsverfahren machst du so »nebenbei«? Weil es ganz nett klingt, aber eigentlich willst du eine andere Stelle? Du bist viel entspannter, weil du nicht all deine Hoffnungen auf diese eine Stelle setzt. Diese Entspannung ist es, die dir alles magisch ins Leben zieht.

Nur wollen wir ja das, was wir uns wünschen, meist ganz unbedingt. Sehr entspannt sind wir dann beim Manifestieren eher nicht. Das ist das schöne Paradoxon: Du darfst etwas unbedingt wollen und gleichzeitig entspannt und sicher sein, dass es kommt. Du hast deinen Wunsch bestellt. Bestellt. Nicht gewünscht, drauf gehofft, darum gebeten oder gebettelt. Das ist eine ganz andere Energie. Du bestellst in dem Wissen, dass es zu dir kommt. Genauso, wie du bei Amazon bestellst. Es ist nie die Frage, OB etwas zu dir kommt. Es ist höchstens die Frage WANN und WIE. Und das sind ja bekanntermaßen nicht deine Baustellen. Je entspannter du bist, je weniger du »suchst«, desto schneller kommt es.

Ich sage zum Beispiel nicht mehr, dass ich etwas suche, sondern ich »finde«.

»Ich bin noch auf der Suche nach meinem Traumpartner« klingt nicht ganz so überzeugt wie: »Mein Traumpartner und ich finden uns gerade«.

Du darfst also heute entscheiden, was du haben willst und dieses entspannte Gefühl abrufen, das du hättest, wenn es schon da wäre. Den Rest überlässt du dem Universum. Sollen sich doch das große Ganze, deine Engel, der Heilige Geist, die allwissenden Mächte oder wie auch immer du das »da oben« nennen willst, den Kopf zerbrechen, wie um alles in der Welt die Millionen, das Traumhaus oder der perfekte Partner zu dir kommen. Nicht dein Business.

Ich stell mir das vor wie in einem Film, und ich bin der Regisseur. Ich rufe dann »Uuuund bitte, liebes Universum« und lehne mich zurück. Und dann beobachte ich gespannt, was das Universum sich einfallen lässt.

»Wollte ich hier nicht abbiegen?« – Im Autopilot unterwegs, ohne es zu merken

Es war ein normaler, grauer Novembertag im Jahre 2018, aber einer der besonders beschissenen Sorte. Schon morgens um 9:30 war ich so fertig, dass ich am liebsten wieder ins Bett gegangen wäre. Der Tag fing um 6 Uhr mit den Kids an, und die sterben ja spätestens um 06:02 den Hungertod, weshalb bitte unverzüglich Essen auf dem Tisch stehen darf. Ich habe also schlaftrunken Müsli zubereitet und mich dann nochmal ganz kurz ins kuschelig warme Bett gelegt. Bis mich ein lautes Rumms abrupt aus meinem Wohlfühlmoment riss. Meine Tochter hatte ihre komplette Schale mit Müsli über den Boden verteilt. Sie ist da immer sehr gewissenhaft, sobald der Boden länger als ein paar Stunden sauber ist, sorgt sie dafür, dass er schnellstmöglich wieder mit einem klebrigen Essensreste-Belag versorgt ist. Wahlweise geht auch festgetretene Knete. Oder Apfelsaft. Hauptsache, die Fortbewegung findet unter erschwerten Bedingungen statt. So war es auch an jenem Morgen, an dem ich nun Müslireste und klebrige Milch aus den Fußleisten kratzen durfte. Meine Laune war entsprechend schon mal eine Etage tiefer gerutscht.

Dann wurde es hektisch, weil die Kids in die Kita sollten, sich aber ewig Zeit ließen beim Zähneputzen. Mein Mann machte sich in aller Seelenruhe erstmal einen Kaffee, während ich mich fragte, warum er denn nicht auch mal mithalf. Also habe ich die Kleinen angezogen und wollte los. Aber dann ging die morgendliche Leier weiter: Es fehlten Schal und Mütze von beiden. Mein Mann hatte sie am Vortag von der Kita abgeholt, und manchmal bleiben dann ein paar Sachen in den Fächern liegen. Das trug jetzt nicht zu meiner guten Laune bei, weil es wirklich arschkalt draußen war und mein Mamaherz immer kurz bricht, wenn dann die kleinen Öhrchen frieren. Dann fehlte der Autoschlüssel, na toll. Also wieder wühlen, wer hat ihn zuletzt gehabt, ist er noch in irgendeiner Hosentasche, haben die Kinder ihn irgendwo versteckt? Meine Laune wurde immer mieser und mieser. Ich wollte los, ich war angespannt, denn ich wollte arbeiten, nachdem die Kids in der Kita waren. Ich habe also meinen Mann zur Schnecke gemacht, wo denn jetzt die ganzen Sachen seien (irgendwer muss ja herhalten).

Irgendwann fand sich der Autoschlüssel wieder, und ich konnte endlich ins Auto steigen. Kinder rein und anschnallen. Doch was fand ich da im Fußraum des Beifahrersitzes? Nasse Klamotten von unserem Sohn, der sich gestern in der Kita draußen leider komplett nass gemacht hatte und deshalb die nassen Sachen in Tüten mit nach Hause bekommen hatte. Diese Sachen hatten jetzt schön eine Nacht in meinem Auto verbracht, und die Mischung aus klammer Klamotte und Matsche verströmte keinen besonders angenehmen Duft. Das Auto hatte ich natürlich am Vortag gründlich saubergemacht. Ich stand kurz vor dem Nervenzusammenbruch. Auf den Sitzen lagen noch Unterlagen und Werkzeuge, die mein Mann für seine Arbeit brauchte. Ich hatte keine Ahnung, was die in meinem Auto zu suchen hatten. Völlig genervt stellte ich sie wutschnaubend vor die Tür und brüllte meinem Mann durch die geschlossene Haustür zu:»Ich stell dir dein Zeug hier hin, warum müllst du immer mein Auto voll?«

Nachdem ich ihn nun wirklich für alles verantwortlich gemacht hatte, wollte ich jetzt los. Aber das Laufrad meines Sohnes lag auch noch in der Einfahrt, halb in der Pfütze. Also stellte ich das noch zurück ins Gartenhaus, während ich weiter vor mich hin schimpfte.

Du kannst dir in etwa vorstellen, mit welcher Energie ich ins Auto gestiegen bin. Die Kids waren mittlerweile natürlich auch total nörgelig. Ich setzte voller Schwung rückwärts aus dem Carport zurück und es machte laut RUMMMMS. Oh scheiße.

Ich stieg aus und sah: Genau hinter meinem Auto stand das Auto meines Mannes, in das ich gerade volle Kanne reingefahren war. Das Auto steht da sonst nie und da ich so extrem in meinem Wut-Tunnel drin war, habe ich es schlicht und ergreifend nicht gesehen. Man muss dazu sagen: Mein Mann fährt einen Bus, ist jetzt auch nicht gerade das kleinste Auto, das man leicht übersehen kann. Da stand ich nun im Regen in der Kälte. Bei meinem Wagen war das Rücklicht ab, bei seinem ein fetter Kratzer und eine Beule.

Die Kinder im Auto hörten nicht auf zu fragen: »Mama, was ist los?« In dem Moment kam mein Mann aus dem Haus und nahm mich wortlos in den Arm. Ich war vollkommen aufgelöst, weil ich so unter Strom gestanden hatte. Er nahm mir den Autoschlüssel aus der Hand und sagte ganz liebevoll: »Ich fahr die Kinder in die Kita«

Da stand ich nun alleine und kratzte die Reste des Scheinwerfers zusammen. Es war, als ob das Universum mir sagen wollte: Rumms, hallo, wach doch mal auf aus deinem Tunnel!« Das war der Moment, wo das Weinen in Lachen umschlug. Ich brauchte diesen Weckruf des Universums, um rauszukommen aus meiner Schleife von »Ach, ist das alles ätzend heute, das klappt nicht und das läuft nicht so, wie ich es geplant habe«. Ich war den ganzen Morgen nur im Autopilot unterwegs.

Der Autopilot ist unser antrainiertes Denken und Verhalten. Und der kleine Unfall war mein Weckruf, mit dem mir das Universum gesagt hat: »Du schlafwandelst gerade.« Ich hatte bis dahin nur anderen die Schuld gegeben für meine Laune und für alles, was schief lief. Ich habe null Verantwortung übernommen. Mein erster Gedanke, als ich gegen das Auto gefahren bin, war sogar: »Warum steht das auch da?«

Vielleicht kennst du das. Den Fehler bloß woanders suchen. Auf keinen Fall bin ich selber schuld. Bis ich mir eingestanden habe: »Claudia, du warst einfach voll im Tunnel. Du hast nicht mal das große Auto gesehen.« Ich war den ganzen Morgen schlicht und ergreifend im Autopilot unterwegs.

Das bisschen Bewusstsein

Um bewusst zu manifestieren, solltest du deinen Autopilot kennen. Denn nur wenn du ihn kennst, kannst du ihn verändern. Ansonsten bestimmt dein Autopilot, was du manifestierst. Wohin das führt, hast du vielleicht die letzten zehn, zwanzig oder dreißig Jahre schon ausprobiert.

Der Autopilot ist deine automatisch ablaufende Reaktion. Das antrainierte Verhalten, die antrainierten Gedanken, die du immer wieder denkst. Diese Reaktion läuft in Millisekunden ab und wird vollständig von deinem Unterbewusstsein gesteuert. Deshalb fällt es den meisten Menschen auch nicht auf, dass sie in vielen Situationen immer wieder gleich reagieren. Nämlich so, wie sie es sich antrainiert haben oder wie sie es vorgelebt bekommen haben.

Wenn es regnet, denkst du vielleicht: »Och nö, schon wieder Regen.« Du ärgerst dich, weil du heute die schicken Pumps anhast und keine Gummistiefel. Und weil du Regen grundsätzlich nicht gebrauchen kannst. Wenn diese Gedanken in deinem Kopf ein paarmal so oder so ähnlich aufgetaucht sind, dann werden diese Gedanken zu einem Autopilot. Das heißt, du bekommst automatisch schlechte Laune, sobald du Regen siehst. Dein Gehirn hat jetzt verknüpft: Wenn A (Regen), dann B (schlechte Laune).

Ein Landwirt, der in trockenen Sommern froh ist um jeden Tag, den es regnet, hat in seinem Gehirn ein anderes Programm laufen. Sein Autopilot ist dann vielleicht: Wenn A (Regen), dann B (Erleichterung).

Diese Reaktion ist also antrainiert. Wir haben uns quasi ein Programm erschaffen, das uns schlechte Laune macht. Ich zeige dir im folgenden Kapitel verschiedene Methoden, wie du diese Programmierung verändern kannst. Doch zunächst wollen wir einmal schauen, wie diese Programmierung genau funktioniert. Unser Gehirn ist da nämlich wirklich clever.

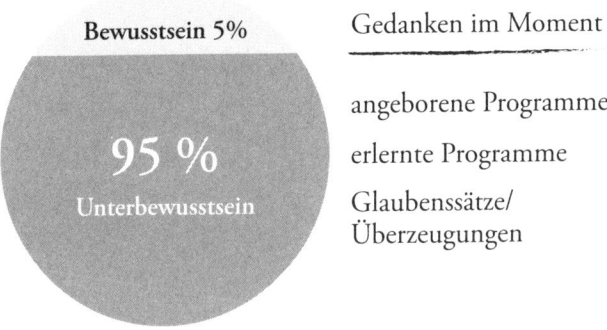

Auf diesem Schaubild siehst du, dass wir lediglich zu 5 % von unserem Bewusstsein gesteuert sind, die restlichen 95 % steuert unser Unterbewusstsein. Ein verschwindend geringer Teil dessen, was wir am Tag tun, denken und machen, ist also bewusst. Das sind unsere bewussten Gedanken.

Darunter befindet sich dein Unterbewusstsein, in dem 95 % der täglichen Prozesse ablaufen.

Dazu gehören *unterbewusste angeborene Programme,* wie atmen (Gott sei Dank können wir das einfach so), Verdauung (da möchte ich mir auch ungern täglich bewusst Gedanken drüber machen) und einige andere körperliche, automatisierte Prozesse.

Dann zählen dazu *erlernte Programme,* wie sitzen, sprechen und mit Messer und Gabel essen (bei einigen Erwachsenen macht es zwar den Anschein, dass diese Programme noch nicht vollständig automatisiert sind, aber das ist ein anderes Thema).

Und dann gibt es die *Überzeugungen und Glaubenssätze,* das sind Gedanken, die wir oft genug wiederholt haben, dass sie eben auch zu Programmen in uns werden. Wie so eine »Programmierung« funktioniert, möchte ich dir anhand eines Beispiels zeigen.

Vom Trampelpfad zur Autobahn

Kannst du dich noch an deine allererste Fahrstunde erinnern? Vielleicht ging es dir wie mir und du warst erstmal damit beschäftigt, den richtigen Punkt zu finden, wie weit du die Kupplung kommen lassen musst, damit du dann geschmeidig aufs Gas drücken kannst, ohne dass du den Wagen abwürgst. Das alleine wäre eine tagesfüllende Aufgabe gewesen. Nun rief der nette Fahrlehrer neben mir aber noch weitere Befehle rein wie: »Jetzt guckst du bitte in den Seitenspiegel, ob ein anderes Auto kommt, setzt den Blinker, machst den Schulterblick und dann kannst du losfahren, wenn alles frei ist.«

Ja, ok, Blinker. Wo war der noch gleich? Ach nee, das war der Scheibenwischer. Ok, und nun Schulterblick. Gut, alles frei. Was kam jetzt? Ach ja, Kupplung. Oh Mann, die will schon wieder nicht, wie ich will. Mist, abgewürgt. Alles von vorne. Womit sollte ich noch gleich anfangen? Autofahren erschien mir bei meiner ersten Fahrstunde sehr komplex. Wie sollte ich das jemals alles flüssig hintereinander hinbekommen? Schon nach wenigen Stunden war das natürlich kein Problem mehr. Aber bei der ersten Fahrstunde sind es viele Dinge, die dein Gehirn bewusst verarbeiten muss. Das geht uns immer dann so, wenn wir etwas Neues lernen.

Jeder, der schon mal auf einem Surfbrett beim Windsurf-Kurs stand, kennt das Dilemma, das Segel mit gerade genug Schwung hochzuziehen, dass der Wind genau richtig reingreifen kann, dann noch mit den Füßen richtig zu stehen und den Po nicht zu sehr nach hinten zu strecken.

Jeder, der schon mal Klavier spielen gelernt hat, weiß, wie unmöglich es einem bei der ersten Stunde erscheint, überhaupt die Finger so weit auseinander zu spreizen, geschweige denn mit der einen Hand flüssig etwas anderes zu spielen als mit der anderen. Geht. Gar. Nicht.

Das alles sind am Anfang bewusste Prozesse. Wir müssen uns unfassbar exakt darauf konzentrieren, was wir da gerade machen. Durch die stetige Wiederholung der immer gleichen Bewegungsabläufe automatisierst du diese. Dein Kopf legt neue neuronale Verknüpfungen an, z. B. eine zum »Kupplung kommen lassen«. Und je häufiger du diese Verknüpfung benutzt, desto stärker wird sie. Dein Kopf baut quasi zunächst einen Trampelpfad und dann immer weiter aus, bis hin zu einer achtspurigen Autobahn. Irgendwann denkst du gar nicht mehr darüber nach, ob und wie weit du die Kupplung kommen lassen musst. Die neuronalen Verknüpfungen dazu sind schon gut ausgebaut und das bedeutet, dieser Prozess ist automatisiert. Du hast also nun ein unterbewusstes Programm erschaffen, einfach indem du bewusste Bewegungsabläufe immer und immer wieder wiederholt hast.

Jeder Prozess, etwas Neues zu lernen, durchläuft dabei vier Stadien.

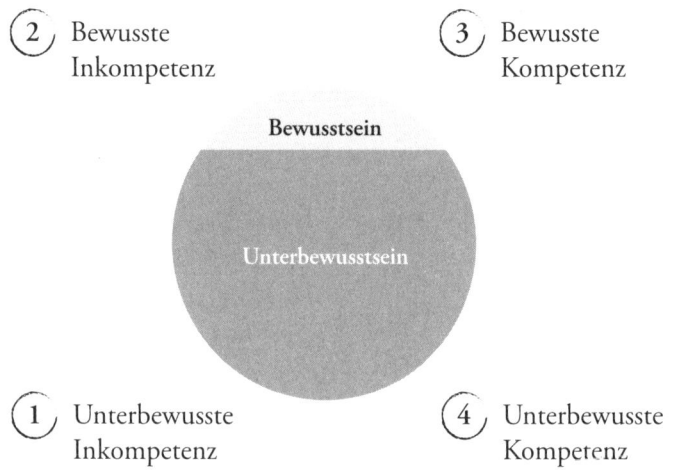

2 Bewusste Inkompetenz

3 Bewusste Kompetenz

Bewusstsein

Unterbewusstsein

1 Unterbewusste Inkompetenz

4 Unterbewusste Kompetenz

1. Unbewusste Inkompetenz: Du weißt nicht, dass du etwas nicht kannst. Als kleines Kind hattest du keine Ahnung davon, dass es irgendwelche Fähigkeiten braucht, ein Auto zu fahren. Ich meine, da konnten Autos auch von alleine fliegen, das kann ja alles nicht so schwer sein.

2. Bewusste Inkompetenz: Das ist so ziemlich dein Zustand nach der ersten Fahrstunde: Du weißt, dass du das noch nicht kannst. Na super. Hier fangen wir alle an, wenn wir etwas Neues lernen. Es erscheint uns megaviel und wir sehen, was wir alles nicht können. Keine Sorge, dieser Zustand ist nur temporär.

3. Bewusste Kompetenz: Jetzt können wir schon die ersten Handgriffe beim Autofahren, spielen schon das erste leichte Klavierstück, bleiben beim Windsurfen oft ein paar Minuten auf dem Brett. Aber alles, was wir da tun, ist noch sehr bewusst, wir müssen also darüber nachdenken.

4. Unbewusste Kompetenz: Das ist der schönste Zustand. Wir können etwas und haben es schon so oft gemacht, dass es eine neuronale Autobahn dazu gibt. Deshalb haben wir es automatisiert und müssen nicht mehr darüber nachdenken. Es läuft quasi von alleine.

Die meisten Erwachsenen haben beim Autofahren heute Stadium 4 erreicht. Wir denken nicht mehr darüber nach. Wir können sogar noch schalten, blinken und Schulterblick, während sich die Kinder auf dem Rücksitz Gummibärchen in die Haare schmieren. Oder während wir dem Kollegen über die Freisprecheinrichtung erklären, in welchem Unterordner die Excel-Tabelle abgelegt ist. Oder während wir schimpfen, in welchem Schuhkarton die anderen denn bitte Autofahren gelernt haben.

In manchen Situationen switchen wir in Stadium 3, in die bewusste Kompetenz, wenn wir für diesen Fall noch keine achtspurige Autobahn angelegt haben, sondern eher noch eine Landstraße. Zum Beispiel, wenn du über eben diese Autobahn in eine Baustelle fährst, in der die Spuren so eng wie ein Fiat Punto werden, dein Auto aber eine große Familienkutsche ist, und neben dir ein extrabreiter rumänischer LKW fährt. Bei manchen kommt es auch zu solchen Stadium-3-Momenten, wenn sie am Berg anfahren oder rückwärts seitwärts einparken müssen. Das ist übrigens auch der Grund, warum bei vielen in solchen Momenten das Radio unbedingt leise gestellt werden muss. Denn dann ist das Bewusstsein an der Reihe und darf nicht durch Musik abgelenkt werden.

Die meiste Zeit aber ist Autofahren ein schönes Beispiel für ein völlig automatisiertes Programm im Unterbewusstsein. Deshalb denken wir auch oft auf dem Weg nach Hause beim Einbiegen in unsere Straße: »Mist, ich wollte doch noch einkaufen. Wie bin ich denn jetzt hierhin gekommen?« Doch die Strecke ist so programmiert, dass jede Abweichung von diesem Programm eine (bewusste) Anstrengung wäre. Dieses Zwischenziel müsstest du wie beim Navi manuell eingeben oder grundsätzlich eingespeichert haben. Häufig gewinnt dann eben das (unbewusste) Programm, und das heißt in den meisten Fällen: von der Arbeit direkt nach Hause.

Da machen wir ein Programm draus

In dir laufen zigtausende solcher Programme im Laufe eines Tages ab. Zähne putzen ist eins davon. Versuch einfach mal, dir mit der anderen Hand die Zähne zu putzen, und du wirst merken, wie automatisiert dieser Prozess normalerweise ist. Oder das Abtrocknen nach dem Duschen. Wetten, du folgst da einem bestimmten Schema? Oder hast du schon mal versucht, dir zuerst die Zehen und dann die Ohrläppchen zu trocknen? Irgendwann hast du mal eine Reihenfolge angelegt, wie das Abtrocknen Sinn macht und der folgst du seitdem. Dein Unterbewusstsein hat ein Programm »installiert«.

Das geht nun aber nicht nur mit bestimmten Bewegungsabläufen wie abtrocknen oder Auto fahren so, das gilt genauso für bestimmte Gedanken. Wenn du einen Gedanken immer wiederholst, installierst du damit ein Programm in deinem Unterbewusstsein.

Jeder bewusste Gedanke, der eine Zeit lang wiederholt wird, wird zu einem Programm.

Denkst du also oft:»Ich kann das eh nicht«, dann denkt sich dein Unterbewusstsein irgendwann:»Hör mal, den Satz hat die aber jetzt schon sehr oft gedacht. Ich glaube, wir sollten daraus mal ein Programm machen. Jungs, wie sieht's bei euch mit den Neuronen aus?« Und die fleißigen Helferchen, die die neuronalen Verknüpfungen im Gehirn bauen, rufen zurück:»Ja, also der Trampelpfad ist schon sehr ausgelatscht, den sind wir schon ewig oft gelaufen. Wir rüsten dann jetzt auf und teeren mal die Straße.« Und zack, wird aus deinem Gedanken:»Ich kann das eh nicht« ein unterbewusstes Programm. Das geht wahlweise mit allen Gedanken, die du oft denkst, oft sagst, ständig gehört hast oder die in der Gesellschaft immer wiederholt werden.

Du kannst dich also darauf programmieren, nicht gut genug zu sein. Du könntest dich hingegen auch darauf programmieren, dass du obergenial bist. So wie mein Bruder sich als Kind programmiert hat auf:»Ich bin schon ein geiles Stück DNA.« Stimmt doch einfach! Für jeden von uns. Das wäre zumindest die bedeutend sinnvollere Variante.

Du kannst alles einprogrammieren, was du möchtest. Es ist alles eine Frage der Wiederholung. Wenn du etwas oft machst, wird es zu einem Programm. Wenn du etwas oft denkst, wird es ebenso zu einem Programm. Du entscheidest, Gott sei Dank, was du den lieben langen Tag so machst und denkst. Dein Verhalten wird dabei oft von deinen Gedanken bestimmt. Wenn du denkst, dass du tollpatschig bist, wird dein Unterbewusstsein garantiert automatisierte Programme draufhaben (wie Tassen runterschmeißen oder gegen Glastüren laufen), die das beweisen.

153

Völlig überfordert

Alles, was dein Unterbewusstsein automatisieren kann, wird es auch automatisieren. Weißt du warum? Weil du sonst heillos überfordert wärst. Stell dir nur mal vor, wie dein Morgen aussehen würde, wenn du keine Programme hättest. Der Wecker klingelt, du wirst wach. Und fragst dich als Erstes:»Was muss ich jetzt machen? Ach ja richtig, aufstehen. Dafür muss ich ein Bein aus dem Bett strecken, und dann das andere dazu. Vorsichtig, damit ich das Gleichgewicht behalte, ah ja, so geht's. Ok, und nun? Ich glaube, ich muss ins Badezimmer. Das ist die nächste Tür rechts, wie komm ich da nochmal hin? Ach ja, laufen. Das war das mit dem einen Fuß vor dem anderen, also los. Die Türklinke muss ich runterdrücken zum Öffnen. Da ist ja meine Zahnpastatube. Ich werde jetzt als Erstes Zähne putzen. Also mache ich mal den Deckel ab. Wie geht denn der auf? Ah, linksherum schrauben, dann leg ich den Deckel zur Seite, damit ich die Zahnbürste in die andere Hand nehmen kann. Ok, und nun mit ein klein bisschen Druck, aber nicht zu viel, sonst kommt gleich eine Wagenladung Zahnpasta, ok …«

Himmel, da werde ich schon rammdösig nur beim Schreiben. Und ich musste tatsächlich kurz nachgucken, in welche Richtung ich den Deckel der Zahnpastatube drehen muss.

Du wärst also bei jedem noch so kleinen Prozess deines Tages in dem Stadium der bewussten Kompetenz. Hast du schon einmal eine Dreijährige beim Zähne putzen beobachtet? Oder ein Kleinkind beim Laufen? In etwa so würdest du dir den ganzen Tag vorkommen. Du kannst das schon einigermaßen, aber du machst das voll bewusst. Wenn ich meine Tochter ins Bett bringe, brauche ich bei der Zahnputz-Routine nur beim Zuschauen schon eine Tagesration Geduld. Sie macht das schon und hey, sie kann das auch, aber bis vor kurzem war das ein sehr langwieriger Prozess. Zwischendurch siehst du quasi ihre Gedanken rattern: »Wohin jetzt mit dem Deckel? Wie bekomme ich jetzt die Hand frei? Und wie die Tube wieder zu?« Das ist bewusste Kompetenz.

Alles darüber hinaus und hoffentlich das, was du jeden Morgen vor dem Badspiegel machst, ist unbewusste Kompetenz. Also ein Programm. Freunde dich damit an, dass du so ziemlich alles automatisiert hast. Du darfst auch weiterhin so Zähne putzen, wir wollen uns nur die Programme anschauen und verändern, die deinen Alltag nicht erleichtern, sondern langfristig eher erschweren. Ich denke beim Zähne putzen sind wir uns einig, dass das ein sinnvoller Prozess ist, der dir den Alltag leichter macht.

Aber achte doch gerne ab heute mal darauf, was du alles für Programme laufen hast. Vor allem, was für Gedanken du schon so oft gedacht hast, dass sie ein klarer Autopilot sind.

Bei mir waren das zum Beispiel oft Sätze wie: »Ich mach nur schnell noch ...«. Diese Formulierung hatte ich so automatisiert, und ich wunderte mich, wieso ich mich oft getrieben und gehetzt fühlte. Kein Wunder, mein Unterbewusstsein hat sich gedacht: »Die Claudia denkt ganz schön oft, sie müsste noch mal eben schnell dies und jenes machen. Komm, wir machen ihr ein Programm draus, dann muss sie das nicht immer bewusst denken«.

Sobald du deine Programme erkennst, kannst du sie verändern. Du machst sie dir bewusst und lernst in Stadium 3 (bewusste Kompetenz) etwas Neues, denkst neue Gedanken, wie: »Ich habe für alles immer genügend Zeit«, und die sagst du dir so oft, bis dein Unterbewusstsein heigeht und diesen neuen Gedanken wieder automatisiert.

Die Energiesparlampe und der Kühlschrank

Dein Bewusstsein verbraucht übrigens 80 % der Energie, dein Unterbewusstsein dagegen nur 20 %. Dein Körper tut dir also damit etwas Gutes, alles zu automatisieren. Dein Unterbewusstsein ist quasi die Energiesparlampe. Die verbraucht fast nichts, macht aber eine Menge Licht. Dein Bewusstsein wäre in diesem Beispiel ein alter Kühlschrank mit der Energieeffizienzklasse D. Der zieht ohne Ende Energie. Deshalb wird alles schnellstmöglich automatisiert.

Du kennst das vielleicht auch noch von früher aus der Schule oder vom Studium. Du lernst am Vormittag und hast plötzlich tierischen Hunger. Beim Blick auf die Uhr stellst du fest, dass es 10:40 ist und du fragst dich, ob du jetzt schon Mittag essen kannst. Das passiert, wenn wir viel Neues lernen, denn das ist logischerweise erst einmal im bewussten Teil unseres Gehirns und frisst daher viel Energie. Wenn du also beim Lesen dieses Buchs ständig essen musst, weißt du jetzt warum.

Wenn wir etwas Neues lernen, haben wir oft Hunger oder sind sehr müde. Alles Mechanismen unseres Körpers, um den Energiespeicher wieder aufzufüllen.

Die gute Nachricht ist: Das ist nur der Fall, solange das neue Wissen im bewussten Teil unseres Gehirns sitzt. Danach wird es entweder gar nicht mehr gebraucht (»Use it or lose it«), das heißt der Trampelpfad wächst irgendwann wieder mit Unkraut zu oder du wiederholst die Information so oft, bis sie ein Programm wird. In dem Fall dann eine neuronale Landstraße oder Autobahn.

Du siehst also, dein Unterbewusstsein meint es nur gut mit dir, indem es Energie spart, wann immer das geht. Was hilft dir jetzt, ein anderes Programm anzulegen, wenn dir die Automation deines Unterbewusstseins nicht so super gefällt?

Andere Gefühle bitte – Die Gummistiefel-Methode

Du hast jetzt gelernt, dass dein Gehirn eine bestimmte, antrainierte Verknüpfung macht. Situation = Reaktion. Zum Beispiel bei Regen = schlechte Laune. Das ist nur die halbe Wahrheit. Denn dazwischen liegt noch ein entscheidendes kleines Detail, nämlich deine Bewertung.

Situation + Bewertung = Reaktion

Und Schwups, jetzt siehst du schon, warum das nicht ganz unwichtig ist. Denn die Situation kannst du häufig nicht verändern, deine Bewertung aber schon. Und damit bekommst du eine andere Reaktion als Resultat der Gleichung. Dazu habe ich die sogenannte Gummistiefel-Methode entwickelt. Ich finde sowieso, neues Wissen brennt sich viel besser ins Gehirn ein, wenn es einen guten Namen hat.

Die Gummistiefel-Methode besagt, dass du durch eine neue Bewertung eine neue Reaktion bekommst. Nun ist das ja nicht immer das leichteste, mal eben seine eigene Bewertung zu verändern: »Ach, bis gestern fand ich Regen echt beschissen, aber jetzt habe ich es mir anders überlegt. Ich finde Regen total toll. Echt jetzt! Dumdidum, was freu ich mich, dass es jetzt regnet!«

Lass mich kurz überlegen … Nein.

Dazu darfst du dein Gehirn schon ein wenig überlisten.

Nehmen wir an, es regnet. Das ist nur die Situation. Das kannst du nicht unbedingt verändern. Aber du kannst deine Bewertung dazu verändern. Mit Hilfe. Das machst du am besten, indem du dir die schönsten, farbenfrohesten Gummistiefel anschaffst, mit denen du es kaum erwarten kannst, vor die Tür zu hüpfen. Oder einen riesigen knallgelben Regenschirm. Dann kannst du die Methode auch gerne umbenennen in die gelbe-Regenschirm-Methode.

Du nimmst dir vielleicht vor, beim nächsten Regen in die tiefste Pfütze zu springen, weil du das seit deinem siebten Lebensjahr nicht mehr gemacht hast. Du schaffst Anreize für dein Gehirn, damit es eine neue Bewertung findet.

Ich habe vor etlichen Jahren gemerkt, dass mich Regen echt nervt. Also habe ich mir stylische Gummistiefel gekauft und mich tatsächlich gefreut, als es mal so richtig aus Eimern gegossen hat (da musste ich bei uns in Norddeutschland Gott sei Dank nicht lange drauf warten). Ich bin mit meinem Sohn so richtig durchgedreht. Wir sind in jede Pfütze gesprungen, die wir gesehen haben. Ich habe sogar irgendwann ernsthaft angefangen, mich zu fragen, ob ich mir wohl auch eine Matschhose zulegen sollte, weil die Gummistiefel für die ganz tiefen Pfützen mit Anlauf dann doch etwas zu kurz waren.

Du darfst es dir also leichter machen, deine Bewertung zu verändern. Wenn es regnet, kaufst du dir wahlweise Gummistiefel oder einen Regenschirm oder auch ein gutes Buch, das du nur bei Regen lesen darfst. Wenn es dich nervt, die Spülmaschine auszuräumen, dann mach dir gute Musik dazu an oder überleg dir ein System, bei dem du tanzend nur bei einem bestimmten Wort im Song die Tassen einräumen darfst. Was auch immer du machst: Es darf dir Spaß machen und deine Bewertung verändern.

Es geht immer darum, andere Bewertungen zu finden, anstatt auf die Situation zu schimpfen. Denn die Situation ist wie sie ist. Na logo, kannst du dir fürs nächste Mal was anderes manifestieren, du lernst ja gerade, wie das geht. Aber Situationen darfst du zunächst annehmen, wie sie sind. Das, was du veränderst, sind deine

Bewertungen. Das Schönste an der Sache ist: Du hast plötzlich die Macht, denn du *kannst* etwas verändern. Wenn du deine Bewertung veränderst, verändert sich automatisch auch die Reaktion, also dein Gefühl hinten raus.

Ein neuer Rahmen bitte

Jetzt kommen wir noch zu einem meiner absoluten Lieblingstools, wenn es darum geht, deine Gefühle zu verändern: das Reframing. Das ist eine Methode, die aus der Familientherapie kommt. Ich kenne sie aus dem NLP, und sie hat mir schon oft den Tag gerettet.

Reframen bedeutet etwas in einen neuen Rahmen setzen. Anstatt das Bild zu ändern, tauschen wir einfach nur den Rahmen. Im Alltag bedeutet das: Anstatt die Situation zu verändern (was oft ja nicht möglich ist), verändern wir den Bezugsrahmen und damit die Bedeutung der Situation.

Ich gebe dir ein Beispiel, das wirklich so passiert ist: Ich war auf eine Party eingeladen, bei der jeder etwas zu essen mitbringen sollte. Da ich mäßig bis wenig Talent in der Küche habe, suchte ich etwas Einfaches, das ich nicht anbrennen lassen oder versalzen konnte. Meine Wahl fiel auf eine simple Nachspeise. Eine Quarkspeise, die im Grunde nur daraus bestand, dass man Quark und verschiedene Früchte dekorativ in ein Glas drapiert, aus dem man sinnvollerweise Wein trinken würde, was aber hübscher aussieht als eine olle Dessert-Schüssel. Fertig ist der Super-Nachtisch. Dachte ich. Was ich nicht bedacht hatte, war der Weg zur Party. Denn den musste ich mit dem Auto fahren und das Dessert konnte vor allem eins: hübsch aussehen. Also musste ich diesen Zustand unter allen Umständen aufrechterhalten. Ich packte die Gläser also in einen offenen Karton, den ich bei uns irgendwo gefunden hatte und stellte das alles auf den Beifahrersitz. Da hatte ich die Meisterwerke im Blick. Und es klappte, sie fielen beim Fahren nicht um. Leider fiel aber die Quarkspeise in den Gläsern bei jeder Kurve der Zentrifugalkraft oder wie auch immer das heißt, zum Opfer. Der Quark und die Früchte bewegten sich im Glas und drohten sich zu vermischen. Nein, das ging unter gar keinen Umständen. Die Schichten waren doch genau der Sinn der Sache. Also fuhr ich langsamer und langsamer, vor allem in den Kurven. Ich wette, die Menschen hinter mir dachten, ich wäre wahlweise ein verunsicherter Fahranfänger oder ein Rentner mit Wackeldackel und gehäkelter Klopapierrolle auf der Hutablage. Sie konnten ja alle meine liebevoll dekorierte Quarkspeise auf dem Beifahrersitz nicht sehen.

Heute ist das das allerbeste Reframing, wenn jemand vor mir langsam Auto fährt. Anstatt mich darüber aufzuregen, denke ich mir einen neuen Bezugsrahmen: »Ach, der hat bestimmt nur eine Quarkspeise auf dem Beifahrersitz« und zack, habe ich durch dieses Reframing ein ganz anderes Gefühl.

Ein weiteres Reframing will ich dir gleich noch dazuschenken, das kam mir kurz nach meiner Quarkspeisen-Erfahrung. Da passierte nämlich genau das Gegenteil und hinter mir drängelte jemand auf der Autobahn. So richtig mit Lichthupe und dicht drauf fahren. Alter, das hätte mich ja normalerweise schon auf 180 gebracht und ich meine dabei nicht die Geschwindigkeit. Doch in dem Moment fiel mir das Reframing wieder ein, und ich dachte mir: »Der hat bestimmt seine hochschwangere Frau auf dem Beifahrersitz und sie fahren gerade zur Entbindung in die Klinik.« Ich bin erstmal ganz schnell nach rechts ausgewichen. Als er dann an mir vorbeifuhr und ich niemanden neben ihm sah, habe ich meine Geschichte einfach etwas weiter gedacht: »Die liegt bestimmt mit dem Sitz komplett nach hinten, damit es bequemer ist.« Hauptsache ist doch, dass ich mich mit dem Reframing besser fühle. Und das tat ich definitiv.

Seitdem suche ich eifrig bei allen möglichen Situationen nach positiven und möglichst lustigen Reframings.

Eine der besten Fragen dafür ist: »Was kann das Positives noch bedeuten?«

Ich schaue also, wie ich der Situation einen anderen Rahmen geben kann und damit eine andere Bedeutung. Wichtig dabei ist nicht, dass das Ganze total realistisch ist, sondern dass du erkennst, dass nur du selbst die Bedeutung gibst und damit auch selbst entscheidest, ob du dich wahlweise ärgerst oder dem anderen die Daumen drückst, dass die Quarkspeise heile ankommt.

Ich stehe für dieses Gefühl nicht zur Verfügung

Als ich vor einigen Jahren einen Kurs zur Persönlichkeitsentwicklung gemacht habe, fiel dort gleich an Tag eins ein wichtiger Satz, der mich nachhaltig geprägt hat. Es war einer der Sätze, die ich schon zigmal irgendwo gelesen hatte, aber in diesem Moment hat er plötzlich so viel Sinn gemacht. Der Satz war: »Niemand kann ein Gefühl in dich hineintun.«

Das ist einerseits so logisch und gleichzeitig fühlt es sich im Alltag oft anders an. Weil mein Mann nicht aufgeräumt hat, bin ich jetzt gefrustet.

Weil der Kollege mich angeschnauzt hat, fühle ich mich klein und unbedeutend.

Weil meine beste Freundin nicht mit mir ins Kino geht, bin ich traurig. Das alles erscheint uns wie eine logische Schlussfolgerung. Deshalb machen uns bestimmte Situationen im Außen traurig, ängstlich oder wütend. Wenn wir nun aber anwenden, was wir eben gelernt haben, dann macht der Satz, dass niemand Gefühle in uns hineintun kann, total Sinn. Denn wir haben die Macht, den Situationen eine bestimmte Bewertung zu geben oder sie in einen bestimmten Rahmen zu setzen. Und damit können wir selbst die Reaktion, also das Gefühl in uns bestimmen.

Mein Mann hatte heute vielleicht wichtigere Dinge zu tun und hat den Reifenwechsel für mein Auto organisiert. Ich kann mich also entscheiden, dankbar zu sein, und wir räumen vielleicht gemeinsam auf.

Vielleicht hat der Kollege gerade fiesen Ehestreit zu Hause und fühlt sich selber ganz schlecht. Ich kann mich also entscheiden, Mitgefühl für ihn zu empfinden, ihm gedanklich Liebe oder Kraft zu schicken und meinen Wert nicht von seinen Worten abhängig zu machen. Ich kann mich sogar gestärkt fühlen, weil ich selber spüre, was ich kann.

Meine beste Freundin würde sicher gerne mit mir ins Kino und ist vielleicht von der Woche auf der Arbeit total erschöpft. Auch hier kann ich wählen, wie ich das bewerte und wie ich mich fühlen will.

Ich habe zu jeder Zeit die Wahl, wie ich mich fühlen will.

Mir hilft im Umgang mit anderen Menschen immer wieder der Satz: »Jeder handelt aus seiner besten Option«, den ich einmal von meinen NLP-Trainern mitbekommen habe. Niemand tut etwas GEGEN jemand anderen, sondern immer nur FÜR sich. Weil er in dem Moment keine andere Möglichkeit sieht oder für sich wählen kann. Nenn mich naiv, aber ich glaube absolut an das Gute in jedem Menschen. Niemand ist freiwillig oder absichtlich ein schlechter Mensch. Oft sind es eben unsere Prägungen, unser »stummer Schrei nach Liebe«, wie *die ärzte* einst sangen, oder unser festgefahrener Autopilot, der uns bestimmte Worte sagen und bestimmte Dinge machen lässt. Doch egal, was passiert, jeder handelt aus seiner besten Option und anstatt im gleichen Autopilot darauf zu reagieren, kannst du dir aussuchen, welche Gefühle du haben willst.

Streit nach Drehbuch

Denn ansonsten passiert, besonders in Partnerschaften, das, was ich »Streit nach Drehbuch« nenne. Denke mal an eine typische Streitsituation mit deinem Partner. Wenn du gerade nicht in einer Beziehung bist, dann erinnere dich an die Streitereien mit deinem Ex. (Ich benutze hier, wie dir sicher schon aufgefallen ist, immer nur den Fall »Frau sucht Mann«, ich denke meine Leser können das auf ihre Situation anpassen. Wenn du also ein Mann bist, der auf Frauen steht oder ein Mann, der auf Männer steht oder eine Frau, die auf Frauen steht oder mittwochs das eine und donnerstags das andere oder sonst eine Kombination, die ich hier nicht ausdrücklich erwähnt habe: Du übersetzt das einfach für dich, ok?) Wenn einer von euch also einen Streit angefangen hat oder eine Diskussion über ein typisches Thema, dann weißt du in den meisten Fällen, wie die Unterhaltung verläuft, richtig?

»Warum ist denn die Spülmaschine noch nicht ausgeräumt?«
»Ach, da bin ich noch nicht zu gekommen.«

»Nie räumst du die Spülmaschine aus. Na toll, dann darf ich das also mal wieder machen?«

»Was heißt denn hier nie? Das stimmt ja so auch nicht.«

Und so weiter, und so fort ...

(Und auch hier übersetzt du einfach in eure typischen Sätze.)

Ich wette, bei den meisten Themen kannst du dieses Drehbuch VOR eurem Streit schreiben und ihr werdet euch beide fast wortwörtlich an dieses Drehbuch halten. Ihr denkt täglich immer wiederkehrend die gleichen Gedanken, und diese wiederum führen zu den immer gleichen Gefühlen. Bestimmte Situationen und ihre automatisch ablaufende Bewertung führen zu den immer gleichen Gefühlen.

Das muss aber nicht so sein.

Wenn sich einige typische Gefühle »anschleichen«, die du so nicht immer wieder erleben willst, kannst du dir gedanklich sagen: »Für diese Gefühle stehe ich nicht zur Verfügung.« Und dann schaust du mithilfe der Techniken aus diesem Kapitel, welche Emotionen du stattdessen haben willst. Du bist der Herr über deine Gefühle, du hast die Macht, sie zu verändern, meist reicht dazu nur ein kurzer Perspektivwechsel. So kannst du auch die Streits nach Drehbuch verhindern.

Reagiere doch mal ganz anders, als dein Gegenüber das erwarten würde und schau, was sich daraus ergibt. Überleg dir vorher schon Reframings für bestimmte angespannte Situationen, dann kannst du »in the heat of the moment« besser reagieren.

Die Spülmaschine ist noch nicht ausgeräumt und statt gefrustet zu reagieren, sagst du freudestrahlend und mit einem Augenzwinkern: »Wollen wir was ganz Tolles zusammen machen? Ich die Teller, du die Gläser?« Du kannst auch einfach sagen: »Oh die Spülmaschine ist noch nicht ausgeräumt. Macht nix.« und nichts weiter. Du kannst einfach mal so tun, als würdest du dich selber tierisch freuen, dass du sie ausräumen darfst, so wie mein Sechsjähriger, der sich regelmäßig mit seiner Schwester streitet, wer denn nun das Geschirr ausräumen darf.

Du kannst ganz entspannt sein: Im Grunde ist es egal, wie du genau reagierst. Hauptsache anders als bislang. Denn diese bisherige Reaktion war ganz offenbar nicht die Lösung für das jeweilige Problem.

Wenn etwas nicht funktioniert, mach was anderes.

Und vergiss nicht: Du gibst die Bewertung und den Rahmen. Und daraus folgen deine Gefühle. Es sind DEINE Gefühle und sie entstehen nirgendwo anders als in DEINEM Körper. Wäre doch gelacht, wenn du da nicht ein Wörtchen mitzureden hättest.

90 Sekunden

So lange dauert es, bis eine Emotion in unserem Körper durchlebt ist, laut der Hirnforscherin Jill Bolte Taylor. 90 Sekunden.[23] Das ist verdammt kurz.

Aber warum fühlt es sich dann oft an, als wenn wir tagelang nicht rauskommen aus unserer Wut auf den Nachbarn oder die Frustration über die verpasste Jobchance?

Na, weil unser Gehirn ein cleverer Fuchs ist. Es bedient sich dem »Wo du gerade stehst«-Prinzip. Das kennt jeder: Es ist genau die gleiche Situation, wie wenn jemand beim Essen aufsteht und alle rufen: »Wo du gerade stehst, kannst du mir noch ein bisschen Wein rüber reichen?« oder »Wo du gerade stehst, könntest du den Nachtisch aus dem Kühlschrank holen?«

Genauso macht unser Gehirn das auch. Das denkt sich: Ach, du bist grad bei dem Gefühl Wut. Wo du schon mal dabei bist, ich habe da noch ein paar Erinnerungen, da hattest du dieses Gefühl auch schon mal. Und dann kramt es im Unterbewusstsein nach passenden Gefühlen. Denn auch hier gilt das Prinzip: Gleiches zieht Gleiches an. Wenn du eh grad lustig drauf bist, werden dir viele lustige Momente auffallen oder du wirst dich an lustige Situationen erinnern. Wenn du wütend bist, dann liefert dir dein Unterbewusstsein Erinnerungen an Wut. Immer und immer wieder. Das ist der Kreislauf, der eigentlich gar nichts mehr mit dem ursprünglichen Gefühl zu tun hat. Manchmal sitzen wir ja tatsächlich da und denken uns nach stundenlangem Grübeln: Weshalb war ich noch gleich so frustriert? Ach ja, der Nachbar, Kollege, Ex …

Dein Gehirn hat sich entschieden, bestimmte Emotionen am Laufen zu halten und zu »füttern«, obwohl das Gefühl im Grunde nur 90 Sekunden durch dich hindurch fließt. Ich sage meinen Coachingkundinnen immer, sie dürfen diese 90 Sekunden voll ausleben. Wenn du traurig bist, spüre die Trauer komplett, genauso die Wut, den Ärger, die Verzweiflung oder jedes andere Gefühl. Von mir aus auch länger als 90 Sekunden. So lange, wie du es brauchst. Aber alles, was über die 90 Sekunden hinausgeht, ist selbst gewählt von deinem Gehirn. Das ist nicht schlimm, und auch ich schaffe es oft nicht, nach 90 Sekunden umzuschalten, aber je länger mein Gedankenkreis geht, desto mehr weiß ich: »Das mache ich gerade selbst«. Ich kann mir dann wieder meine Macht zurückholen. Stopp, ich hatte meine Zeit für das Gefühl, jetzt darf ein anderes kommen.

Wenn du das mit den 90 Sekunden nicht glaubst, dann schau dir kleine Kinder an, die sind der lebende Beweis für diese Regel, wie ich finde. Die Tränen laufen, als ob gerade das liebste Stofftier und alle seine Freunde geklaut wurden, dabei hatte einfach nur der Becher am Frühstückstisch die falsche Farbe. Und zack, noch mit Rotzfaden an der Nase und Träne auf der Wange, wird aus dem Weinen ein aufrichtiges Strahlen (sobald der richtige Becher auf dem Tisch steht). Kinder durchleben ihre Emotionen kurz und intensiv, aber sie sind auch große Meister darin, von einer Emotion in die nächste zu switchen. Sie erschaffen sich nicht diese ewigen Loops, wie wir Erwachsenen das tun. Das ist eine der tausend Sachen, die mich meine drei Kinder immer wieder lehren. »Feel it and then move on.«

Schau dir doch zum Abschluss dieses Kapitels gerne einmal bestimmte Situationen an, die typische Gefühle in dir auslösen. Zum Beispiel:

Regen macht schlechte Laune.

Stau macht Frustration.

Briefe von Behörden und Ämtern machen Wut.

Nun erschaffst du dir neue Bedeutungen und Bewertungen, entweder mithilfe der Gummistiefel-Methode oder des Reframings.

Beispiel: Stau macht Frustration

Gummistiefel-Methode: Wie kann ich die Bewertung verändern?

Im Stau kann man sich zum Beispiel super eine rote Nase aufsetzten und andere Autofahrer zum Lachen bringen (habe ich auch schon ausprobiert). So macht der Stau richtig Spaß und ist nicht gleich total ätzend.

Reframing: Welche positive Bedeutung könnte diese Situation haben?

Der Stau ist bestimmt entstanden, weil ganz vorne jemand für seine Freundin in riesigen Buchstaben an die Autobahnbrücke geschrieben hat: »Will you marry me?« Und ich bin jetzt Teil dieses außergewöhnlichen Heiratsantrags. Wie schön.

Nutze die Möglichkeit und schreibe deine veränderten Bewertungen jetzt auf und nicht erst, wenn du mitten in der Situation bist. Das wird nämlich erfahrungsgemäß nichts.

Also mach es JETZT.

Ja, genau jetzt.

Du wirst es mir später danken …

Und täglich grüßt … das Prinzip des Engelskreises

Stell dir einmal folgendes Szenario vor: Du wirst morgens schon eine Stunde vor deinem Wecker wach, weil neben dir in der Wohnung die Handwerker gefühlt die halbe Wand rausreißen. Missmutig und völlig übermüdet quälst du dich aus dem Bett, denn an Schlaf ist bei dem Krach nicht zu denken. Du schlurfst in die Küche und knallst dabei volle Kante gegen einen Stuhl. Scheiße, verdammt, wer stellt den denn auch so doof da hin? Während du weiterhumpelst, machst du erstmal die Kaffeemaschine an. Vor dem ersten Kaffee ist dein Tag eh nicht zu gebrauchen, also soll deine tägliche Dosis Koffein diesen vermurksten Morgen retten. Du setzt dich mit der Tasse an den Tisch und ärgerst dich beim Blick aus dem Fenster. Nichts mit Sonne, wie es angesagt war, einfach nur Grau in Grau und fusseliger Regen, der in jede Faser kriechen wird. Deine Laune ist noch keinen Deut besser. Du willst dir grad dein Handy nehmen und greifst quer über den Tisch, dabei stößt du versehentlich den Becher um und der ganze heiße Kaffee landet auf deinen nackten Beinen. Verdammter

Mist. Was für ein beschissener Morgen, und warum zum Geier sind diese verdammten Handwerker immer noch so laut?

Der Tag geht so weiter: Auf deiner Lieblingsbluse ist ein Fleck, der auch nach dem Waschen offenbar nicht rausgeht, du verpasst deine Bahn und nimmst das Auto. Damit hockst du aber, wie erwartet, endlos lange im Stau. Die Kollegen haben schlechte Laune, und die vom Chef ist unterirdisch, das Lieblingsrestaurant hat heute wegen Betriebsfeier zu und auf dem Heimweg nervt deine Mutter mit einem Anruf, ob du auch an den Geburtstag von Tante Hedwig gedacht hast. Hast du natürlich nicht.

Eigentlich hättest du den Tag schon knicken können, als er begonnen hat. Das ist der klassische Teufelskreis, und wir kennen und hassen ihn alle. Das Problem ist: Wenn du einmal in diesem Teufelskreis drin bist, dann manifestierst du ständig mehr davon, denn du weißt ja mittlerweile schon, dass Gleiches Gleiches anzieht. Du ärgerst dich also über den verschütteten Kaffee und legst damit quasi schon den Grundstein für den Stau und die schlechte Laune auf der Arbeit. Weil wir aber so drinstecken und uns ständig »das Pech verfolgt«, ist es verdammt schwer, da wieder rauszukommen.

Wir schauen uns diesen Teufelskreis mal etwas genauer an:

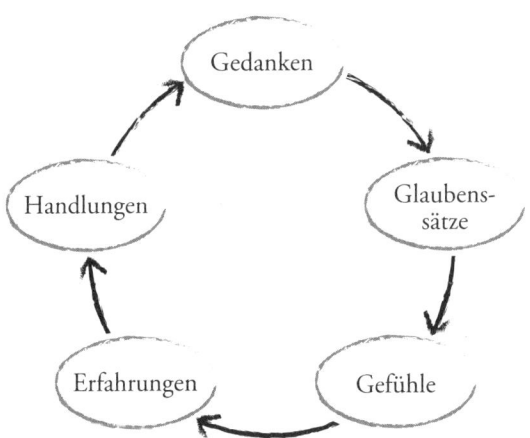

Da es ein Kreis ist, ist es ziemlich egal, wo du anfängst, aber lass uns mal oben bei deinen Gedanken anfangen. Du wachst auf mit dem Gedanken: »Was ist denn hier los, was für ein Krach am frühen Morgen.« Dieser Gedanke führt häufig zu Glaubenssätzen. Das kann in unserem Beispiel so etwas sein wie: »War ja klar, dass die genau neben mir anfangen, laut zu sein« oder »Handwerker sind eh immer total rücksichtslos«. Glaubenssätze sind so etwas wie dein Regelwerk fürs Leben oder auch eine Brille, durch die du dein Leben siehst.

Deine *Gedanken* und deine *Glaubenssätze* führen jetzt zu deinen *Gefühlen*, in dem Fall eindeutig genervt.

Dieses *Gefühl* wiederum führt nun zu deinen *Erfahrungen* oder Ergebnissen. Du schlurfst in die Küche und zack, dabei haust du dir den Zeh an.

Dementsprechend sind dann auch alle *Handlungen*, die du daraufhin machst, von diesen Gedanken, Gefühlen und Erfahrungen geprägt. Du schimpfst wahrscheinlich und nimmst den Krach als etwas extrem nervendes wahr. Dann ist der Teufelskreis komplett, denn nun sind wir wieder beim Gedanken: »So eine Scheiße«, und dann folgt darauf oft der Glaubenssatz: »War ja klar, dass das so weitergeht heute Morgen«.

Du siehst, so ein Kreislauf bekommt irgendwann eine Eigendynamik; eins führt zum anderen. Deswegen erleben wir solche Teufelskreis-Tage auch als so anstrengend, weil wir das Gefühl haben, sie passieren uns und wir können nichts tun.

Immer wieder das Gleiche

Nur wer sagt denn, dass es so einen Teufelskreis nur im Negativen gibt? Ich zumindest habe entschieden, wenn es einen Teufelskreis gibt, dann muss es auch einen Engelskreis® geben.[24] Genauso wie du im negativen Loop gefangen sein kannst, gibt es das auch im positiven Kreislauf.

Vielleicht kennst du das auch: Wenn einmal alles gut läuft, dann kommt auch alles andere Gute zu dir. Ich habe vor etlichen Jahren innerhalb von wenigen Monaten meinen Mann kennengelernt, einen neuen Job angeboten bekommen, bin in eine andere Stadt umgezogen, wo ich auf Anhieb eine zentrale und günstige Wohnung gefunden habe, und dann ist zu guter Letzt auch noch ganz spontan mein Mann direkt bei mir eingezogen. Das war wie ein Lauf, da passte einfach alles.

Der Engelskreis funktioniert nach dem gleichen Prinzip wie der Teufelskreis: Positive Gefühle führen zu positiven Glaubenssätzen, die wiederum zu entsprechend guten Gefühlen, und demnach sind die Erfahrungen und dann auch die Handlungen ebenfalls sehr positiv.

So ein Engelskreis ist eine mega-geniale Sache. Nur Moment mal, haben wir nicht eine Kleinigkeit vergessen? Wie komme ich denn jetzt aus dem verdammten Teufelskreis raus und bestenfalls direkt in so einen Engelskreis hinein? Das wollen wir natürlich nicht überspringen, und ich kann dir sagen: Wenn du das Prinzip einmal verstanden hast und konsequent anwendest, dann wirst du dich immer häufiger im Engelskreis wiederfinden.

Das Problem, warum die meisten Menschen im Teufelskreis gefangen sind, ist, dass sie an der falschen Stelle ansetzen. Sie denken, es müsste sich was im Außen verändern – also einfach keine Handwerker in der Nachbarwohnung –, dann hätten sie selber keine negativen Gedanken und dementsprechend auch keine negativen Gefühle, und alles wäre fein.

Ist das so? Waren bei dir in der Nachbarwohnung heute Handwerker? Hattest du schon mal einen schlechten Tag, obwohl keine Handwerker dir den Morgen versaut haben?

Siehste ...

Die meisten setzen in dem Kreislauf bei *Handlungen* an. Sie verändern etwas im Außen. Wenn der Job nervt, kündigen sie irgendwann, wenn der Partner nervt, folgt die Trennung. Und wenn ständig Handwerker nebenan sind, dann wird eben umgezogen. Sicherlich hast du auch schon mal sowas gehört wie:»Das Universum liefert dir so lange die gleiche Aufgabe, bis du sie löst.« Plötzlich gibt es auf der neuen Arbeit den gleichen Stress wie zuvor, der nächste Partner ist nach der ersten Verliebtheitsphase auch nicht ganz fehlerfrei, und in der neuen Wohnung hört man ständig oben drüber jemanden Klavier spielen. Woran liegt sowas?

Es ist fast nie damit gelöst, dass du Umstände veränderst, wenn Gedanken, Glaubenssätze und Gefühle und damit auch die Erfahrungen weiterhin die gleichen bleiben. Da bringt es auch nichts, nach Kuala Lumpur auszuwandern oder ab heute als Minimalist auf zwölf Quadratmetern zu leben. Du nimmst dich und deine Gedanken und Gefühle überall mit hin.

Deine Gedanken bestehen zu 90 % aus den gleichen Gedanken wie am Vortag. Du denkst fast jeden Tag das Gleiche. Deshalb fühlst du dich auch oft genauso wie am Vortag. Kein Wunder also, dass dann eine Veränderung nur im Außen noch nichts Bahnbrechendes zur Folge hat.

Das Geheimnis liegt darin, etwas in deinem Inneren zu verändern. In dem Kreislauf sind das deine Gedanken, Glaubenssätze und Gefühle. Das Coole ist, du kannst sie jederzeit und meist mit weniger Aufwand verändern, als gleich einen neuen Job zu suchen, umzuziehen oder den Partner zu wechseln. Und du bist auf nichts und niemanden angewiesen. Du entscheidest, welche Gedanken du denkst und damit auch, welche Gefühle du fühlst. Dein Körper und dein Kopf haben das bislang nur automatisiert, wie du in den vergangenen zwei Kapiteln ja gelernt hast.

Wenn du dich zunächst bewusst (später wird das dann auch wieder unbewusst ablaufen) für neue, andere Gedanken entscheidest, kannst du deinen Kreislauf selber steuern und dich damit für einen Engelskreis anstatt eines Teufelskreises entscheiden. Wie könnte das in der Praxis aussehen?

Der alternative Kreislauf

Stell dir einmal folgendes Szenario vor: Du wirst morgens schon eine Stunde vor deinem Wecker wach, weil neben dir in der Wohnung die Handwerker gefühlt die halbe Wand rausreißen. Gewohnheitsmäßig will dein Autopilot sofort loswüten und sich aufregen. Doch du weißt, dass das nur einen bescheidenen Teufelskreis nach sich zieht, und deshalb entscheidest du dich bewusst anders. Vielleicht fragst du dich die magische Frage aus dem vorigen Kapitel: »Welche positive Bedeutung könnte diese Situation haben?«

»Hey, cool, ich bin heute mal früher wach und kann die Zeit vor der Arbeit super nutzen. Wenn es mir hier drinnen zu laut ist, dann gehe ich einfach in die Natur« oder »Die Nachbarn renovieren nur einmal ihre Wohnung, und es ist sicherlich nicht so oft so laut.

Vielleicht bringe ich später mal einen Kuchen vorbei und frage, wie sie vorankommen«.

Es gibt noch unzählige weitere Möglichkeiten, mit neuen Gedanken auf die gleiche Situation zu reagieren. Nehmen wir an, du entscheidest dich dafür, gelassen zu bleiben und Verständnis zu zeigen, deine Gedanken sind also positiv, dann entscheidest du dich wahrscheinlich auch bewusst für positive Glaubenssätze wie: »Handwerker machen auch nur ihren Job und versuchen, bestmöglich Rücksicht zu nehmen« oder »Das ist sicher ganz schnell wieder vorbei« oder Ähnliches. Deine Gefühle sind demnach wohlwollend und gelassen, entsprechende Erfahrungen wirst du im Außen machen. Vielleicht triffst du den Nachbarn im Treppenhaus, er entschuldigt sich und lädt dich auf einen Wein ein, wenn die Renovierung fertig ist. Auch deine Handlungen werden dementsprechend gelassen und wohlwollend sein. Du bleibst ruhig, gehst vor der Arbeit eine Runde im Park spazieren und verbringst einen wundervollen Morgen. Das könnte wiederum zu dem Gedanken führen: »So schön, morgens schon eine Runde an der frischen Luft zu sein, das mache ich jetzt regelmäßig.« So könntest du zum Beispiel den morgendlichen Lärm als Anlass sehen, diese neue Gewohnheit zu probieren. Sicher hättest du das nicht gemacht, wenn nebenan keine Handwerker gewesen wären.

So kannst du alles als ein Geschenk für dich betrachten.

»Es gibt zwei Arten, sein Leben zu leben. So, als wäre nichts ein Wunder, oder so als wäre alles eins. Ich glaube an Letzteres.«

Albert Einstein

Um den Kreislauf zu unterbrechen, ist es also sinnvoll, bei deinen Gedanken anzufangen. Dazu entwickelst du dann noch positive

Glaubenssätze (mehr dazu in Kapitel »Die Störenfriede«), und deine Gefühle werden genauso positiv sein. Jetzt ist es ein Kinderspiel, den Kreislauf genauso positiv zu Ende zu bringen, denn du wirst positive Erfahrungen machen (Merke: Es ist alles eine Frage der Betrachtung) und dann auch positive Handlungen ausführen.

Das Universum, dein Freund und Helfer

Manchmal gibt es aber diese Tage, in denen du eher im Teufelskreis hängst als irgendwo anders. Sicher dauert es auch ein wenig, bis du dir angewöhnt hast, andere Gedanken zu denken und andere Gefühle zu fühlen. Sei liebevoll mit dir.

Wie viele Jahre hast du in deinem Kopf schon eine Autobahn installiert für negative Gedanken, für Sorgen, für Ängste oder schlichtweg für dieses »So ist das Leben eben«-Denken? Meist sind das nicht nur Jahre, sondern Jahrzehnte: zwanzig, dreißig, vierzig, fünfzig Jahre oder mehr. Und das macht nichts.

Heute veränderst du einen Gedanken oder zwei. Und morgen machst du weiter. Sei geduldig mit dir. Das Gute ist: Du brauchst nicht erneut dreißig Jahre, um die »Gedankenangewohnheiten« der letzten dreißig Jahre zu verändern. Da reichen meist schon dreißig Tage, vielleicht drei Monate. Aber selbst wenn es drei Jahre wären, ist das im Vergleich nichts.

Es gibt für mich einen Satz, den ich mir immer wieder sage, auch wenn es mal nicht so läuft, oder ich denke: »Wofür soll das denn jetzt bitte gut sein?« Dieser Satz hilft mir ungemein, weil er mein ganzes Weltbild auf den Kopf gestellt hat.

Er lautet: *Das Universum hat sich für mich verschworen.*

Das Universum steht zu jeder Zeit hinter mir. Da oben sitzt niemand, der richtet und mir böswillig und gemein irgendwelche Hindernisse oder Steine in den Weg legt. Da oben sitzt auch niemand, der über mein Schicksal entscheidet oder mir absichtlich irgendwas Gutes oder Schlechtes schickt.

Alles, was ich in meinem Leben erlebe, habe ich auf einer energetischen Ebene angezogen. Ja, ich weiß, das klingt scheußlich und ziemlich esoterisch. Und mittlerweile glaube ich es. Das heißt jetzt nicht: Tja, dann bist du halt selbst an allem schuld. Ätsch bätsch. Das ist ein wenig zu kurz gedacht. Ich glaub auch an Karma und dass wir uns irgendwann ausgesucht haben, in diesem Leben halt mal die schwere Kindheit mitzunehmen. Im nächsten Leben wählen wir dann wieder anders. Denn nur so können wir wachsen.

Alles, was du heute hast und erlebst, ist ein Resultat dessen, was du bis heute gedacht hast. Nicht mehr und nicht weniger.

Sternenstaub

Ich will einfach daran glauben, dass es das Universum gut mit uns meint. Ich meine, wir sitzen hier auf einem Planeten, weit und breit wohl erst mal der einzige Planet, auf dem überhaupt Leben möglich ist (soweit man das heute erforscht hat). Im perfekten Abstand zur Sonne, so dass wir weder gegrillt werden noch in wenigen Sekunden schockgefrostet. Allein das muss man sich mal reinziehen. Und dann erschafft diese wundervolle Erde eine Natur in absoluter Symbiose, wo irgendwie alles ineinandergreift und perfekt aufeinander abgestimmt ist. Bäume bekommen Blätter, die uns die Luft reinigen.

Wenn die Blätter abfallen, verwertet der Boden sie und im nächsten Frühjahr sprießen sie erneut. Guck dich doch mal um: Diese ganze Welt ist ein einziges Wunder! Jedes Lebewesen hat sich perfekt auf seine Umgebung abgestimmt und angepasst. Alles, jedes noch so kleine Detail an Tieren und Menschen hat irgendwie einen Sinn (oder hatte evolutionsbedingt zumindest mal einen Sinn). Wusstest du zum Beispiel, dass wir Menschen schrumpelige Finger in der Badewanne bekommen, damit wir besser unter Wasser greifen können? Ich meine, ist das nicht absolut genial?

Und wir alle sind aus Sternenstaub entstanden. Wirklich. Weil sich vor gut 4,5 Milliarden Jahren Kometen, Asteroiden, Staub und Gas aus Sternexplosionen zu einem Planeten verdichtet haben. Die Erde war damals völlig unbewohnbar, sie war eine heiße Kugel aus glühendem Gestein. Vor 3,8 Milliarden Jahren entstand das Meer und hier die erste Art von Leben, in Form von einfachen Bakterien. Und heute leben wir hier, als wäre nichts gewesen. Stell dir das doch einfach mal für den Bruchteil einer Sekunde vor. Wir und dieser gesamte Planet sind aus Gesteinsbrocken und Staub im All entstanden.

Wir sind das Universum. Du und ich, wir sind Teil des Universums. Wir sind daraus gemacht. Wie also sollte das Universum irgendwie »gegen« dich sein? Du bist ein Teil dieses absolut perfekten Systems, das es (soweit wir wissen) nirgendwo sonst gibt.

Überleg mal: Das Universum erschafft quasi aus dem Nichts einen Planeten mit Leben und Pflanzen und Tieren, alles greift ineinander und ist in Balance, und dann schickt es dir absichtlich morgens Handwerker in die Wohnung nebenan, weil es dich ärgern will??? Echt jetzt?

Ich glaube nicht. *Das Universum hat sich für mich verschworen.* Wenn ICH endlich weiß, was ich will, wenn ich endlich anfange, entsprechend zu denken und mich danach zu verhalten, dann wird es alles genauso perfekt darauf abstimmen. Dann kommt meine Manifestation ganz leicht und entspannt zu mir.

Wozu war das nochmal gut?

Ich stelle mir immer vor, dass das Universum das große Ganze im Blick hat. Und ich meist nur den Moment. Und vielleicht noch den nächsten. Deshalb begegnen mir im Leben vielleicht an der ein oder anderen Stelle Dinge, die ich für den Moment nicht so gewählt hätte. Aber schon mit etwas Abstand, ein paar Monate oder Jahre später, kann ich sehen, für was es gut war.

Ich habe zum Beispiel unter der Trennung von meinem ersten richtigen Freund gelitten, er hatte mich betrogen, ich fühlte mich ausgenutzt und hintergangen. Ich hatte viel für ihn aufgegeben, bin ins Ausland gezogen, ohne die Sprache zu sprechen, habe viel riskiert, und es fühlte sich an wie ein Schlag ins Gesicht, als das alles den Bach runterging. Heute bin ich so unfassbar dankbar für diese Erfahrung, denn sie hat mich so vieles gelehrt. Ich hätte mich sonst nie getraut, ganz woanders zu studieren oder weit wegzuziehen. Ich habe so viel Gelassenheit gelernt durch das Leben in Spanien. Ich habe so viel über mich und meinen Wert gelernt und über Beziehungen und ihre ganze Dynamik. Ich bin so sehr gewachsen und gereift durch diese Erfahrung. Wie sonst hätte ich das lernen sollen? Manchmal stelle ich mir vor, das Universum und ich hätten uns damals unterhalten:

»Sag mal, bist du bescheuert, Universum, mir so was zu schicken? Was soll das, willst du mich ärgern?«

»Es ist zu deinem Besten.«

»Ein Scheiß ist das. Wie soll das denn zu meinem Besten sein, dass mein Freund mich betrogen hat? Kannst du mir das mal erklären?«

»Du wirst daran so sehr reifen und wirst viele Erfahrungen davon später im Leben brauchen. All das hier bringt dich viel näher zu dir selbst.«

»Du quatscht ganz schön viel Mist, liebes Universum. Ich würde meinen Vertrag mit dir jetzt gerne fristlos kündigen. Ich mach das ab hier alleine.«

Wir alle kennen diese Situationen, in denen wir denken, das Leben stellt uns grad mächtig auf die Probe. Aber es stimmt, ich bin heute so dankbar, das konnte ich aber damals doch nicht sehen. Wie auch?

Genauso war es, als ich arbeitslos war oder jahrelang unglücklicher Single oder so pleite, dass ich nicht mal die Reparatur vom Getriebe unseres Autos bezahlen konnte. Das alles hatte einen Sinn. Rückblickend betrachtet. In dem Moment fand ich das natürlich gänzlich sinnbefreit und überflüssig. Seit einigen Jahren nun lebe ich nach dem Motto »Das Universum hat sich für mich verschworen«, und es gelingt mir mehr und mehr, nicht immer nur die Situation im jetzigen Moment zu bewerten, sondern zu schauen: Wie werde ich in ein paar Jahren darauf zurückblicken? Wofür ist es gut? Was ist das große Ganze, was ich aktuell noch nicht sehen kann?

Ich möchte dich einladen, dir vorzustellen, dass du in einem guten Universum lebst. Dass du ein Teil dieses Universums bist und dass alles aus einem Grund passiert. Deshalb liest du diese Zeilen hier gerade. Vielleicht haben sie für dich einen Grund. Vielleicht weißt du ihn jetzt schon, vielleicht erst später. Alles ist gut.

Du hast nun die wichtigsten Bestandteile des zweiten Manifestationsschrittes gelernt. Deine Gefühle sind das, was bestellt, und du kannst deine Gefühle verändern, indem du andere Gedanken denkst und andere Bewertungen findest. Du darfst dir deine unterbewussten Programme ins Bewusstsein holen und dich heute schon so fühlen, wie du dich fühlen würdest, wenn deine Manifestation eingetreten ist. Du erschaffst deinen eigenen Teufelskreis oder Engelskreis mit den Gedanken, die du denkst, und den Gefühlen, die du dazu entwickelst. Deswegen hilft es, ab heute genau auf deine Gedanken zu achten und sie zu verändern, wenn sie keinen Engelskreis hervorbringen. Und am allerwichtigsten: Sei dir bewusst, dass du in einem guten Universum lebst und dass alles für dich passiert.

»Es ist was es ist, sieh das Gute darin und vergib den Rest.«

Step 3:
Das Annehmen

Was soll daran denn schwer sein?

Der dritte und letzte Step beim Manifestieren ist das Annehmen. Und ich liebe dieses Thema heute, denn man könnte sagen, da hatte ich ein steile Lernkurve. Ich hätte es bewusst nie als Problem gesehen, aber heute weiß ich, annehmen konnte ich echt nicht besonders gut. Zum Einstieg mag ich dir ein paar Geschichten erzählen, damit klarer wird, was ich meine. Vielleicht erkennst du dich ja an der einen oder anderen Stelle wieder.

Anfang 2018 hatte ich ein Coaching gebucht für meinen Businessaufbau. Ich wusste, ich konnte manifestieren, und es klappte in allen Lebensbereichen, nur beim Thema Geld war mein Unterbewusstsein lange Zeit viel lauter als alles, was ich bewusst tat. Meine innere Überzeugung war: Menschen mit Geld sind langweilige Spießer und haben alle einen Stock im Arsch.

Warum ich das glaubte? Na, weil ich aus einer klassischen »Arbeiterfamilie« stamme, mein Opa hatte sogar zwei Jobs, und meine Oma wartete freitags immer sehnsüchtig auf die Lohntüte. Mein Vater verdiente zwar so, dass er unsere vierköpfige Familie gut versorgen konnte, aber große Sprünge waren nicht drin. Wir hörten oft: »Das können wir uns nicht leisten.« Während einige meiner

Freundinnen in der Schulzeit mit ihren Familien ins Hotel nach Fuerteventura flogen, machten wir jedes Jahr im Sommer Urlaub in Dänemark auf dem Campingplatz. Nichts gegen Dänemark, aber eine Flugreise hörte sich einfach so verlockend an, und ein Reiseziel mit dem klangvollen Namen Fuerteventura erschien mir damals wie das Paradies. Das erste Mal bin ich dann tatsächlich mit 18 Jahren geflogen. Nicht nach Fuerteventura, aber nach Teneriffa. Hotelurlaub war auch nichts, was ich kannte. Wir waren eben immer in einer kleinen Hütte auf einem dänischen Campingplatz und hatten da meist eine grandiose Zeit, aber man sucht ja gerne das, was man selber nicht hat oder kennt.

Geld war immer eher Mangelware und meine Oma pflegte zu sagen: »Wir hatten ja nichts nach dem Krieg, aber wir hatten eine Menge Spaß.«

Oh ja, an Spaß mangelte es in unserer Familie nicht. Wir feierten runde Geburtstage selten in einem schicken Restaurant, sondern bei meinen Großeltern um die Ecke in der Kneipe, sangen und tanzten und hatten immer gute Laune. Die reichen Menschen, die ich hin und wieder mal zu Gesicht bekam, hatten lange nicht so viel Spaß. Das war zumindest das, was ich dachte. Das sieht man ja auch in jedem Film. Ich denke da an *Pretty Woman*. Der Klassiker, um ein schlechtes Bild von reichen Menschen zu bekommen. Ich identifizierte mich mit den »normalen« Menschen, die nicht arm sind, aber eben auch weit entfernt von reich. Und das fand ich (damals) auch gut so.

Jogginghose im Hotel

Allerdings wollte ich gerne mit meinem Business Geld verdienen, und deshalb hatte ich mich für das Coaching entschieden. Nach wenigen Wochen sagte unser Coach, dass wir ein Live Event im *Jumeirah Hotel* in Frankfurt machen werden. Ich war schon völlig von den Socken, mal in ein richtiges Hotel zu gehen, als mir nach etwas Recherche auffiel, dass es eins der teuersten Fünf-Sterne-Hotels in der Stadt war. Ich war mutig damals und gönnte mir die zwei Nächte vor Ort, auch wenn ich zugeben muss, dass ich ein paar Mal ausgerechnet habe, was ich mir stattdessen davon alles hätte kaufen können. Doch dann, alter Schwede, dann ging in mir das Muffensausen los. Die würden doch sofort merken, dass ich da nicht hingehörte. Ich hatte überhaupt nicht die passende Kleidung. Und überhaupt: Wie benimmt man sich denn im Fünf-Sterne-Hotel?

Beim Packen stand ich kurz vor einem Nervenzusammenbruch, weil ich meine H&M-Garderobe für den Anlass in etwa so passend fand wie Adiletten zum Ballkleid. Nach einem Telefonat mit anderen Teilnehmern aus dem Coaching fühlte ich mich ein wenig beruhigter, denn vielen ging es ähnlich.

Dann war der Moment gekommen, als ich das erste Mal in meinem Leben ein teures Hotel betreten sollte. Ich hatte mir ein Taxi vom Bahnhof genommen und kam mir deshalb schon unglaublich *fancy* vor. Vor allem weil der Taxifahrer beim Nennen der Adresse bewundernd sagte: »Uh, da haben Sie ja sicher was Schickes vor.« Ja, was ich vorhatte, wusste ich noch nicht. Dass es definitiv außerhalb meiner Komfortzone sein würde, da war ich mir allerdings sehr sicher.

Wir fuhren vor den Haupteingang und ich stieg aus Gewohnheit selber aus. Der fein gekleidete Page vom Hotel schaute mich ein wenig missbilligend an, die Tür aufzuhalten war schließlich sein Job. Ups, sorry. Immerhin ließ ich ihn mein Gepäck aus dem Kofferraum holen, merkte dann aber, dass ich es hier am Eingang sicher nicht mehr zu Gesicht bekommen sollte. Da kümmerte sich das Personal drum. Ok, ich hatte mit so etwas gerechnet.

Also ging ich in die Lobby, die mit einem völlig überdimensionierten Kronleuchter ausgestattet war. Hui. Ich trat an einen der Empfangstresen und bemühte mich, mir nicht anmerken zu lassen, dass ich mich sichtlich unwohl fühlte in meiner aus den Tiefen des Kleiderschranks hervorgekramten Bluse, die ich viel zu selten trug und in der ich mir in etwa so steif vorkam wie damals als einzige Deutsche in einer Latino-Disco in Spanien. Hoffentlich sah keiner, dass mein Koffer ein Sonderangebot von Lidl war und meine Handtasche ein No-Name-Produkt, bei dem ich nicht mal mehr wusste, woher es war. Ich sah nach rechts. Und da standen sie: ein junges Pärchen, offenbar aus Russland oder irgendeinem Balkan-Staat. Sie wirkten, als wären sie hier Stammgäste und waren tiefenentspannt. Sie trugen grüne Jogginganzüge. JOGGINGANZÜGE.

In einem Hotel.

In einem Fünf-Sterne-Hotel.

Hatte denen denn niemand gesagt, dass das gar nicht ging? Reiche Menschen trugen keine Jogginganzüge, das hätte ich schwören können. Doch diese beiden waren ganz offensichtlich reich. Ich kannte mich nicht so sehr aus, aber die Tasche sah mir sehr nach Louis Vuitton aus, auch die Koffer wirkten edel, und einfach alles an den beiden schrie: Wir schauen in der Speisekarte nicht nach den Preisen, sondern den Champagnersorten.

Und das trotz Jogginganzug. Ich war völlig von den Socken.

Allerdings hatte ich keine Zeit, mir darüber noch mehr Gedanken zu machen, denn in dem Moment war die strahlend freundliche Dame an der Rezeption schon fertig mit meinem Check-in und begleitete mich zu den Aufzügen, um mir das System zu erklären. Ich kam mir vor wie der größte Hollywoodstar. Sie nahm sich Zeit, um mich zum Aufzug zu begleiten. Wahnsinn. Das war mir fast etwas unangenehm, ich wollte ja auch nicht den ganzen Laden aufhalten.

Beim Betreten des Zimmers hätte man mich eigentlich mit einer Kamera filmen müssen. So etwas hatte ich noch nie zuvor gesehen. Alles so liebevoll eingerichtet und dekoriert, das Bad hatte sogar eine Badewanne und die schönsten Kacheln an der Duschwand, die ich je gesehen hatte. An jedes Detail wurde gedacht, ich konnte im Bett meine Gardinen auf Knopfdruck auf- und zumachen. Ich könnte stundenlang nur von diesem Zimmer schwärmen. Ich begriff an diesem Wochenende, warum das Seminar an diesem Ort und nicht in einem einfachen Tagungshotel in Buxtehude stattfand. Denn am nächsten Tag sollte ich noch mehr zum Thema Annehmen lernen: Als wir in einem Seminarraum saßen und die feinsten Speisen in jeder Pause für uns direkt auf dem Flur angerichtet wurden, war eine der anderen Teilnehmerinnen ein wenig erkältet. Aus der großen Auswahl hatte sie sich einen Tee auf ihren Tisch gestellt. Als die Pause vorbei war, kam irgendwie das Thema auf, dass sie am liebsten noch frischen Ingwer für ihren Hals hätte. Unser Coach bekam das mit und fragte gleich: »Warum fragst du das nette Personal hier nicht nach Ingwer?«

»Nee«, wiegelte sie ab, »ist nicht so wichtig. Außerdem ist die Pause ja grad vorbei. Ich will keine Umstände machen.«

Genau das hätte auch aus meinem Mund kommen können. Das ließ unser Coach natürlich nicht durchgehen. Sie sagte: »Was ist denn, wenn du dir deine Wünsche erlauben darfst? Die Menschen hier freuen sich, wenn sie dir eine Freude machen können. Was glaubst du, wie sie sich in ihrem Job fühlen, wenn sie nicht gebraucht werden?«

Das machte Sinn. Und so fragte die Teilnehmerin nach frischem Ingwer und bekam ihn natürlich schnellstmöglich. Das Strahlen im Gesicht des Mitarbeiters, als er diesen Sonderwunsch erfüllen konnte, sprach Bände.

Ja, wir dürfen es annehmen, wenn Menschen uns etwas Gutes tun wollen. Stattdessen denken wir viel zu oft, wir wären eine Last oder würden Umstände machen. Das Problem, warum wir keine Umstände machen wollen, ist oft, dass wir nicht annehmen können, wenn jemand seine Zeit und Energie nur uns widmet.

Das passierte an jenem Wochenende zu Genüge. Ich hatte das Gefühl, jeder einzelne Mitarbeiter des Hotels kümmerte sich ausschließlich um mich, rückte meinen Stuhl beim Essen zurecht und brachte mir umgehend meinen Getränkewunsch, holte meine Koffer wieder vom Zimmer, als ich ging, und hatte das Taxi schon gerufen, damit ich nicht warten musste. Aus Erfahrung kann ich heute sagen: Wer ein Problem mit dem Thema Annehmen hat, dem empfehle ich zwei Nächte in einem richtig guten Hotel. Das hilft beim Annehmen enorm.

Ein Sack voll Geld

Warum ist das Annehmen eigentlich so wichtig?

Im Grunde ist es doch ganz einfach: Ich bestelle beim Universum, was ich haben will, gehe dann in das entsprechende Gefühl, und wenn es dann zu mir kommt, dann bin ich doch froh und glücklich. Dann habe ich ja kein Problem damit, das anzunehmen.

Denkste ...

Mangelnde Fähigkeit im Annehmen ist einer der Hauptgründe, warum die meisten Lottogewinner über kurz oder lang wieder genau so viel Geld haben wie vor dem Gewinn. Hast du dir schon mal überlegt, wie du reagieren würdest, wenn plötzlich ein Sack voll mit Geld vor deiner Haustür stehen würde? Wahrscheinlich haben sich 95 % der Menschen schon mal mehr Geld gewünscht, wir sprechen hier also von einem Wunsch, bei denen die meisten grundsätzlich nichts dagegen einzuwenden hätten. Es geht hier ja schließlich nicht um einen Sack voll Kuhmist. Aber geh mal kurz in die Vorstellung, da würde all das Geld, das du dir immer schon gewünscht hast, plötzlich vor deiner Tür liegen. Als Erstes würdest du wahrscheinlich denken, jemand verarscht dich. Du würdest den Fehler suchen, dich nach dem Besitzer umgucken, verdutzt fragen, wem der Sack gehört. Selbst wenn du dir kurz zuvor noch gewünscht hättest, dass du endlich Geld für deine überfällige Rechnung bekommst, würdest du doch sofort denken: »So einfach kann das nicht sein.«

Würdest du den Sack voll Geld überhaupt anfassen? Mit in dein Haus nehmen? Die meisten würden wahrscheinlich nach kurzer Zeit die Polizei rufen und versuchen, den »rechtmäßigen Besitzer« zu ermitteln. Mir ist schon klar, dass dieser Fall, dass aus dem Nichts einfach eine Menge Geld vor deiner Tür liegt, eher unwahrscheinlich ist, aber in abgewandelter Form erleben wir alle so etwas täglich.

Wann wurdest du das letzte Mal auf einen Kaffee eingeladen? Wann hat mal jemand für dich die Rechnung übernommen? Wie sehr hast du dich dagegen gewehrt? Wie sehr wolltest du dich beim nächsten Mal revanchieren? Oder hast du es einfach so annehmen können? Ohne etwas dafür geleistet zu haben? Ohne Anlass? Ohne schlechtes Gewissen?

Na, erwischt?

Manifestieren hat nichts mit leisten oder verdienen zu tun. Du wünschst dir etwas und darfst es einfach bekommen. Wenn du aber denkst, du musst es dir verdienen, machst du es dir unnötig schwer.

Mein NLP-Trainer hat die, wie ich finde, wunderbare Angewohnheit, an Geldautomaten etwas mehr Geld abzuheben und dann einfach ein wenig davon dort liegen zu lassen, um dem nächsten der kommt, eine Freude zu machen. Er macht das normalerweise anonym, es sieht ja keiner, dass er das dort hinterlässt, und er sieht auch nicht, wie die Leute reagieren, die es finden. Darum geht es auch gar nicht. Er freut sich einfach nur über die Vorstellung. Einmal allerdings war hinter ihm am Automaten eine Schlange. Er überlegte kurz, wie er das nun anstellen sollte und drehte sich dann einfach nach dem Abheben des Geldes zu den Menschen hinter sich um und gab ihnen das Geld. Was dann passierte, war schon komisch. Die beiden hinter ihm waren sehr überrascht und lehnten dankend ab. Als er sagte, er wolle es einfach weitergeben, sagten sie etwas empört: »Wir wollen Ihr Geld nicht, wie heben unser eigenes ab.«

Spannend, oder? Wir wollen nichts geschenkt haben … Warum nicht? Vielleicht weil es uns unangenehm ist, weil wir den Schenkenden ja gar nicht kennen? Oder vielleicht, weil wir gar nichts dafür gemacht haben?

Nehmen, ohne zu geben

Wir alle wachsen mit diesem Prinzip der Gegenleistung auf. Wir lernen schon im Sandkasten: »Gib dem Piet doch bitte deine Schaufel ab, du durftest eben auch mit seinem Förmchen spielen.« Es muss bestenfalls immer alles gerecht und ausgeglichen sein. Die Sache mit dem »Etwas leisten« kommt dann spätestens in der Schule dazu. Da kann man sich Fleißpunkte verdienen, extra Sternchen und Auszeichnungen als Klassensprecher, oder natürlich ganz klassisch bei guter Leistung eine gute Note bekommen.

Wir gewöhnen uns also schon im frühen Alter an, dass wir immer etwas geben müssen, um etwas zu bekommen. »Nichts im Leben ist umsonst« wäre noch ein (sehr sinnloser) Glaubenssatz, den ich passend zum Thema mal ins Rennen schmeiße und den viele sicher kennen, oft gehört oder selber schon mal gesagt haben.

Das Schulprinzip von Leistung gegen Gegenleistung (Note) übernehmen wir dann auch später in unserem Berufsleben. Wir müssen ständig etwas leisten, nur dann bekommen wir ein Lob vom Chef, die Anerkennung der Kollegen oder eine gute Benotung im Jahresgespräch. Bei vielen ist es auch einfach Leistung gegen Geld. Ich gebe meine Arbeitskraft und bekomme dafür am Ende des Monats Geld überwiesen. Viele empfinden das Gehalt ja eher als eine Art Schmerzensgeld, das wiegt dann eben die ganzen Mühen auf.

Frag dich doch mal ganz ehrlich: Wenn du kein Geld dafür bekommen würdest, würdest du dann das Gleiche machen wie bisher? Wenn du jetzt mit Ja antworten kannst, dann herzlichen Glückwunsch. Das ist eine mega Ausgangslage. Die meisten sind wohl eher bei Nein. Und befüttern damit natürlich das klassische Muster von: »Du musst etwas leisten, damit du etwas bekommst.«

Versteh mich bitte nicht falsch, ich plädiere nicht dafür, dass du ab heute kein Geld mehr bekommst, für das, was du tust. Aber was wäre, wenn du einfach der Freude folgen könntest und Geld einfach so zu dir kommen würde? Das klingt jetzt zu schön, um wahr zu sein, ja, da hast du recht. Ich hätte da vor ein paar Jahren auch drüber gelacht. Aber hallo. Das Entscheidende, was ich verändert habe, ist genau dieses Prinzip des »Ich muss ständig was leisten« umzukehren. Erst dann konnte alles einfach zu mir kommen (und dann eben auch finanzielle Fülle).

Wir meinen alle, Arbeit müsste hart sein. Wenn wir viel verdienen wollen, müssen wir viel dafür tun. Wenn wir eine schöne Beziehung führen wollen, dann ist das »harte Arbeit«.

»Von nichts kommt nichts.«

Alles, was wir haben wollen, müssen wir uns verdienen und erarbeiten. Die meisten von uns übertragen das tatsächlich auf alle Lebensbereiche: Liebe, Job, Gesundheit, Finanzen. Das Prinzip von »Ich muss etwas tun, damit etwas zu mir kommt« sitzt tief in unseren Köpfen. Und deshalb scheitern viele beim dritten Step der Manifestation, weil es hier um Annehmen geht, OHNE dafür etwas zu tun, es dir zu verdienen oder zu erarbeiten.

Du kannst dieses Prinzip der Gegenleistung einfach mal im Alltag an Kleinigkeiten austesten.

Ach, das olle Ding

Lass uns doch mal anschauen, wie tief dieses Prinzip bei dir sitzt: Wie reagierst du, wenn dir jemand ein Kompliment macht?

»Wow, das ist aber ein schönes Kleid, das du da anhast. Steht dir super!«

Die klassischen Reaktionen, die ich beobachte, sind zwei:

1) kleinreden

»Ach, danke, das olle Ding? Das habe ich schon ewig im Schrank. Habe ich irgendwann mal im Urlaub gekauft. War auch gar nicht teuer, hat echt nur ein paar Euro gekostet. Es passt mir auch gar nicht mehr so gut, da hatte ich noch drei Kilo weniger, als ich das mal gekauft habe. Habe ich wie gesagt schon eeewig.«

Besonders Frauen sind Meister im Kleinreden.

»Du hast die Haare total schön heute.«

»Ach, echt? Die habe ich einfach nur so hochgetüddelt heute morgen.«

Merkst du, was wir da tun? Wir wollen das Kompliment nicht annehmen. Zumindest nicht, wenn wir dafür nichts geleistet haben. Wenn wir allerdings zwei Stunden dafür im Badezimmer gestanden hätten und aus dem erbitterten Kampf mit dem Lockenstab als Sieger hervorgegangen wären, dann … ja, dann wäre das was anderes. Dann würden wir wohl so was sagen wie: »Oh danke, wie schön, dass dir das aufgefallen ist.«

2) zurückgeben

»Wow, das ist aber ein schönes Kleid, das du da anhast. Steht dir super!«

»Oh danke, du hast auch eine ganz tolle Bluse an, eine ganz schöne Farbe.«

Warum, um Gottes Willen können wir nicht einfach Danke sagen, ohne das Kompliment kleinzureden oder zurückzugeben?

Weil dieses Prinzip so fest in uns verankert ist. Und ich kann dir aus eigener, leidvoller Erfahrung nur sagen, wenn du dieses Prinzip für dich nicht durchbrichst, wirst du alles als hart empfinden. Du wirst nur etwas nehmen können, wenn du irgendetwas dafür gegeben oder geleistet hast.

Ich gebe meinen Coachingkundinnen für den Alltag gerne die »Zipp«-Übung mit. Wenn du ein Kompliment bekommst, dann sagst du »Danke« und dann machst du »Zipp«.

Heißt also: Mund zu, nichts sagen. Aushalten. Nichts kleinreden. Nichts zurückgeben. Notfalls auf die Lippe beißen. Was auch immer dir hilft.

Du kannst das im Alltag auch an anderen Stellen testen: Wenn mir früher jemand die Tür aufhalten oder mir in den Mantel helfen wollte, habe ich immer abgewiegelt. »Ich bin ja nicht behindert« habe ich mir gedacht, das schaff ich grad noch so alleine. Ich bin ja schließlich eine emanzipierte, eigenständige Frau. Ich brauche weder jemanden, der meine Einkäufe trägt, noch jemanden, der mir einen Nagel in die Wand hämmert. Ich habe immer gesagt, ich könnte notfalls alleine mit einem LKW einparken. Wenn ich müsste. Gott sei Dank musste ich das bislang nie unter Beweis stellen. Dahinter steckt eindeutig der Gedanke: Ich kann das alles alleine. Ich brauche niemanden. Und ich will auch niemandem was schuldig sein. Bingo, da ist es doch wieder: Leistung gegen Gegenleistung.

Probiere es gerne mal im Alltag aus, du wirst feststellen, dass du an vielen Stellen sicher auch so einen Automatismus eingerichtet hast. Das Fiese ist, wir nehmen damit denen, die gerne etwas geben wollen, ganz viel weg.

Nein, ich bezahle

Wenn ich mit meiner 91-jährigen Oma unterwegs bin, läuft das immer in etwa so ab: Ich bin mittlerweile Mitte dreißig, stehe voll im Berufsleben, habe eine eigene Familie mit drei Kindern, meine Oma lebt von ihrer mickrigen Rente alleine. Wir gehen ein Eis essen. Ich sage: »Oma, ich lade dich ein. Such dir einfach aus, was du haben magst.«

»Nein, Kind, ich lade euch ein.«

Das geht dann in etwas achtmal so hin und her. Bis ich einfach bezahle. Nur um danach festzustellen, dass sie mir das Geld unter die Serviette, in die Tasche oder mit Nachdruck und einem »Diskutier nicht mit mir«-Blick in die Hand gedrückt hat. Und die Hand natürlich mit ihrer eigenen verschließt, damit ich ja nicht auf die Idee komme, den Geldschein wieder aus dieser Hand zu pflücken. Ich würde Oma wirklich gern mal einladen. Aber da muss ich geschickt und strategisch vorgehen. Manchmal gelingt es mir.

Du kennst sicher auch ein paar Personen, die so sind wie meine Oma. Denen willst du eine Freude machen, etwas Gutes tun, sie einladen. Einfach, weil dir danach ist. Aber sie lassen dich einfach nicht. Sie stecken dir das Geld zurück in die Tasche, sie revanchieren sich bei der nächsten Gelegenheit mit einem selbstgemachten Kuchen und den Worten: »Weil du doch letztes Mal bei uns auch einen mitgebracht hast« oder sie quatschen deine Komplimente ständig klein.

Wie fühlt sich das an als diejenige, die einfach nur etwas geben will?

Mäßig oder? Wir wollen doch ganz oft nichts zurück. Wir wollen einfach nur geben. Und wir wollen, dass das angenommen wird.

Ohne Wenn und Aber. Ohne schlechtes Gewissen.

Vielleicht sollten wir dann selber einmal anfangen, anzunehmen. Ohne Gegenleistung. Ohne Wenn und Aber. Ohne schlechtes Gewissen.

Ich bin gut, weil ich bin

Wie fangen wir also am besten an, dieses Prinzip des Annehmens zu üben? Wie schon erwähnt, eignen sich Fünf-Sterne-Hotels hervorragend. Aber ganz oft reichen schon Kleinigkeiten. Ich hatte mal eine Uhr, an der man das Armband wechseln konnte. Und ich hatte natürlich ein Armband dafür. Das funktionierte hervorragend. Ich fand ein anderes Armband aber auch sehr schick dafür. Und ich habe es mir monatelang nicht gekauft. Weil ich es ja schließlich nicht »brauchte«. Ich hatte ja schon eins für diese Uhr, das funktionierte. Alles darüber hinaus wäre Luxus gewesen. Etwas, das ich nicht brauchte und trotzdem haben wollte. Es war ein unfassbarer Durchbruch, als ich das irgendwann verstanden und mir dieses Armband »gegönnt« habe. Als ich mir gegönnt habe, etwas anzunehmen, das ich nicht zwingend brauchte.

Jetzt darfst du raten, wie viel mich dieses Armband gekostet hat? Ich weiß es noch wie heute: 39,90 Euro. Im Grunde lächerlich wenig Geld, aber enorm viel Überwindung und definitiv eine Menge Lebenszeit, die ich damit verbracht habe, mich davon zu überzeugen, mir etwas gönnen zu dürfen.

Wenn du Fülle haben willst in deinem Leben, egal, ob in finanzieller Hinsicht oder zum Beispiel im Bereich Beziehungen, also eine Fülle an Liebe, an Freundschaften, eine Fülle an Spaß und Konfettimomenten, dann mach dir bewusst, dass Fülle Überfluss bedeutet. Mehr als ein Minimum. Viel. Eine ganze Menge. Mehr als man braucht. Mehr als notwendig. Um diesen Überfluss in dein Leben ziehen zu können, darfst du dir etwas gönnen, das du nicht brauchst. Du darfst dir Luxus gönnen. Das kann ein Luxus an Zeit sein, also sich Pausen zu gönnen, noch bevor dein Körper Hilfe schreit oder es nicht mehr anders geht. Das kann natürlich auch ein materieller Luxus sein, und das hat nichts mit dem Gegenwert in Euro zu tun. Dieses Armband für vierzig Euro war mein größter Luxus. Allein das Kaufen war für mich ein echter Befreiungsschlag.

Wenn du Fülle anziehen willst, darfst du Fülle in dein Leben lassen. Wenn du etwas manifestieren möchtest, darfst du lernen, einfach anzunehmen, ohne etwas dafür leisten zu müssen.

Bei größeren Wünschen und Manifestationen kann es schon mal vorkommen, dass Gedanken kommen wie: »Wer bin ich denn, dass ich das verdiene? Wer bin ich denn, dass ich einfach so Geld in mein Leben ziehe? Wer bin ich denn, dass ich einfach so die Liebe meines Lebens finde? Warum sollte es ausgerechnet bei mir in allen Lebensbereichen gut laufen?«

Es gibt eine ganz einfache Antwort auf diese Frage:

Du verdienst es, einfach, weil du bist!

Allein die Tatsache, dass du auf dieser Welt bist, reicht aus, damit alles Gute in dein Leben kommt. Du hast es dir verdient, einfach weil du DU bist. Du musst nichts leisten und nichts dafür geben. Du darfst einfach sein und empfangen. Manchmal kommen dann so kleine Stimmen vorbei: »Wo kommen wir denn da hin, wenn jeder einfach nur nimmt und nimmt und keiner gibt mehr was?«

Das Wunderschöne ist: Wenn wir einfach so etwas empfangen, dann geben wir automatisch aus unserem Herzen heraus. Weil wir wissen, dass von allem genug da ist und es eh kein Leistungsprinzip ist. Jeder verdient in seinem Leben nur das Beste. Jeder Mensch verdient es, das Leben seiner Träume zu leben. Das Einzige, was zwischen den Menschen und ihren Träumen steht, sind ihre Gedanken und Überzeugungen. Du brauchst keine Erlaubnis und du musst nichts Besonderes sein oder leisten. Du bist nämlich schon besonders. Und warst es schon immer, ab dem Moment, wo du auf diese Welt kamst.

Dein innerer Kontrolletti

Wenn du einmal verstanden hast, dass du nichts leisten musst, um etwas zu empfangen, dann wird der dritte Schritt der Manifestation, das Annehmen, bedeutend leichter. Dann steht uns aber oft noch der innere Kontrolletti im Weg. Das ist der Teil von dir, der gerne alles kontrollieren möchte. Bei mir war er sehr ausgeprägt und ist auch heute noch nicht gänzlich verschwunden.

Dein innerer Kontrolletti will über alles Bescheid wissen und alles steuern. Man könnte sagen, es ist deine interne Helikoptermama. Wehe, irgendwas geht an deinem Kontrolletti vorbei. Wehe, ihm werden irgendwelche Daten und Fakten vorenthalten. Wehe, er ist nicht in alle Entscheidungen mit eingebunden. Dann ist aber Randale angesagt. Diese Kontrollinstanz löst in vielen von uns das Gefühl von Sicherheit aus. Wir haben das Gefühl, wir hätten alles im Griff und können alles kontrollieren.

Zum Annehmen brauchen wir aber das genaue Gegenteil. Wir dürfen Kontrolle abgeben. Es ist ja gar nicht unsere Aufgabe, zu schauen, wie etwas zu uns gelangt oder wie diese Manifestation sich erfüllen kann. Der innere Kontrolletti hat bei Schritt 3 also Sendepause. Das mag der aber leider gar nicht.

Ich finde es grundsätzlich schwer, etwas »wegzumachen«, stattdessen ist es einfacher, es mit etwas anderem zu ersetzen. Also darf nun das Vertrauen übernehmen. Das ist aber zunächst einfacher gesagt als getan. Um den Kontrolletti durch Vertrauen zu ersetzen, bedarf es wieder ein wenig Übung. Je häufiger du bewusst manifestierst, desto leichter wird es dir fallen. Vielleicht löschst du deine Dating-Apps, wenn du Single bist, weil du Vertrauen hast, dass dein Partner trotzdem zu dir findet. Vielleicht manifestierst du dir einen neuen Job, ohne davon auszugehen, dass du den nur über Stellenanzeigen findest. Vielleicht gehst du auch einfach mal spazieren, ohne vorher die Route zu planen. Oder du folgst deinen Impulsen, anstatt auf deinen Kontrolletti zu hören.

Wir hatten zuhause eine Haushälterin, da wir beide berufstätig sind und drei kleine Kinder haben. Nach zwei Jahren hat unsere wundervolle Haushälterin gekündigt, und wir wollten natürlich umgehend eine neue haben. Wir hatten allerdings nur wenige Tage Zeit, da wir dann in den Urlaub fahren wollten. Ich brauchte aber unbedingt jemanden, der uns bei Haushalt, Wäsche und Putzen helfen würde, wenn wir zurück wären, denn neben den Aufgaben in meinem Unternehmen sollte auch dieses Manuskript fertig werden. Also stand mein innerer Kontrolletti sofort parat: »Dann mach eine Anzeige, such im Internet. Tu irgendwas, sonst findest du so schnell keine neue.«

Doch irgendwie fühlte es sich schwer an und nicht richtig. Ich hatte tief in mir das Vertrauen, dass wir schon die Richtige finden würden. Meine Energie zum Thema »Haushaltshilfe suchen« war zu dem Zeitpunkt nicht gerade besonders hoch, weil ich dachte, das wäre bestimmt aufwendig und dann müssen wir jemand Fremden hier ins Haus lassen und wieder alles neu zeigen. Mir war klar, in dieser Energie werde ich nichts Gutes manifestieren. Meinem Mann ging es genauso. Also haben wir erstmal nichts gemacht. Ich habe mir stattdessen täglich vorgestellt, wie toll die neue Haushaltshilfe sein würde und wie einfach alles wäre. Und ich habe ausgehalten, dass der Kontrolletti gezetert hat.

Bis kurz vor unserem Abflug in den Urlaub. An einem Morgen hatte ich plötzlich einen Impuls und habe online innerhalb von fünf Minuten eine Stellenausschreibung ausgefüllt. Mit der ersten Bewerberin habe ich am nächsten Tag schon telefoniert und es passte einfach. Einen Tag vor Abreise haben wir uns persönlich kennengelernt und als wir schon am Flughafen saßen, haben wir per Mail die Details des Arbeitsvertrags geklärt. Bingo.

Auch wenn der Kontrolldrang da ist: Lass die Kontrolle los und stärke dein Vertrauen.

Wann sind wir da?

Eine Sache gibt es beim Thema Annehmen, die ich unbedingt noch erwähnen möchte. Das ist die Frage nach der Zeitspanne. Nach einer bewussten Bestellung verwandeln sich die meisten von uns in ein Kleinkind beim Autofahren, das schon nach fünf Minuten fragt: »Wann sind wir da? Wie lange noch?« Jeder möchte natürlich gerne wissen, wann denn nun die Traumbeziehung oder das tolle Haus endlich geliefert wird. Im Grunde ist es auch hier ganz einfach: Eine Bestellung dauert immer genau so lange, wie du glaubst, dass sie dauert.

Zeit ist relativ, und ob etwas lange dauert oder ganz schnell geht, ist nur eine Illusion in unserem Kopf. Wir glauben, Kleinigkeiten zu bestellen, geht ganz schnell. Wenn du erstmal raus hast, wie du einen Parkplatz bewusst bestellst, denkst du ja nicht, dass es drei Jahre dauert, bis er geliefert wird. Das geht ganz schnell, kurz dran gedacht, ins Gefühl gegangen und dann ist der Parkplatz da, wenn du einparken willst. Zur Not drehst du noch eine Runde, aber das ist in den Köpfen der meisten eine Kleinigkeit und geht deshalb schnell.

Bei »größeren« Bestellungen sieht das oft schon anders aus. Wenn du jahrelang Single bist, und ich dich frage, wann du wohl deinen Traummann triffst, werden die wenigsten sagen: »Heute Nachmittag.« Warum nicht? Weil sie es nicht für möglich halten. Genauso ist das bei Bestellungen wie dem Traumjob oder der neuen Wohnung. Wie sehr glaubst du daran, dass du morgen schon deinen Traumjob haben könntest oder deine neue Wohnung?

Bei den meisten grätscht da der Verstand dazwischen und erklärt, was möglich ist und wie das »normalerweise« abläuft.

»Ich habe ja noch gar keine Bewerbung geschrieben. Wie soll denn jetzt plötzlich ein Job aus dem Nichts für mich auftauchen? Und selbst wenn ich zufällig einen finden sollte, dann habe ich ja eine Kündigungsfrist. Der Traumjob dauert also mindestens drei Monate.«

Merkst du, wie du dir selber Limitierungen in den Kopf setzt? Das WIE ist ja bekanntermaßen nicht dein Business. Jeder aber, der so denkt, wird alle Möglichkeiten, dass ein Jobangebot einfach so kommt oder dass die Kündigungsfrist aufgehoben werden kann, völlig außer Acht lassen. Zeitspannen und Fristen sind vor allem in unserem Kopf und manchmal sprichwörtlich wie ein Balken vor unserem Kopf. Diese Limitierungen führen dazu, dass wir bestimm te Dinge als gegeben und unveränderbar sehen und so entstehen daraus bestimmte Zeitspannen, die »nun mal so sind«.

Eine häufige Limitierung meiner Kundinnen sieht folgendermaßen aus: Sie ist Single und wünscht sich eine Familie. Sie glaubt, dass sie erst mal jemand passenden finden muss und dann (Achtung!) dauert es ja auch erstmal ein paar Jahre, bis man in die Familienplanung geht. Warum? Na, weil die meisten da draußen es so vorleben. Weil man ja am Anfang der Beziehung noch nicht über Kinder und Ehe und so weiter sprechen kann. Wer sagt denn sowas?

Ich hatte vor einigen Jahren genau so eine Kundin mit diesen Limitierungen und Glaubenssätzen. Noch während unseres Coachings hat sie jemanden kennengelernt und sich ziemlich schnell Hals über Kopf verliebt. Wenige Monate später war sie schwanger, ein Jahr später verheiratet und mittlerweile sind die beiden Zweifach-Eltern. Ein Jahr nach Beginn unseres Coachings hat sie mir geschrieben, wie unglaublich ihr Leben sich in diesem Jahr verändert hat und dass sie das nie für möglich gehalten hätte. Wir haben einfach nur ihre Limitierungen, was wie lange zu dauern hat, was man in Beziehung machen kann oder nicht, aus dem Weg geräumt. Dann ging alles ganz schnell.

Der Schlüssel dafür, dass deine Bestellung schneller kommt, ist allerdings Vertrauen und Geduld. Und das ist ja nicht jedermanns Steckenpferd. Ich war auch lange eher so eine Kandidatin: »Ich vertrau dir schon, liebes Universum, aber mach mal hinne jetzt, ich hab's eilig.«

Du darfst alle deine Limitierungen wegpusten, wie lange was zu dauern hat, und dich ganz darauf einlassen, dass das Universum schon einen Weg findet, dir deine Bestellung zu liefern. Ich setze außerdem darauf, dass die Dinge immer genau zur richtigen Zeit zu mir finden.

Das Universum kennt das perfekte Timing.

Das war nun der dritte Step einer jeden Manifestation: das Annehmen. Je mehr du lernst, im Alltag Hilfe, Komplimente und Geschenke anzunehmen, desto leichter wird es dir fallen, auch bei deinen Manifestationen nichts dafür leisten zu wollen. Du darfst dich jeden Tag wieder daran erinnern, dass du schon gut genug bist, einfach weil du auf der Welt bist. Alles kommt zu dir, wenn du dazu bereit bist, wenn du die Kontrolle loslässt und Vertrauen aufbaust.

Gib dir Zeit, um deinen inneren Kontrolletti immer häufiger in den Urlaub nach Timbuktu zu schicken und währenddessen ein geniales Leben zu erschaffen.

Das Gute kommt zu dir, wenn du dich entspannst. Genau wie das Gras nicht schneller wächst, wenn du dran ziehst, kommt auch eine Bestellung nicht schneller, nur weil du ständig darauf wartest und am liebsten ein Lieferdatum hättest.

Die drei Steps der Manifestation sind nun also klar. Jetzt gibt es noch ein paar Dinge, die dir das Manifestieren enorm erleichtern und die dir helfen, das Gelernte nun in der Praxis umzusetzen.

Was sonst noch wichtig ist

Fokus, Baby – Warum deine Energie entscheidend ist

Es war der letzte Urlaubstag in Portugal. Wir hatten eine so tolle Zeit, dass wir den Urlaub sogar noch verlängert hatten. Für die letzte Nacht mussten wir deshalb einmal unser Zimmer wechseln. In diesem neuen Zimmer war ich nun dabei, die letzten Sachen zu packen, denn in einer Stunde sollte es zum Flughafen gehen. Ich schaute gewohnheitsgemäß nach unseren fünf Reisepässen und musste mit Erschrecken feststellen: Es waren nur noch vier Pässe.

Oh nein.

Ich habe wirklich jede Tasche und jeden Winkel des neuen Zimmers auf den Kopf gestellt (das wir in der letzten Nacht wirklich nur noch zum Schlafen benutzt hatten, ohne den Koffer noch mal auszupacken). Schnell war klar: Der Reisepass unseres großen Sohnes fehlte (groß ist hier relativ, er ist sechs).

Es waren noch 45 Minuten, bis uns das Taxi zum Flughafen abholen sollte. Ich merkte, wie sich in mir alles zusammenzog. Das kann nicht sein. Ich habe überall nachgeschaut. Völlig in meinem

Film gefangen, ging ich zu meinem Mann ins Bad, der gerade noch unter der Dusche stand, und brüllte ihm hektisch zu:»Der Reisepass ist nicht da.«Als wenn er, klatschnass und mit Shampoo im Haar, in dem Moment irgendetwas daran hätte ändern können ... In meinem Kopf war nur: Error. Die Kinder wuselten um mich herum, und ich wurde immer nervöser. Eigentlich wusste ich: Der kann hier nicht sein. Ich habe alles selber gepackt. Mein Mann kam dann in seiner Seelenruhe dazu und gemeinsam packten wir nochmal alle Taschen aus und guckten alles durch. Ohne Erfolg. Johann sagte dann nach einem kurzen Blick ins Handy:»Ich habe mal nachgeschaut, wir müssten das dann schnellstmöglich der örtlichen Polizei melden und schauen, ob er überhaupt mitfliegen kann.« Ich wurde mit jeder Minute nervöser. Und ich hasse Zeitdruck oder überhaupt Situationen solcher Art mit ungewissem Ausgang.

Ich hatte schon direkt bei der Rezeption angerufen, um zu fragen, ob irgendwas abgegeben wurde. Da war aber nichts. Dann rief ich nochmal an, denn ich wusste noch, in welche Schublade ich die Reisepässe in unserem ersten Zimmer gelegt hatte. Dort wollte ich gerne noch einmal schauen, auch wenn ich mir sicher war und auch mein Mann mir versicherte, dass die leer war, als wir aus dem Zimmer sind. An der Rezeption sagte man mir, dass das Zimmer schon gereinigt sei und da die neuen Hotelgäste schon den Schlüssel hätten, dürfe das Reinigungspersonal jetzt auch nicht nochmal hinein. Und ich natürlich auch nicht. Ahhhh.

Dann wollte die nette Dame an der Rezeption versuchen, die neuen Gäste des Zimmers zu erreichen (weil die natürlich nicht im Zimmer waren), um von denen das OK zu bekommen, einmal in diese Schublade zu schauen. Die könnten aber auf dem Golfplatz nebenan sein oder schlichtweg ihr Handy im Urlaub nicht dabei haben. Oh weh, mir blieb also nichts anderes, als warten.

Noch zehn Minuten, bis das Taxi zum Flughafen fuhr. Ich war am Ende meiner Nerven. Ich lief vollständig auf Panik-Modus.

In dem Moment merkte ich es. Ich setzte mich auf die Couch, schloss die Augen und atmete einfach. »Es bringt nichts, wenn du in deinem Panik-Modus hier weitersuchst und alle, vor allem dich selbst, nur noch nervöser machst.« Ich habe mir selber quasi den Befehl gegeben: »Chill mal. Weil, ob du chillst oder nicht, ändert grade gar nichts an der Situation. Dann kannst du genauso gut auch entspannt sein.« Mit jedem Atemzug hat sich meine Energie verändert. Ich habe angefangen, in meinem Kopf immer und immer wieder den Satz zu hören: »Frau Engel, wir haben den Reisepass gefunden.«

»Frau Engel, wir haben den Reisepass gefunden.«

»Frau Engel, wir haben den Reisepass gefunden.«

Ich hörte, wie ich erleichtert »UFFF« seufzte und sah vor meinem inneren Auge, wie ich mich freue und wie mir dieser fette Felsbrocken vom Herzen fällt. Ich sah uns fünf im Flugzeug, währenddessen lief die ganze Zeit dieser Satz in meinem Kopf ab: »Frau Engel, wir haben den Reisepass gefunden.«

Knappe fünf Minuten dauerte das. Dann klingelte das Telefon. Ich ging ran und dreimal darfst du raten, welcher Satz dann kam: »Frau Engel, Sie haben doch eben nach dem Reisepass gesucht. Sie können den hier an der Rezeption abholen.«

UFFF.

Man konnte den Stein hören, der mir vom Herzen plumpste. Das erste, was ich nach dem Telefonat erleichtert gesagt habe, war: »Danke, liebes Universum, was für ein Scheiß. Ich habe es verstanden.«

Welcher Radiosender ist an?

Diese Geschichte ist für mich das beste Beispiel, um zu verstehen, was die passende Energie verändern kann. Sobald ich meine Energie gedreht habe, weg von »Hilfe, Panik, ich dreh durch« hin zu »Ok, ich entspann mal und atme zur Abwechslung durch«, konnte sich auch im Außen etwas verändern, und der Reisepass hat sich eingefunden. Ich weiß übrigens bis heute nicht, wie und wo er gefunden wurde, ich nehme an, in der besagten Schublade, aber am Ende ist es mir auch egal.

Deine Energie ist entscheidend beim Manifestieren, deine Energie bestimmt, auf welchem Radiosender du gerade sendest. Wenn die Energie in den Panik-Modus abrutscht, kannst du auch nur in dem Modus empfangen. Manchmal helfen uns andere Leute in solchen Momenten, indem sie uns beruhigen und sich so die Energie verändert. Wir alle aber haben die Macht, das auch selber zu machen. So wie ich auf der Couch durch neue Gedanken und meine Atmung.

Die Energie, die reingeht, kommt auch heraus.

Nach diesem Prinzip kann man sich auch einen wunderbaren Engelskreis erschaffen, einfach weil man schon in der richtigen Energie an die Sache rangeht. Ein wundervolles Beispiel dafür möchte ich hier mit dir teilen. Meine Kundin Theresa hat mir Folgendes erzählt:

In Claudias Liebesmagneten-Programm habe ich einen ganz besonderen Menschen kennengelernt - den habe ich mir wohl unterbewusst manifestiert. Eine Freundin, die seither wie meine zweite Hälfte ist. Leider trennen uns 500 Kilometer, sodass wir uns nicht mal eben für ein persönliches Kennenlernen auf einen Kaffee treffen konnten. Also habe ich beschlossen, zu ihr nach München zu fahren, wo sie gerade mit ihrem Freund bei einer Freundin war. Dort sollte nicht nur unser erstes Treffen stattfinden, sondern ich sollte auch noch verkuppelt werden. Ihr könnt euch nicht vorstellen, mit was für einer Energie ich in dieses Wochenende gestartet bin.

Meine Intuition sagte mir, geh mal lieber früher los zum Zug. Dort sah ich, der Zug fällt aus ... Da ich früher am Bahnhof war, habe ich um Haaresbreite noch einen Ausweichzug erreicht! Im Zug hätte ich am liebsten jeden einzelnen Passagier abgeknutscht vor lauter Vorfreude! Ich war so kribbelig und hibbelig und konnte es gar nicht erwarten! In München angekommen hat meine Freundin mich abgeholt und unser erstes Treffen »in echt« war so magisch! Wir konnten gar nicht aufhören zu strahlen und uns zu umarmen! Darauf mussten wir erstmal anstoßen. Auch ihr Freund und ihre Freundin sind so tolle Menschen, mit denen es auf Anhieb passte, und wir haben so viel gelacht! Es war alles so easy und entspannt, als würden wir uns schon ewig kennen. Die Sonne strahlte mit uns um die Wette, es hätte nicht schöner sein können! Auch das Verkupplungs-Opfer hat mich komplett aus den Socken gehauen. Auch wenn es (Achtung Spoiler) nichts geworden ist, war es ein absolut magisches Treffen, und es war so eine coole Energie zwischen uns, ich bin bis heute dankbar, diesen Menschen kennengelernt zu haben! Als wäre das noch nicht genug, kam dann auch noch ein anderer Licbesmagnet aus Claudias Programm dazu, und auch mit ihr war es, als wären wir schon ewig befreundet! Ich glaube, ich kann behaupten, dass ich in meinem Leben noch nie so ein Wochenende erlebt habe. Wir haben kaum geschlafen, aber waren von morgens bis abends so voller Energie und gut gelaunt, ich glaube, wir hätten ganz München damit versorgen können! Und genau so hatte ich mir das Wochenende vorgestellt. Ich bin mit solch einer Vorfreude und Positivität in das Wochenende gegangen, dass es einfach grandios werden musste!

Den richtigen Muskel trainieren

Die Energie, die du mitbringst, ist entscheidend. Bist du in einer tollen Energie, wenn du etwas beginnst oder dich auf etwas vorbereitest, dann wird das Vorhaben bestimmt super werden. Bist du allerdings schon in einer negativen Energie, dann kannst du daraus nichts Tolles erschaffen. Ich nutze diese (total einfache, aber dennoch bahnbrechende) Erkenntnis für mich auch bei Entscheidungen. Wenn ich eine Entscheidung treffen will, frage ich mich zunächst, in was für einer Energie ich gerade bin. Denn wenn ich bei einer Entscheidung schlechte Laune habe, dann kann daraus nur Grütze werden. Gleiches zieht Gleiches an, und Dschinni nimmt das Gefühl wahr und sagt nur: »Dein Wunsch ist mir Befehl«.

Wenn ich hingegen in einer positiven Stimmung bin, dann ist es im Grunde egal, wofür ich mich genau entscheide, denn das Ergebnis wird genauso positiv sein.

Du weißt ja schon aus den vergangenen Kapiteln, dass es nicht unbedingt die eine, unumstößliche Wahrheit da draußen gibt. Die Realität ist immer das, was du siehst, durch welche Filter du die Welt beobachtest und wie du diese Beobachtungen bewertest. Deshalb ist dein Fokus das Wichtigste, das du hast. Wo geht dein Fokus hin? Auf das, was schon alles gut gelaufen ist oder auf das, was nichts so ideal lief?

Erinnere dich mal kurz an den heutigen Tag und nimm wahr, was dir im Gedächtnis geblieben ist. Die Momente, die für dich wunderschön waren oder doch eher die, in denen dein innerer Kritiker am Werk war oder die Kaffeetasse Flecken auf deinem Shirt hinterlassen hat? Erfreust du dich in deinem Leben an den Sachen, die schon da sind oder hast du Sehnsucht nach denen, die noch nicht da sind? Geht deine Aufmerksamkeit auf den Mangel oder auf die Fülle? Alles ist eine Frage des Blickwinkels.

Und wie so oft, kann man den durch Training verändern. Du kannst dir angewöhnen, auf das Positive zu schauen und die Fülle in deinem Leben wahrzunehmen Genauso kannst du dir auch antrainieren, das Negative und den Mangel zu sehen. Meist braucht das allerdings nicht wirklich Training. Denn vom Werk her sind wir eher mit dem Mangelfokus ausgestattet. Wegen dem Säbelzahntiger und so, du erinnerst dich bestimmt. Es geht also darum, umzulernen und einen neuen Muskel zu trainieren, nämlich den Füllemuskel. Oder auch den »Ich-hab-schon-ganz-schön-viel-geiles-Zeug-in-meinem-Leben-Muskel«. Dafür gibt es eine absolut geniale Allzweckwaffe.

Der ultimative Energy-Booster

Dankbarkeit.

Der Booster unter den Manifestiermitteln. Die einfachste Methode, mit der du deine Energie innerhalb von wenigen Minuten verändern kannst. Ich würde behaupten, Dankbarkeit ist ein kolossal unterschätztes Tool. Wahrscheinlich weil es zu einfach ist. Wir meinen so oft, die Lösung unserer Probleme müsste total kompliziert sein. Eine Formel, die wir bislang nicht kannten. Etwas, das nicht jeder weiß und kann. Denn sonst hätten wir ja schon längst damit anfangen können, unser Leben zu verändern.

Ich bin mir sicher, du hast schon mal was von Dankbarkeit gehört. Selbst wenn du dich noch nicht in der Szene der Persönlichkeitsentwicklung auskennst, wird es dir schon mal über den Weg gelaufen sein: Jeder redet davon, dass es wichtig ist, dankbar zu sein für das, was du hast. Warum sind wir es dann nicht jede Sekunde unseres Lebens? Warum fühlen wir uns oft nicht wirklich dankbar, obwohl wir doch eigentlich so viel haben im Leben, wofür wir dankbar sein können?

Oft ist die Dankbarkeit einfach zu oberflächlich. »Ja, ich bin total dankbar, dass ich ein Dach über dem Kopf habe und einen Job, der mir jeden Monat ein stabiles Gehalt bringt. Aber ich wünsche mir wirklich sehr einen Partner. Und den habe ich jetzt seit Jahren nicht. Was ist denn da los?«

»Ja, ich bin wirklich sehr dankbar für meinen Mann und auch für meine Tochter. Wirklich. Aber ich fühle mich so unterfordert in meinem Job. Ich will endlich auch mal wieder zeigen können, was ich alles auf dem Kasten habe.«

Wir wollen Dankbarkeit fühlen, richten aber unseren Fokus letztendlich doch schnell wieder auf die Sachen, die eben noch nicht da sind. Das Tolle an der Dankbarkeit ist: Wenn du sie wirklich fühlst, liefert das Universum automatisch noch mehr Sachen, für die du dankbar sein kannst. Du musst gar nicht genau wissen, was das im Detail ist. Das perfekte Mittel also für alle, die sich noch nicht entscheiden konnten zwischen Tortellini, Fischsuppe und Pommes. Mache Dankbarkeit zu einem regelmäßigen Bestandteil deines Lebens. Trainiere es, sie wirklich zu spüren, dir bewusst Zeit zu nehmen und wirklich zu FÜHLEN, was du in deinem Leben hast, wofür du dankbar bist. Ganz oft wird es uns erst bewusst, wenn wir es nicht mehr haben.

Vor einigen Jahren war bei uns mal eine Wasserleitung eingefroren und wir hatten ein paar Tage kein warmes Wasser. Hallöchen, ich kann dir sagen, als dann wieder warmes Wasser aus der Leitung kam, muss ich davorgestanden haben, wie ein kleines Kind, das zum ersten Mal in seinem Leben Schnee sieht. Davor hatte ich mir noch nie Gedanken darum gemacht. Es kommt eben Wasser aus der Leitung, und zwar genau mit der Temperatur, wie ich es haben will. Fertig. Ist halt so. Ist es aber eben nicht. Es ist keine Selbstverständlichkeit.

Wenn du anfängst, alles in deinem Leben als ein Wunder zu betrachten und wahrzunehmen, wie reich das Leben dich schon beschenkt hat, dann kommst du ganz automatisch in eine wundervolle Energie. Das bedeutet übrigens nicht, dass du dann keine Wünsche mehr haben darfst. Nach dem Motto: »Du hast fließend Wasser. Das ist mehr, als viele auf der Welt haben. Alles, was du darüber hinaus willst, ist nicht nötig. Gib dich zufrieden und sei ehrfürchtig.«

Nein, das meine ich explizit nicht. Du kannst all das Tolle sehen, womit das Leben dich beschenkt (bzw. du selber, denn DU hast es manifestiert), und du wirst automatisch mehr davon anziehen. Und das ist gut so. Das ist erlaubt.

Dankbar sein für etwas und mehr davon wollen, schließt sich nicht aus. Im Gegenteil.

Leg dir gerne ein Dankbarkeitstagebuch an, in das du jeden Abend drei Dinge reinschreibst, für die du an diesem Tag dankbar warst. Das ist ein Zeitaufwand von maximal fünf Minuten. Wenn du das als neue Gewohnheit etablierst, wirst du bald erstaunt sein, was du dir erschaffst. Denn du machst dir vor dem Einschlafen keine Vorwürfe mehr, was du heute Falsches gesagt oder getan hast oder wie blöd das Meeting auf der Arbeit gelaufen ist. Stattdessen schaust du auf die kleinen Momente, die schon ganz toll waren: die Kassiererin, die dich angelächelt hat; die Sonnenstrahlen in der Mittagspause; die grüne Welle auf dem Nachhauseweg. Und wenn es Tage gibt, an denen du gefühlt nichts schreiben kannst, dann machst du dir die Dinge bewusst, die dir selbstverständlich erscheinen. Deine Familie, dein Dach über dem Kopf, deine Freunde, dein Auto, deine Gesundheit. Die Liste ist endlos, wenn du erstmal anfängst, darüber nachzudenken. Besonders effektiv ist das vor dem Schlafen, denn dein Unterbewusstsein verarbeitet alles weiter, während du schläfst. Deshalb ist es entscheidend, womit du dich am Ende des Tages beschäftigst und was du deinem Unterbewusstsein als Futter für die Schlafphase gibst. Fünf Minuten Dankbarkeit am Abend bringen dich in Lichtgeschwindigkeit dahin, wo du hinwillst. Und du bekommst ständig mehr, wofür du dankbar sein kannst. Et voilà: ein Engelskreis.

Du musst dir schon selbst Konfetti
ins Leben werfen

Wenn mich jemand fragen würde, was das Wichtigste ist, um ein glückliches Leben zu führen, dann würde ich sagen: Deine einzige Aufgabe besteht darin, dankbar zu sein und dein Leben zu feiern. Das mit der Dankbarkeit hatten wir ja eben. Damit erschaffst du noch mehr Dankbarkeit. Außerdem darfst du dein Leben und deine Erfolge feiern. Und jetzt kommt das Konfetti ins Spiel. Die meisten Menschen spielen in der Champions League, wenn es darum geht, eigene Fehler zu finden und sich dafür zu kritisieren. Beim Erfolge feiern und sich selber loben spielen wir dagegen allerhöchstens in der Bezirks- oder Kreisklasse. Auf einem der letzten Ränge. Vom Abstieg bedroht. Damit geht der Fokus ständig auf das, was noch nicht ideal läuft, auf das, was wir alles noch nicht können, auf die Fehler und auf den Mangel. Was erschaffen wir folglich mehr? Genau, mehr Mangel.

Der beste und schnellste Weg aus dieser Mangelkreation ist Konfetti werfen.

Und was hier so albern nach Kindergeburtstag oder Karneval anmutet, hat tatsächlich einen tieferen Sinn. Wenn du deinen Fokus verändern möchtest hin zu den Sachen, die gut gelaufen sind, hin zu der Fülle in deinem Leben, weil du davon gerne noch mehr hättest, dann muss sich zunächst dein Bewusstsein und später auch dein Unterbewusstsein einen neuen Automatismus aneignen. Du darfst es trainieren, das Gute zu sehen. Deine Erfolge zu feiern ist in erster Linie eine Gewohnheit. Und dabei hilft das Konfetti.

Denn sind wir doch mal ehrlich: Meist, wenn irgendwas Gutes passiert oder uns etwas gelingt, nehmen wir das noch nicht einmal wahr. Und wenn, dann sagen wir innerlich kurz »Ach, cool. Das freut mich aber«, und dann machen wir weiter im Daily Business, als wäre nichts gewesen. Beobachte dich mal ehrlich und frage dich: Schenkst du deinen kleinen Erfolgen genauso viel Aufmerksamkeit wie den Sachen, die schiefgehen? Wie lange ärgerst du dich über einen doofen Kommentar deiner Kollegin? Und wie lange freust du dich, weil du morgens auf Anhieb einen Parkplatz gefunden hast? Naaa? Da ist bei den meisten Menschen ein eindeutiges Ungleichgewicht. Dagegen hilft nur »Erfolge-Training«. Damit sich dein Gehirn das besser merken kann und mehr Zeit und Aufmerksamkeit den guten Sachen widmet, machen wir die etwas bunter und prägnanter. Dafür werfe ich gerne Konfetti. Jetzt ist dein Gehirn zunächst verwirrt: *Oh, Konfetti, bunt. Hat irgendwas mit feiern zu tun. Ist irgendwie neu und anders. Scheint wichtig zu sein.* Jeder Erfolg, den du mit Konfetti feierst, wird so einprägsamer und bekommt deshalb mehr Aufmerksamkeit. Dein Unterbewusstsein macht irgendwann ein Programm daraus und will wieder und wieder Konfetti werfen, weil es sich daran gewöhnt hat.

Warum ausgerechnet Konfetti? Du könntest genauso gut jedes Mal ein Feuerwerk anzünden oder dein Zimmer mit Heliumballons dekorieren. Oder dir jedes Mal eine Torte backen. All das sind Dinge, die unser Unterbewusstsein mit feiern verbindet. Ich finde Konfetti da weniger zeitaufwendig und im Gegensatz zum Feuerwerk auch für drinnen geeignet. Außerdem hat Konfetti den schönen Nebeneffekt, dass es ein ziemliches Chaos macht (»Oh ne, das ist ja jetzt in jeder Ritze und ich muss das gleich alles wieder aufsaugen.«), und damit bringen wir deinen inneren Kontrolletti ordentlich ins Schwitzen und lernen loslassen. Auch für mich jedes Mal wieder eine gute Lektion.

Ein Erfolg ist ein Erfolg

»Was soll ich denn jetzt feiern?«, fragst du dich vielleicht. Die denkbar einfache Antwort darauf lautet: erstmal alles. Jede Kleinigkeit, die gut läuft. Besonders aber die Sachen, von denen du vielleicht denkst: »Das ist ja jetzt wirklich nicht wichtig genug, um dafür Konfetti zu werfen. Das ist aber albern.«

Wir wollen deinem Gehirn einen neuen Automatismus antrainieren. Wie bei einer Kamera, die automatisch Objekte erkennt und sie scharf stellt. Genauso soll dein Gehirn die guten Dinge erkennen und scharf stellen. Dafür muss es diesen Prozess des Scharfstellens erst mal üben. Das ist im übertragenen Sinne jetzt das Konfetti werfen. Du kannst das Konfetti auch im Geiste werfen, es wird nur einprägsamer und geht schneller, wenn du es zunächst tatsächlich machst.

Jedes Mal, wenn du einen Parkplatz findest: Konfetti.

Jedes Mal, wenn du deine Meinung sagst, anstatt sie runterzuschlucken: Konfetti.

Jedes Mal, wenn du einen hinderlichen Automatismus findest oder Gedanken entdeckst, die du gar nicht denken willst: Konfetti.

Jedes Mal, wenn du deinem inneren Kritiker erfolgreich eine andere Stimme gibst: Konfetti.

Du darfst so viel feiern, wie du möchtest. Kleine Kinder sind da ein großes Vorbild, weil sie sich über so viele Kleinigkeiten freuen können. Denk daran: Die Summe aller Kleinigkeiten ist am Ende dein Leben. Also feiere sie, so oft es geht.

Lass uns hier nochmal das Gesetz der Anziehung anschauen. Was erschaffst du damit, dass du ständig feierst und Konfetti wirfst? Richtig, noch mehr Situationen, die du feiern kannst. Du siehst, das trägt hervorragend zu deinem Engelskreis bei. Deshalb solltest du schnellstmöglich Konfetti besorgen und es auch einsetzen. Egal, was der Partner, die Kollegen oder die Eltern sagen. Es ist ja *dein* Leben und *du* willst ab heute glücklicher sein, oder?

Wenn du magst, fang gleich heute an und frage dich im Laufe des Tages: »Wofür kann ich heute Konfetti werfen?« Mit dem richtigen Fokus wird es dir gelingen, direkt zu starten.

Nachdem du in den letzten Kapiteln unheimlich viel über das Manifestieren gelernt hast, kann es sein, dass dein Kopf manchmal raucht, während du etwas bestellen willst: Habe ich das jetzt richtig formuliert? Wie komme ich jetzt in das Gefühl dazu? Bin ich schon entspannt genug, damit es zu mir kommt? Was ist, wenn die Bestellung zu groß ist oder ich es mir nicht mehr glaube? Habe ich alles richtig gemacht? Und wenn ja, wieso ist meine Bestellung dann noch nicht da?

STOP.

Die einzig wichtige Frage, wenn du so in deinen Gedanken festhängst, ist: »Bin ich gerade in einer guten Energie?« Und wenn nicht: »Was kann ich tun, um in eine gute Energie zu kommen?« Mach dir gute Musik an, beweg dich ein bisschen, geh in die Natur, nimm ein Bad, dös ein wenig auf der Couch, lackiere die die Nägel, meditiere, mach eine Dankbarkeitsliste, schaue deine Urlaubsfotos an … Mach, was auch immer dir hilft, um in eine andere Energie zu kommen. Denn die Energie ist das Entscheidende. Zur Not holst du dein Tütchen Konfetti raus und feierst erstmal, dass du deine negative Energie wahrgenommen hast.

Bei allem, was du machst, darfst du dich fragen: Fühlt sich das gut an? So kannst du nach und nach immer besser deine Gefühle wahrnehmen und den guten Gefühlen folgen. Damit werden sie mehr und mehr.

Die Störenfriede – Glaubenssätze und wie du sie veränderst

Du kennst jetzt die drei Steps zum Manifestieren:
Bestellen.
Ins Gefühl gehen.
Annehmen.

Außerdem weißt du, wie wichtig die richtige Energie und Dankbarkeit ist. Damit ist der Weg zum bewussten Bestellen klar. Und du wirst feststellen, wie es dir an vielen Stellen immer mehr gelingen wird, genau das zu manifestieren, was du haben willst.

An einigen Stellen wirst du vielleicht merken, dass du bewusst alles nach Plan machst, sich aber nichts in deinem Leben verändert. Ich stelle mir das folgendermaßen vor: Du hast deine drei Schritte klar und gehst los. Doch plötzlich kommt von der Seite etwas angesprungen und wirft dich komplett aus der Bahn. So kannst du natürlich nicht an dein Ziel kommen. Dieses ETWAS sind Störenfriede, die uns an manchen Stellen massiv in die Manifestation hineinpfuschen.

Was sind typische Störenfriede? Zweifel, Zeitdruck, Unklarheit und Ungeduld. Angeführt wird diese illustre Truppe aber von der Nummer eins aller Störenfriede: deine limitierenden Glaubenssätze.

Wir haben schon ein paar Mal über Glaubenssätze gesprochen in diesem Buch. Wir wollen nun, da du den Bestellprozess verinnerlicht hast, noch mal etwas genauer auf die Störenfriede schauen.

Deine Glaubenssätze sind im Grunde nur Gedanken, die du so oft wiederholt hast, dass sie zu einem Programm geworden sind. Wir alle haben Glaubenssätze. Aus der Zeit, in der wir geprägt wurden. Die meisten unserer Glaubenssätze sind entstanden, als wir null bis sieben Jahre alt waren, weil wir bestimmte Sätze von unseren Eltern, Großeltern, Erziehern, Lehrern oder anderen Vertrauenspersonen immer und immer wieder gehört haben. Es können auch Sätze sein, die wir uns selber immer wieder innerlich gesagt haben. Und einige Glaubenssätze sind im Laufe unseres Lebens je nach unseren Erfahrungen dazugekommen.

Alle unsere Entscheidungen, alle unsere Gefühle und Gedankenmuster werden von unseren Glaubenssätzen gesteuert. Innerhalb von Millisekunden. Deine Glaubenssätze bestimmen dein Leben. Deshalb darfst du einmal draufschauen und erkennen, welche Glaubenssätze dir gut tun und welche dir vielleicht eher im Weg stehen. Denn wenn du tief in dir der Überzeugung bist »Geld verdirbt den Charakter«, wirst du dich schwertun, Geld zu verdienen (ich spreche aus eigener Erfahrung). Wenn du bei deinen Eltern immer gesehen hast, dass Beziehung bedeutet, sich anzuschweigen, dann wirst du nicht so viele Ambitionen haben, eine echte Beziehung anzustreben.

Grenzen im Kopf

Es ist wie beim Barrakuda und der Seebarbe: Der Barrakuda ist ein ziemlich ungemütlicher Raubfisch. Manche halten ihn für gefährlicher als einen Hai. Normalerweise ernährt sich der Barrakuda von kleineren Fischen wie zum Beispiel der Seebarbe. Wenn man so eine kleine Seebarbe und einen großen Barrakuda in einem Aquarium durch eine Glasscheibe trennt, dann passiert das, was sich wohl jeder denken kann. Der Barrakuda wird versuchen auf die kleine Seebarbe loszugehen. Ist ja schließlich sein Fressen. Durch die Glasscheibe gelingt ihm das aber nicht. Der Barrakuda macht nun die Erfahrung: »Aua, hier ist eine Grenze.« Er wird das noch ein paarmal probieren, bis er aufgibt. Nun ist das Spannende: Wenn man die Glasscheibe jetzt entfernt, geht der Barrakuda nicht mehr auf die Seebarbe los. Egal, was kommt. Eher würde er verhungern.

Wir Menschen sind genauso: Die meisten Grenzen bestehen nur in unserem Kopf. Wir haben irgendwann gelernt oder von anderen Personen übernommen, was geht und was nicht geht, was wir glauben und was nicht.

Dazu gibt es auch spannende Studien. Zwei Menschen sitzen in einem Wartezimmer. Es ertönt ein Piepsen, und eine Person steht auf und setzt sich kurz danach wieder. Sie erklärt nichts. Sie macht das aber immer wieder, wenn das Piepsen ertönt, während die andere Person verdutzt und zunehmend verunsichert schaut. Irgendwann steht auch sie mit auf. Es kommen immer mehr Menschen dazu und folgen nach anfänglicher Verwirrung dieser unausgesprochenen Regel. Irgendwann verlässt die erste Person den Raum und alle anderen machen diesen Irrsinn einfach weiter. Ohne zu wissen warum. Sie folgen einfach den etablierten Regeln dieses Warteraums.

Unsere Glaubenssätze sind genau solche oft unausgesprochenen Regeln. Sie existieren für uns in unserem Kopf. Andere Menschen würden sich bei unseren Regeln vielleicht denken, wir spinnen. Aber für uns erscheinen sie logisch. Weil sie jemand vorgemacht hat, wir sie von jemandem übernommen haben oder einfach abgeschaut haben, wie andere etwas machen.

Sei dir bewusst darüber, dass unsere inneren Überzeugungen so früh in uns installiert werden, dass wir sie als wahr ansehen und sie erstmal nicht in Frage stellen. Es bedarf also einer ganzen Menge Bewusstsein, diese Glaubenssätze überhaupt aufzudecken und dann im nächsten Schritt zu verändern. Du erkennst deine Glaubenssätze gut daran, indem du deiner inneren Stimme mal eine Weile zuhörst und darauf achtest, was sie dir so reinquakt.

Wenn du reiche Menschen Champagner trinken siehst, sagt sie vielleicht: »Boah, was für Angeber. Das muss man sich auch erstmal leisten können«. Damit verrät sie dir, dass du negative Glaubenssätze zum Thema Geld und Reichtum hast, weil du vielleicht denkst, reiche Menschen sind Angeber.

Wenn du ein verliebtes Pärchen siehst, sagt deine innere Stimme vielleicht: »Ich hätte das auch so gerne. Aber für mich gibt es nicht den passenden Deckel. Ich werde einsam als Wok sterben.« Damit verrät sie dir, dass du negative Glaubenssätze darüber hast, wie liebenswert du bist oder wie schwer Beziehungen zu finden sind.

Wenn du eine Mama siehst, die Kind und Karriere hat und deine innere Stimme quakt: »Die ist eine Ausnahme. Die meisten Frauen müssen sich ja heutzutage entscheiden, ob Kind oder Karriere. Beides geht nicht«, dann weißt du, du hast Glaubenssätze zum Thema Vereinbarkeit von Familie und Beruf.

Hartnäckige Glaubenssätze, die du schon seit deiner frühen Kindheit hast, lassen sich meist nicht nur durch »kurz mal was anderes denken« verändern. So nach dem Motto: Ich sag mir jetzt einfach immer nur, dass Kinder und Karriere zusammen gehen. Das ist ja lediglich deine bewusste Ebene. Und du weißt ja nun, dass dein Unterbewusstsein eine ganze Menge mitzureden hat. Dieses Unterbewusstsein heißt übrigens nicht umsonst UNTERbewusstsein. *Uns sind die Sachen nicht bewusst, die wir da denken.*

Es ist immer so herrlich, wenn Leute in meine Coachings kommen und zu Beginn gerne noch sagen: »Nein, ich habe keine Glaubenssätze zu Beziehungen. Ich denke, Beziehungen sind wunderschön, und ich hätte gerne eine.« Aber alles in ihrem Verhalten und wie sie von Beziehung sprechen, deutet auf negative Glaubenssätze und Überzeugungen hin. Es ist ihnen nur nicht bewusst. Das ist ja auch völlig logisch. Deine unterbewussten Glaubenssätze erscheinen dir einfach wie Fakten. So denkt doch jeder über XYZ. Das ist halt so. Punkt.

Das ist auch nicht schlimm. Denn wie schon erwähnt, jeder Mensch hat Glaubenssätze und Überzeugungen. Einige davon sind super für uns und einige stehen uns im Weg.

Glaubenssätze bewusst machen

Der erste wichtige Schritt ist also, deine unterbewussten Überzeugungen zunächst einmal ins Bewusstsein zu holen. Denn nur dann kannst du an ihnen etwas verändern.

Wie wirst du dir deiner Glaubenssätze bewusst? Im Grunde ganz einfach: Du schaust dir die Ergebnisse in deinem Leben an.

Dazu findest du auf meiner Homepage ein Rad des Lebens, das dir die verschiedenen Lebensbereiche zeigt: buch.claudiaengel.de

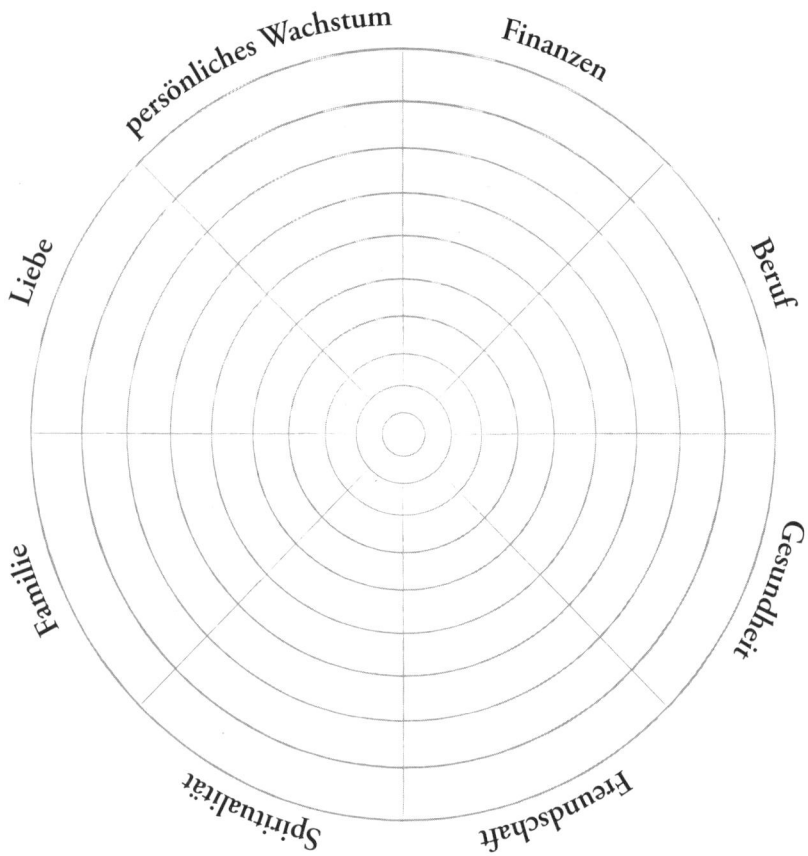

In dieses Lebensrad zeichnest du nun ein, wie zufrieden du mit den einzelnen Lebensbereichen bist. In den Bereichen, die dir noch nicht so gut gefallen, hast du höchstwahrscheinlich noch negative Glaubenssätze.

Du schaust dir diesen Lebensbereich einfach mal genauer an und schreibst alles auf, was dir dazu einfällt. Wenn du noch nicht so zufrieden in deiner Beziehung bist oder keine hast, dir aber eine wünschst, dann schreibst du alles auf, was dir zum Thema Beziehung einfällt. Alle Sprichwörter, alle Sätze, die du mal gehört hast oder alle Beziehungen, die du vorgelebt bekommen hast.

Vielleicht kommt da sowas raus wie:

»Beziehungen sind harte Arbeit.«

»Die meisten Beziehungen enden in einer Trennung.«

»Beziehung bedeutet oft, sich auseinanderzuleben und Kompromisse einzugehen.«

Vielleicht hast du Beispiele für Beziehungen beobachtet, die du nicht besonders nachahmenswert findest. Das alles sind deine negativen Glaubenssätze zu Beziehungen. Das Schöne ist: Wenn sie dir erst einmal bewusst werden, kannst du sie verändern.

Du findest im Bonus-Bereich online eine detaillierte Anleitung, wie du deine Glaubenssätze entdeckst: buch.claudiaengel.de.

Ich hatte einmal eine Kundin, die entdeckte beim Thema Glaubenssätze, dass alle Frauen in ihrer Familie alleine ihre Kinder großgezogen haben. Ihre Oma, ihre Mutter, ihre Tanten. Alle waren alleinerziehend und alle schimpften auf die Männer. Sie hörte von klein auf, dass Männer eh nutzlos seien und Frauen gut alleine zurechtkämen. Das war natürlich ein Selbstschutz von den Frauen in der Familie, die wahrscheinlich verletzt worden waren und vor ihrer Familie stark wirken wollten. Bei meiner Kundin führte das dazu, dass ihre Beziehungen auch immer wieder auseinanderbrachen. Denn unbewusst tat sie alles dafür, um zu beweisen, dass sie keinen Mann brauchte. Kein Wunder also, dass die Beziehungen schon von vornherein zum Scheitern verurteilt waren. Wir konnten diesen Glaubenssatz aufdecken und verändern, und sie sagte damals so schön: »Dieser Familienglaubenssatz endet bei mir. Ich gebe ihn nicht an meine Kinder weiter.«

Durch das Bewusstsein, was da eigentlich passierte, konnte sie sich neu entscheiden, was sie glauben wollte, und wurde nicht mehr von dem Programm ihrer Familie automatisch gesteuert.

Willst du das glauben?

Sobald du einen Glaubenssatz entdeckst (und glaub mir, das wird ab jetzt häufig der Fall sein), darfst du dich fragen: »Will ich das glauben?« Nur, weil du es bislang geglaubt hast, heißt das ja noch lange nicht, dass du es ab jetzt weiterhin glauben musst. Du kannst dich frei entscheiden, etwas anderes zu denken und etwas anderes zu glauben. Du kannst also auch gerne im Anschluss die Frage stellen: »Was will ich stattdessen glauben?«

Natürlich kommt es vor, dass du manchmal das Gefühl hast, dich selber zu veräppeln. So nach dem Motto: »Nee, natürlich will ich das nicht glauben, aber was soll ich denn machen?«

Vielleicht denkst du morgens nach dem Aufstehen: »Oh, das wird ein stressiger Tag«, weil es Montag ist und deine Erfahrung der letzten zehn Berufsjahre gezeigt hat, dass montags immer sehr viel zu tun ist und alle eher angespannt sind auf der Arbeit. Jetzt merkst du sogar, dass du denkst, heute wird ein stressiger Tag. Das ist erstmal super, denn sehr oft merken wir noch nicht mal, was wir so denken. Darauf also schon mal Konfetti. Und nun fragst du dich: »Will ich glauben, dass Montage stressig sind? Will ich glauben, dass der heutige Tag stressig wird?«

Du kannst dich entscheiden. Dafür, es nicht glauben zu wollen. Wenn dein Verstand in etwa so funktioniert wie meiner, dann höre ich ihn schon rufen: »Nein, das will ich nicht glauben, aber das glaube ich eben aktuell noch.« Es macht nichts, dass du es aktuell noch glaubst, es geht erstmal um eine bewusste Wahrnehmung und die Entscheidung, ab heute etwas anderes glauben zu *wollen*.

Nun kannst du dich fragen:»Was will ich stattdessen glauben?« Vielleicht kommt jetzt so etwas wie:»Ich will stattdessen glauben, dass Montage entspannt sind. Genauso wie Donnerstage. Ich will glauben, dass es egal ist, was für ein Wochentag ist und dass ich immer entspannt bin, wenn ich das möchte.« Das ist erstmal alles. Das ist der Satz, den du dir im Kopf behältst. Das heißt nicht, dass du sofort in die Tiefenentspannung sinkst, als hättest du zwei Stunden transzendentale Meditation hinter dir. Es ist lediglich deine Entscheidung, ab heute etwas anderes glauben zu wollen. Mit dieser Entscheidung fängt alles an.

Nach und nach kannst du dann immer häufiger den neuen Satz denken und irgendwann auch glauben.

Zusätzlich bekommst du nun noch ein paar andere und ergänzende Techniken, um deine Glaubenssätze zu verändern.

Der Vier-Schritte-Plan

Ich liebe ja Schritt-für-Schritt-Anleitungen. Das ist dir nach den vergangenen Kapiteln sicher schon aufgefallen. Deshalb gibt es auch für das Thema»Glaubenssätze verändern« nun einen Vier-Punkte-Plan.

1. Glaubenssatz ins Bewusstsein holen

Ab jetzt kannst du dir an allen Stellen deine Glaubenssätze bewusst machen und schauen, was du über Beziehungen, über

Geld, über Arbeit oder über Freundschaften denkst. Wann immer du einen Glaubenssatz entdeckst, schreib ihn dir gerne auf.

2. **Verständnis dafür aufbringen**

Wenn du jetzt feststellst: »Ah, ich denke, dass Beziehungen nicht von Bestand sind«, dann darfst du schauen, woher das kommt. Vielleicht merkst du, dass das von deinen Eltern kommt, weil die sich getrennt haben. Oder weil dir das früher mal irgendwer gesagt hat. Meist wird uns recht schnell klar, warum wir das denken, was wir denken. Wenn du auf Anhieb keine Ursache findest, warum du diesen Glaubenssatz hast, dann such bitte nicht verzweifelt. Wie sagte so schön mein NLP-Trainer Marc Pletzer: »Warum hast du ein Problem? Weil du eine Kindheit hattest.« Geh da nicht zu tief rein und wühl alles nochmal hoch, denn das macht meist nur schlechte Gefühle. Wenn dir aber schnell bewusst wird, woher dein Glaubenssatz kommt, dann bring Verständnis auf. Es geht hier nicht um Schuld. Du musst nicht bei deinen Eltern an die Tür klopfen: »So, ihr Lieben, ich habe mir jetzt mal alle meine Glaubenssätze in den verschiedenen Lebensbereichen angeschaut. Da habt ihr mir schon ziemlich viel Müll mitgegeben. Können wir da mal drüber reden?« Denn ganz sicher haben deine Eltern auch limitierende Glaubenssätze in ihrer Kindheit mitbekommen. Oder sie haben schlechte Erfahrungen gemacht, die zu negativen Glaubenssätzen geführt haben. Sie haben sicher zu jeder Zeit ihr Bestes gegeben.

3. **Sich davon entfernen/dissoziieren**

Dissoziieren bedeutet trennen, auseinanderfallen oder auch sich von etwas entfernen. Wenn dir klar wird, dass du den Glaubenssatz lediglich von jemand anderem übernommen hast, dann weißt du gleichzeitig: »Das ist ja gar nicht mein Gedanke. Ich habe diese Gedanken nur von anderen Personen übernommen. Es ist gar nicht meine Erfahrung, sondern ich habe nur den Glaubenssatz übernommen.« Du trittst quasi einen Schritt zurück und schaust dir deine Glaubenssätze aus der Ferne an und kannst dich so von ihnen entfernen.

Auch wenn es sich tatsächlich um deine eigene Erfahrung handelt, weil du zum Beispiel nach einer Trennung den Glaubenssatz entwickelt hast, dass Beziehungen nicht von Bestand sind, kannst du dich in diesem Schritt davon entfernen und entscheiden, dass du das ab heute nicht mehr glauben willst. Es war ja lediglich eine Erfahrung in deiner Vergangenheit. Gib dieser Erfahrung nicht die Macht, deine ganze Zukunft zu bestimmen.

4. Rekonditionierung

Du findest einen neuen Glaubenssatz und konditionierst dich auf diesen neuen. Das ist quasi das neue Programm, dass das alte ab heute ersetzt. Zum Beispiel: Beziehungen sind von Dauer.

Wichtig ist, dass du deinen alten Glaubenssatz nicht mehr wiederholst, damit das alte Programm verschwinden kann und das neue es ersetzt.

Das Problem bei diesem letzten Schritt ist häufig, dass wir uns den neuen Glaubenssatz (noch) gar nicht glauben können. Er ist einfach zu weit weg und erscheint uns unerreichbar. Doch auch dafür gibt es eine Lösung.

Chaining

Anstatt dir den neuen Glaubenssatz ständig vorzubeten, kannst du dich einfach Stück für Stück annähern. Wenn wir noch nie geschwommen sind, kraulen wir ja auch nicht gleich zehn Bahnen am Stück. Sondern wir gewöhnen uns erstmal an das Wasser, strampeln ein bisschen darin herum, und nach und nach werden wir immer sicherer. Bis wir irgendwann gut schwimmen und dann sogar kraulen und uns fragen, wie wir das denn jetzt gemacht haben. Genau das gleiche Prinzip gilt bei den Glaubenssätzen.

Diese Technik nennt sich Chaining (von *chain* = englisch für Kette). Genau wie sich bei einer Kette die einzelnen Glieder aneinanderreihen, so reihen sich bei uns die Glaubenssätze aneinander. Wir starten damit, deinen aktuellen Glaubenssatz aufzuschreiben, und den, zu dem du hinwillst. Also Startpunkt und Zielpunkt zu definieren.

Startpunkt: »Ich glaube, Beziehungen gehen eh immer in die Brüche.«

Zielpunkt: »Beziehungen sind von Dauer und halten und sind dabei noch wunderschön.«

Nun geht es nicht darum, möglichst schnell beim Ziel anzukommen, sondern dich zunächst mal vom Startpunkt zu entfernen. Du darfst jetzt den nächsten Glaubenssatz finden, der sich für dich noch gut anfühlt. Einen, den du dir gerade noch glauben kannst und der in die Richtung zu deinem Zielpunkt geht. Baue dazu gerne einige »Weichmacher«-Wörter ein wie: vielleicht, irgendwann, eventuell, eines Tages, ich wünsche mir, könnte ich mir vorstellen etc.

Ein erster neuer Glaubenssatz könnte dann so aussehen: »Ich wünsche mir so sehr, eines Tages glauben zu können, dass Beziehungen von Dauer sind und dazu noch wunderschön. Es wäre so schön, wenn ich das glauben könnte.«

Das ist zumindest ein Anfang, und damit wiederholst du nicht mehr ständig deinen alten Glaubenssatz, sondern richtest dich in Gedanken auf dein Ziel hin aus.

Du wiederholst diesen neuen Glaubenssatz so lange, bis du ihn wirklich glauben kannst. Dann kannst du Stück für Stück weiter deine Glaubenssätze verändern.

Ich schreib dir mal ein paar Beispiel auf, wie das aussehen könnte:

»Ich kann mir vorstellen, dass ich eines Tages wirklich fühle, dass Beziehungen von Dauer und wunderschön sind.«

»Ich entscheide mich heute dafür, dass ich glauben will, dass Beziehungen von Dauer und wunderschön sind.«

»Ich sehe ab heute immer mehr Beispiele dafür, dass Beziehungen tatsächlich von Dauer sind, das hilft mir in meinem Glauben.«

»Jeden Tag glaube ich ein Stück mehr, dass Beziehungen von Dauer und wunderschön sind.«

»Wenn ich mich frage, ob es da draußen Beziehungen gibt, die wunderschön und von Dauer sind, dann wird mir klar: Ja, die gibt es bestimmt. Nur weil ich bislang etwas anderes gesehen habe, heißt es nicht, dass es die nicht gibt.«

»Ich spüre heute schon, wie ich anfange zu glauben, dass Beziehungen wunderschön und von Dauer sind.«

Und so weiter und so weiter. Wichtig ist, dass du deine eigenen Worte verwendest. Ich liebe die Formulierung: »Ich glaube jeden Tag ein Prozent mehr, dass Beziehungen von Dauer sind. Ich vertraue jeden Tag ein Prozent mehr.«

Dieses eine Prozent löst in mir aus: »Ach komm, ein Prozent, das schaff ich locker, das ist ja nicht viel.« Nun überleg dir mal, was passiert, wenn du jeden Tag ein Prozent mehr vertraust, ein Prozent sportlicher wirst, ein Prozent verliebter in dich selbst, ein Prozent gelassener und entspannter.

Wir sehen uns in hundert Tagen wieder, und dann wirst du ein neuer Mensch sein. Du musst nicht megaviel auf einmal schaffen. Es reicht jeden Tag ein Prozent, und schon bald wirst du dich fast nicht mehr wiedererkennen.

Die ersten Schritte weg von deinem alten Glaubenssatz sind manchmal wie bei einem Magneten. Wenn du dich erstmal weit genug davon wegbewegt hast, dann lässt die magnetische Kraft los und du wirst ganz schnell und völlig mühelos zu deinem neuen Glaubenssatz kommen. Deshalb ist es bei den ersten Schritten wichtig, dranzubleiben, um sich aus dem Magnetkreis zu lösen.

Diese Technik wirkt immer wieder wahre Wunder. Wenn du dich erstmal dafür entscheidest, den alten Glaubenssatz loszulassen und nicht mehr zu wiederholen (wichtig!), dann gelangst du früher oder später zu neuen inneren Überzeugungen. Ganz egal, wie viele Jahre du vorher etwas anderes gedacht hast.

Wichtig ist allerdings, den alten Glaubenssatz wirklich nicht mehr zu wiederholen. Denn der alte Glaubenssatz ist deine neuronale Autobahn, und die gleicht aktuell einer vielbefahrenen Straße in Bangkok. Da ist richtig was los. Weil du diese Gedanken ja ständig wiederholst und das womöglich schon seit Jahren oder Jahrzehnten.

Wir wollen aus der vielbefahrenen Straße gerne wieder einen unberührten Dschungel machen. Dafür müssen alle, die da gerade entlangfahren, erstmal eine andere Straße bekommen. Eine neuere, die auch viel besser ist, weniger Schlaglöcher hat und die du einfach gedanklich neben die alte Autobahn baust. Da gilt jetzt: freie Bahn mit Marzipan. Da dürfen alle fahren wie die Wilden. Die alte Autobahn hingegen wird nicht mehr benutzt. Und irgendwann geht dein Gehirn hin und sagt: »Ey Leute, wenn hier keiner mehr fährt, dann machen wir das Ding dicht.« Und Schwups, wird aus der Autobahn wieder Natur, mit Büschen und Pflanzen zugewachsen. Die alte Autobahn hat ausgedient, und ab heute ist dort Platz, um wieder etwas ganz Neues aufzubauen.

Aus deinem Mund kommt nie die Wahrheit

Eine super Methode, um deine Glaubenssätze zu verändern, ist, sie zu hinterfragen. In deinem Kopf sind ja viel mehr Gedanken als die, die aus deinem Mund kommen. Ich versuche da manchmal wirklich, schnell zu sein und in Rekordgeschwindigkeit alle Gedanken auszusprechen, aber auch ich bin nicht schnell genug für alles, was in meinem Kopf vor sich geht. Das, was aus unserem Mund kommt, hat dann meist folgende Eigenschaften.

Es ist

verallgemeinert,

verzerrt und

getilgt.

Du siehst, das entspricht nicht ganz der ungefilterten Wahrheit. Dein Gehirn betrügt dich quasi. Und ganz oft fällt es dir selber beim Sprechen nicht mal auf.

Schauen wir uns das genauer an:

Verallgemeinerungen sind, wenn wir von einer Sache auf alle schließen. Du erkennst sie an den netten Wörtchen: *alle, niemals, keiner, dauernd.*

»Nie räumst du die Spülmaschine aus« ist ein wunderschönes Beispiel für eine Verallgemeinerung. Damit meinen wir eigentlich nur: »Du hast die Spülmaschine jetzt nicht ausgeräumt und du hast sie schon einmal (oder zweimal oder dreimal …) nicht ausgeräumt, obwohl ich dich darum gebeten habe.«

Wir machen das auch mit unseren Glaubenssätzen:

»Beziehungen sind *alle* nicht von Dauer.«

»Ich habe *nie* Glück.«

»Ich bin *ständig* unsicher.«

Die beste Frage, um diese Verallgemeinerung aufzudecken und deinen Glaubenssatz damit zu entkräften, ist:

»Stimmt das wirklich?«

Hast du schon mal eine Beziehung erlebt, die gehalten hat? Gibt es die da draußen?

Hast du noch nie Glück empfunden?

Hast du dich noch nie sicher gefühlt?

Meist müssen wir uns dann eingestehen, dass es eben nicht immer gilt. Dass es nur eine Verallgemeinerung in unserem Kopf war.

Wenn du das, was du denkst, mal auseinandernehmen willst, ist es total hilfreich, erstmal alles wortwörtlich zu nehmen. So entdeckst du ganz schnell Verallgemeinerungen. Und Verzerrungen.

Verzerrungen treten immer dann auf, wenn wir Dinge in falsche Relationen zueinander setzen. Wenn wir sagen: »Mein Kollege mag mich nicht«, dann ist das eine Annahme von uns. Die passende Frage dazu wäre: »Woher weißt du das?«

Vielleicht hat dein Kollege dich gestern doof angeraunzt in der Mittagspause. Deshalb glaubst du jetzt, dass er dich nicht leiden kann.

»Was könnte das noch bedeuten?«

Vielleicht hat er einfach nur einen schlechten Tag gehabt oder er fand irgendetwas, das du gemacht hast, nicht gut. Aber nicht gleich dich als ganzen Menschen. Wenn wir Ursache und Wirkung in eine falsche Relation zueinander setzen, dann verzerren wir unsere Realität. Der Klassiker hier ist: »Du liebst mich nicht. Du hast mir nämlich schon ewig keine Blumen mitgebracht.«

Was ist, wenn dein Partner dir seine Zuneigung einfach nur anders zeigt, als du es erwartest? Was haben denn Blumen mit Liebe zu tun? Woher weißt du, dass Blumen mitbringen Liebe bedeutet? Diese Relation machst ja nur du.

Als Drittes kommen aus deinem Mund häufig **Tilgungen**. Das passiert, wenn wir uns mit Menschen vergleichen oder einfach Sachen weglassen. Wir sagen also nicht alles, sondern tilgen bestimmte Dinge, die für den Kontext allerdings wichtig wären.

»Ich bin nicht gut genug.«

Woher weißt du das?

»Ich habe das Meeting schlecht geleitet.«

Im Vergleich zu wem? Woran würdest du merken, dass du ein Meeting gut leitest?

Die richtigen Fragen

Wir wollen, um Glaubenssätze aufzulösen, jede unserer Aussagen wirklich auseinandernehmen. Denn unser Gehirn macht einfach generelle Aussagen, und daraus leiten wir dann unsere Glaubenssätze ab. Wenn wir wirklich ins Detail gehen, merken wir, dass diese Sätze ganz oft keine Grundlage haben.

Hier helfen die klassischen W-Fragen:
Was?
Wo?
Wie genau?
Wann?
Wer?
Wer sagt das?
Woran würdest du merken, dass …?

Die einzige W-Frage, die nicht erlaubt ist, ist »Warum«. »Warum« ist generell eher eine bescheidene Frage. Sie geht immer in die Vergangenheit, und das hilft uns nicht. Wir wollen ja wissen, wie wir da wieder rauskommen.

Ich gebe dir mal ein Beispiel für die W-Fragen, dann weißt du, was ich meine.

Ein klassischer Glaubenssatz von mir war lange Zeit: »Ich bin nicht gut in Mathe.« Das ist eine Verallgemeinerung, weil ich sehr wohl 2+2 rechnen kann, das heißt, es stimmt gar nicht immer. Ich bin nicht generell schlecht in Mathe. Hier handelt es sich um eine Tilgung, denn was genau bedeutet für mich »gut«? Ich lasse hier den wesentlichen Teil aus, nämlich die Relation. Verglichen mit einem Erstklässler kann ich Mathe ganz gut. Ich könnte jetzt mit weiteren W-Fragen an mich selber nachbohren und nehme dich dazu mal mit in meinem Kopf:

Was genau ist »nicht gut in Mathe«?

»Ja, ich kann nicht so gut und schnell Kopfrechnen.«

Verglichen mit wem?

»Mein Bruder ist zum Beispiel schneller als ich.«

Ok, was ist denn schnell im Kopfrechnen?

»Hm, keine Ahnung, vielleicht, wenn ich innerhalb von drei Sekunden die Lösung für eine Aufgabe habe.«

Hast du noch nie nach drei Sekunden eine Lösung gehabt?

»Doch schon, bei ganz einfachen Sachen und wenn mir keiner zuschaut oder ein richtiges Ergebnis erwartet. Denn dann fühle ich mich unter Druck gesetzt.«

Haben alle, die gut in Mathe sind, für jede Aufgabe nach drei Sekunden das Ergebnis?

»Nein, das nun auch nicht. Aber oft schneller als ich.«

Du merkst schon, aus meinem Glaubenssatz:»Ich bin nicht gut in Mathe« könnte ich jetzt machen:»Ich bin nicht so schnell im Kopfrechnen wie mein Bruder und kann nicht innerhalb von drei Sekunden etwas zusammenrechnen, wenn mir jemand dabei zusieht.«

Oder:»Ich fühle mich nicht wohl, wenn andere Leute mich unter Druck setzen, während ich rechne.«

Das ist doch schon etwas ganz anderes. Dann merke ich auch auf einmal: Weil ich immer dachte, ich bin nicht gut in Mathe, habe ich für alles einen Taschenrechner genommen und dadurch natürlich auch das Kopfrechnen nicht geübt. Ich glaube heute, mit Übung und einem anderen, hilfreichen Glaubenssatz kann ich sehr wohl sehr gut in Mathe sein. Wenn ich es denn wollte. Mir hat es schon gereicht, den Glaubenssatz aufzulösen.

Was du mit deinen Glaubenssätzen machen darfst, ist, sie auseinanderzunehmen. So werden aus generellen Aussagen sehr spezifische Aussagen. »Ich bin nicht gut genug« könnte dann konkreter heißen: »Ich fühle mich manchmal nicht so kompetent, wenn ich meine Kollegen beobachte, die viel mehr Selbstvertrauen ausstrahlen als ich.«

Mit diesen konkreteren Sätzen kannst du ganz anders arbeiten. Du kannst dich fragen, wie du mehr Selbstvertrauen ausstrahlen kannst. Du kannst deine Kollegen fragen, ob sie sich wirklich so fühlen und wie sie das machen. Du kannst genau beobachten, ob es andere Situationen gibt, in denen du dich schon selbstsicher fühlst. Und du kannst den Glaubenssatz, mithilfe des Chainings, was ich dir eben gezeigt habe, verändern.

Bei all dem wirst du feststellen, dass du viel schneller und einfacher eine Lösung findest, als wenn du weiterhin deinen Glaubenssatz »Ich bin nicht gut genug« wiederholst.

Schreibe dir zum Abschluss des Kapitels gerne deine Glaubenssätze auf. Oft findest du dabei zahlreiche. Starte erstmal mit den wichtigsten Lebensbereichen und dort mit etwa drei Glaubenssätzen.

Nun findest du für jeden Glaubenssatz den Startpunkt und den Zielpunkt, also die Formulierung, die du gerne irgendwann glauben möchtest.

Im nächsten Schritt nimmst du deinen alten Glaubenssatz auseinander mithilfe der hier vorgestellten W-Fragen. Daraus sollte sich dann ein konkreter, viel spezifischerer Satz ergeben. Nun kannst du den Stück für Stück verändern, hin zu deinem neuen Glaubenssatz.

Wie kommt der jetzt in dein Unterbewusstsein?

Wiederholen,

wiederholen,

wiederholen.

Ich empfehle gerne, den aktuellen Glaubenssatz, den du verinnerlichen willst, auf ein Post-it zu schreiben und da hinzuhängen, wo du ihn jeden Tag siehst. Zum Beispiel innen an deinen Schrank oder am Badezimmerspiegel. Dein Unterbewusstsein liest ihn jedes Mal, wenn du in dem entsprechenden Zimmer bist. So prägt sich der Glaubenssatz immer mehr ein. Schon nach kurzer Zeit wirst du merken, wie du ihn mehr und mehr glauben kannst. Wenn das der Fall ist, kannst du die nächste Formulierung (also den nächsten »chain«, das nächste Kettenglied) ausprobieren und den wiederum auf einen Post-it schreiben und in deinem Haus verteilen.

Und jetzt? – Wie du mit Zweifeln umgehst

Puh, das war jetzt ganz schön viel Input, oder?

Vielleicht hast du schon einiges davon in die Tat umgesetzt und probierst das Manifestieren gerade aus. Du weißt jetzt, wie wichtig die richtige Bestellung ist und dass du klar formulierst, was du haben möchtest. Du schaffst es vielleicht auch schon, in das passende Gefühl zu gehen, das Gewünschte vor deinem inneren Auge zu sehen, zu riechen, zu schmecken und anzufassen. Und du übst dich im Loslassen und Annehmen. Du merkst jetzt sicher, was ich eingangs meinte, als ich sagte, es ist simpel, aber nicht immer einfach. Vielleicht hast du dir auch schon mal deine Glaubenssätze angeschaut und sie verändert. Du kannst megastolz auf dich sein, dass du dich auf all das einlässt.

Vielleicht kommt dennoch so ein Gefühl auf von: »Wo ist denn jetzt diese verdammte Manifestation? Die Frau Engel hat gesagt, ich muss es nur bestellen und fühlen. Und ich bestelle und fühle und bestelle und fühle. Und bislang ist einfach noch nichts passiert.«

Was macht du, wenn nun Zweifel kommen? Oder Ungeduld? Erstmal will ich dir sagen: Ich kenne das. Ich kenne das sogar sehr gut. Ich war gestern mit meinen Kindern bei einer Aufführung. Wir saßen kaum drei Sekunden auf unseren Plätzen, da fing mein Sohn an zu fragen: »Mama, wann geht es los?« Es vergingen weitere drei Minuten und nochmal drei. Eigentlich hätte es längst starten sollen. Und die Kinder wurden immer ungeduldiger. Ich habe dann zu meinem Sohn gesagt: »Wir können uns ja manifestieren, dass es losgeht.« In dem Moment habe ich mich an das beste Mittel gegen Ungeduld erinnert. Ich habe meinen Sohn auf meinen Schoß genommen und angefangen, mit ihm Quatsch zu machen. Er hat seine Hände auf dem Rücken versteckt, und ich habe meine Arme durch seine Armbeugen durchgestreckt. Dann hat er angefangen, etwas zu erzählen und ich habe dazu die Hände bewegt. Auch meine vierjährige Tochter war voll begeistert von dem Spiel, und wir wollten gerade so richtig loslegen, als die Lichter ausgingen und die Vorstellung begann.

Einen kurzen Moment dachten wir alle drei: »Ach nee, wieso geht es jetzt los? Wir hatten gerade so einen Spaß.« Und das, obwohl wir uns Minuten vorher nichts sehnlicher gewünscht hatten, als dass die Aufführung beginnt.

Übertrag das gerne mal auf dein Leben. Wenn du einfach eine gute Zeit hast, anstatt die ganze Zeit sehnsüchtig auf etwas zu warten, dann kommt es viel schneller. Wir kennen das alle, wenn wir auf einen Anruf warten und das Handy den ganzen Tag nicht aus den Augen lassen. Der Anruf kommt, wenn wir gerade unter der Dusche stehen oder kurz auf Toilette sind. Deswegen ist meine Empfehlung bei Ungeduld: Hab einfach eine tolle Zeit. Genieße den Augenblick mit dem was da ist, anstatt auf das zu warten, was gerade noch fehlt. Vertrau dem Universum, vertrau darauf, dass es sich für dich verschworen hat und gerade einen tollen Plan für dich ausheckt. Vertrau dir und deinen Fähigkeiten, zu manifestieren. Starte mit Kleinigkeiten, die du dir gut glauben kannst, und erschaffe dir nach und nach mehr.

Der Schlüssel ist die Entspannung und dass du dir, während du wartest, eine tolle Zeit machst. Deine einzige Aufgabe ist es, eine schöne Zeit zu haben. Fühle dich mithilfe deiner Tagträume schon in dein Ziel hinein und erfreue dich einfach an allen Dingen, die heute schon Teil deines Lebens sind.

Petra:

Ich hatte mir zu Zeiten des Glücksmagneten einige Kleinigkeiten manifestiert. Unter anderem das Glückssymbol schlechthin, nämlich einen Schornsteinfeger. Alle anderen Dinge haben sich nach und nach erfüllt, nur der Schornsteinfeger wollte sich nicht zeigen. Da kamen zwischendurch schon Gedanken wie: »Gibt es eigentlich noch Schornsteinfeger? Habe schon ewig keinen mehr gesehen ...«

Nun, wir haben gelernt, das **Wie** ist nicht unser Business, und ich konnte mir durchaus vorstellen, dass mir irgendwo eine Abbildung (auf einem Auto oder so) begegnen würde. Also habe ich losgelassen und darauf vertraut, dass es schon klappen wird.

Einige Zeit später, es war Unterrichtsvormittag und die Sonne schien gerade sehr schön durch die große Fensterfront in meinen Klassenraum, da schrie einer meiner Schüler ganz laut: »Frau Fröhlich, da sind Männer auf dem Dach.« Alle 23 Kinder guckten zum Haus gegenüber und drückten sich die Nase platt. »Was machen die da?«

Ich antwortete: »Das sind Schornsteinfeger, die reinigen den Schornstein. Außerdem bringen sie Glück!« Daraufhin haben die Kinder wie verrückt gewunken und die zwei Schornsteinfeger haben das Winken erwidert. Das war so ein schöner Moment. Es war nur etwas schwer für mich, nicht zu sagen: »Die habe ich mir manifestiert!«

TUNiversum vs. Universum

Vielleicht fragst du dich jetzt, wie das mit dem Manifestieren im Alltag konkret aussieht. Ab heute sitzt du also beseelt grinsend auf der Couch, schmeißt hier und da mal Konfetti und stellst dir in Gedanken dein Leben in schön vor? Egal, was kommt, du sagst: »Ich manifestiere mir das einfach.« Das kannst du schon so machen, für einige ist das nur die nächste Ausrede, um nicht ins Handeln kommen zu müssen.

Stell dir vor, du möchtest zehn Kilo abnehmen. Als Erstes darfst du dir dafür natürlich klar vorstellen, was dein Ziel ist, und es positiv formulieren. Jetzt gibt es die klassische Variante: Du läufst alle zwei Tage ins Fitnessstudio, ernährst dich nur noch von grünen Nahrungsmitteln, aber nur vor 18 Uhr, danach nur noch von Flüssigkeit, misst dein Bodyfett mit einer hochmodernen Waage, die du danach nie wieder benutzen wirst, zählst deine Kalorien und gehst allen in deinem Umkreis und vor allem dir selbst auf die Nerven, weil du nur noch von Kilojoule und Verbrennung redest. Ich übertreibe, aber du verstehst, was ich meine.

Das wäre eine Veränderung hauptsächlich im TUN. Du machst und veränderst alles im Außen. Kaufst dir einen Hula-Hoop-Reifen und Gewichte und haste-nicht-gesehen.

Zweite Variante: Du setzt dich auf die Couch, stellst dir vor, wie du in schlank aussiehst und isst dabei Chocolate Chips Cookies. Immer, wenn dich jemand drauf anspricht, sagst du: »Ich manifestier mir meinen Traumkörper«, während du die nächste Portion Pommes bestellst. Auch hier übertreibe ich, aber du verstehst, was ich meine.

Das wäre sozusagen nur das Universum. Du überlässt alles »dem da oben«. Der wird's schon machen. Das ist ultrabequem.

Schlank über Nacht.

Reich in wenigen Tagen.

Verheiratet übermorgen.

Ich sage nicht, dass es nicht möglich ist, sich seinen Traumkörper einfach nur vorzustellen oder seine Traumbeziehung oder Reichtum. Das ist ja Sinn und Zweck dieses Buches. Nur, und hier kommt ein klitzekleines oder größeres ABER: Du darfst mit dem arbeiten, was du dir schon glaubst. Du hast das Unterbewusstsein jetzt schon gut begriffen und wenn du denkst: »Also so ganz glaube ich mir das jetzt nicht, dass ich Kekse futternd auf der Couch sitzen kann und davon schlank werde«, dann wird das sicher auch nicht eintreffen.

Ich plädiere deshalb für ein gesundes Mittelmaß von TUNiversum, also im Außen etwas verändern, etwas für deinen Traum zu tun, und Universum, also manifestieren, was du haben willst.

Nach meiner Erfahrung (und die muss ja nicht für jeden stimmen) ist jedes Extrem, nur das eine oder das andere zu machen, für den Durchschnittsbürger anfangs schwierig. Wenn du schon jahrelang mit dem Gesetz der Anziehung vertraut bist und weißt, wie entspannt alles zu dir kommt, kannst du das mit der Couch ja mal ausprobieren. Ich wähle nach wie vor ein Mittelmaß.

Für das Abnehm-Beispiel würde das bedeuten: Du sprichst von deinem Wohlfühlkörper, siehst ihn in Gedanken schon vor dir, du änderst deine Glaubenssätze hin zu »Alles, was ich esse, macht mich schlank« (danke an dieser Stelle an meine liebe Freundin Stephanie Raiser für diesen genialen Glaubenssatz). Und gleichzeitig isst du vielleicht mal einen Salat, wenn dir danach ist oder gehst zum Sport, wenn sich das gut anfühlt.

Ich manifestiere mir mittlerweile unzählige Kleinigkeiten einfach so. Die kommen wirklich in mein Leben, ohne dass ich mich irgendwie anstrengen muss. Und bei anderen Sachen komme ich schon mal in die Handlung. Ich könnte mir noch nicht vorstellen, einfach auf der Couch zu sitzen und davon schlank zu werden. Da geht mein Mindset (noch) nicht mit. Ich glaube gleichzeitig auch nicht, dass ich, um schlank zu werden, nach 18 Uhr nichts mehr essen kann. Meine Überzeugung ist aktuell da, dass ich mir glaube, alles essen zu können, was ich möchte, wenn ich dazu etwas Sport mache.

Deine Überzeugungen zu diesem Thema können wieder ganz anders sein. Bei anderen Themen glaubst du dir das Rumsitzen und Kommenlassen vielleicht schon viel mehr. Das wird sich auch immer ändern, sobald du deine Glaubenssätze veränderst. Nur: Wenn du aktuell Ergebnisse haben möchtest, darfst du immer nach deinen aktuellen Glaubenssätzen handeln (die kannst du ja Stück für Stück verändern). Das einzig Wichtige ist: Die Handlung muss inspiriert sein. Was ist das denn jetzt schon wieder?

Inspirierte Handlung

Die meisten Handlungen, die wir tagtäglich so machen, sind nur vom Kopf gesteuert. Wir machen das, was logisch klingt, das, was Sinn macht, das, was man eben so macht. Ganz oft handeln wir damit aber gegen unsere Intuition.

Nehmen wir das Beispiel Partnersuche. Wenn du in der heutigen Zeit jemanden kennenlernen willst, werden die meisten alle Wege und Handlungen ausprobieren, also zum Beispiel Online-Dating. Vielleicht fühlt sich das aber überhaupt nicht leicht an. Viele meiner Kundinnen machen genau diese Erfahrung. Sie wollen einen Partner und halten sich bei der Partnersuche an die »geltenden Regeln«.

»Ich muss ja schon mal Online-Dating machen, wo soll ich denn sonst jemanden kennenlernen? Und wenn ich nie rausgehe, kann ich ihn ja auch nicht treffen, der wird nicht einfach vor meiner Tür stehen.«

Du erkennst sicher schon die limitierenden Glaubenssätze dahinter. Jetzt schauen wir uns das doch mal nach dem Gesetz der Anziehung an: Wenn du in einer negativen Energie bist, während du Online-Dating machst, was wird dann dabei herauskommen? Nehmen wir an, du sitzt am Sonntagnachmittag auf der Couch, deine beste Freundin hat dich versetzt, weil sie mit ihrem Partner einen gemütlichen Abend verbringen will. Du sitzt alleine da und hast das

Gefühl, der einzige Single in deinem Freundeskreis zu sein. Niemand, mit dem du jetzt sprechen möchtest, ist zu erreichen, und du bist traurig. Und alleine. Weil du diesen Zustand gerne ändern möchtest, nimmst du dein Handy in die Hand und schaust bei Tinder rein. Deine Energie dabei ist aber: »Hoffentlich ist da endlich mal jemand für mich dabei.« Die Handlung, also das Tindern, hast du nur gemacht, weil es quasi dein letzter Strohhalm war. Vielleicht hast du aber gar keinen Bock da drauf, es nervt dich, Menschen nach ihren Fotos und Fake-Angaben zu beurteilen. Und dann diese Warterei auf ein Match oder eine Antwort. Wenn du könntest, würdest du es einfach sein lassen. Die App löschen. Fertig. Wenn das dein vorherrschendes Gefühl ist, wird in diesem Moment die App für dich nichts Tolles bereithalten. Denn du agierst aus einer negativen Energie heraus, aus dem Mangel. Damit erschaffst du nur mehr Mangel.

Anders fühlt sich das an, wenn du eine inspirierte Handlung machst. Und das kann exakt das Gleiche sein, nur aus einer anderen Energie heraus.

Nehmen wir mal an, du hast Tinder gelöscht, weil es einfach nicht so deins ist. Du machst dir einen gemütlichen Sonntag mit richtig viel Zeit für dich. Du kochst was Schönes und tanzt dabei zu deiner Lieblingsmusik. Du fühlst dich dankbar für deine schöne Wohnung und das tolle neue Rezept, was du heute ausprobiert hast. Du feierst dich und das Leben. Dann lässt du dir ein Bad ein und freust dich schon, weil du deinen Lieblingsbadeschaum benutzt hast. Und plötzlich hast du eine Eingebung. Du kannst ja mal Tinder wieder installieren und schauen, was da so los ist. Gesagt, getan. Und diesmal fühlt es sich leicht an und gut und vielleicht triffst du online sogar jemanden, der dir gefällt.

Du siehst, es kann die gleiche Handlung sein, aber aus einer anderen Energie heraus.

Eine inspirierte Handlung folgt einem inneren Impuls. Sie fühlt sich leicht an, und es zieht dich wie magnetisch dahin. Das heißt nicht, dass da keinerlei Widerstände auftauchen können. Denn zwischendurch kann schon mal dein Kopf reingrätschen. Aber du hattest den Impuls, als du in einer guten Energie warst, und deshalb wird das Ergebnis entsprechend sein. Eine inspirierte Handlung fühlt sich genau so an: inspiriert. Sie entsteht nicht aus einem Mangel heraus, sondern einfach aus Lust und Freude. Aus dir selbst, aus deinem Inneren. Und jetzt ist es wichtig, dass du dann auch ins TUN kommst. Denn bei dem eben genannten Beispiel könntest du ja auch sagen: »Nee, Tinder mache ich nicht mehr, ich habe den ja im Universum bestellt, der kommt schon.« Vielleicht kommt der aber genau in dem Moment über die App?

Du bist viel mehr als nur dein Körper auf dieser Welt. Du bist angebunden an das Universum, du bist ein Teil davon. Deshalb hast du in dir auch alles, was du brauchst. Wenn also ein Impuls aus deinem Inneren heraus kommt, dann darfst du ihm auch folgen. Das heißt, du darfst dann auch in die Umsetzung kommen und wirklich etwas machen. Das wird sich meist sehr leicht anfühlen. Ich habe ja auch nicht gesagt: Ich würde gerne ein Buch schreiben, das manifestier ich mir mal und dann darauf gewartet, dass es sich von selbst schreibt. Ich habe es schon noch selber geschrieben. Das ist übrigens eine der besten Manifestationsgeschichten, die im Grunde alles beinhaltet und zusammenfasst, was du in diesem Buch gelernt hast.

Das geht nicht, sagten sie

Ich habe schon einige Jahre darüber nachgedacht, ein Buch zu schreiben. Nach und nach kamen immer mehr Anfragen aus meiner Community auf Facebook und Instagram, wann ich denn mal eins schreiben würde. Für mich war klar: Ich schreibe auf jeden Fall eins, bestellt hatte ich es also schon längst. Auf meinem Visionboard hing auch schon ein entsprechendes Foto. Nun hätte ich schon lange etwas dafür tun können. Ich hätte hektisch betriebsam werden können, ich hätte mich voll im TUNiversum verlieren können. Ein Manuskript erstellen, Verlage anschreiben, ein Exposé ausarbeiten. Nur fühlte sich das immer schwer an und nicht inspiriert. Deshalb habe ich zunächst gar nichts gemacht. Ich bin aber in unregelmäßigen Abständen immer wieder in die Vorstellung und in das Gefühl gegangen. Wie wäre es, mein eigenes Buch in den Händen zu halten?

Du siehst, Schritt 1 und Schritt 2, bestellen und ins Gefühl gehen, habe ich über eine längere Zeit immer mal wieder gemacht, oft auch nebenbei oder unbewusst.

Anfang 2019 habe ich auf einen Zettel an meiner Schrankinnenseite neben einigen anderen Zielen auch den Satz geschrieben: »Ich habe einen Buchvertrag, ich raste aus.« So konnte ich dieses Ziel und den damit verbundenen Glaubenssatz jeden Tag sehen, wenn auch meist unbewusst. Gleichzeitig hatte ich immer im Kopf: »Das Universum kennt das perfekte Timing.«

Ich war mit kleinen Kindern und meinem Coachingunternehmen mit fünf Mitarbeitern gut ausgelastet. Ich machte mir also überhaupt keinen Druck. Im Jahr 2020 dann, unser jüngster Sohn war gerade zwei Monate alt, war ich in einer Mastermind, in der eine der anderen Teilnehmerinnen schon ein Buch veröffentlicht hatte. So etwas werte ich immer als Zeichen, es zeigt mir: Die Sache, die ich möchte, kommt näher. Ich fragte sie also sehr interessiert, wie sie den Buchvertrag bekommen habe und wie das alles so abgelaufen sei bei ihr. Sie erzählte, dass sie monatelang an einem Exposé gefeilt habe, damit es wirklich perfekt wäre und überzeugen könnte. Dann habe sie es verschiedenen Verlagen angeboten und bei einem großen deutschen Verlag einen Vertrag bekommen. Ich feierte sie für ihre Zielstrebigkeit, weil ich es immer großartig finde, wenn Menschen genau wissen, was sie wollen und dafür losgehen. Gleichzeitig war in mir ein Gefühl von: Das könnte ich auch machen. Aber irgendetwas in dem Moment fühlte sich schwer an. Ich sagte dann, getreu den Manifestationsschritten *Sein, tun, haben*: »Wow, cool, ein eigenes Buch. Ich veröffentliche auf jeden Fall auch bald ein Buch.« Dann sagte sie: »Ja, da musst du schon was für tun und es den Verlagen anbieten. Die kommen nicht einfach auf dich zu.« Dieser Satz ist mir im Gedächtnis geblieben und sofort leuchteten in mir alle Alarmglocken: »Will ich das glauben?«

Nein, natürlich wollte ich das nicht glauben, das war ja gar nicht *mein* limitierender Glaubenssatz, sondern höchstens *ihre* Erfahrung. Ich blieb also bei meiner inneren Überzeugung, dass ich bald ein Buch veröffentlichen werde und vergaß das Thema tatsächlich wieder.

Kurz vor Jahresende 2020 war ich einen Nachmittag mit unserem jüngsten Sohn im Kinderwagen spazieren, und meine Gedanken wanderten plötzlich zu dem Thema Buch. Ich fragte mich, wie es wohl leicht gehen kann und da kam mir die Idee: Eine Mitarbeiterin in einem Verlag könnte ja zum Beispiel meinen Podcast hören, das ist ja gar nicht mal so abwegig. Der Podcast hatte zu der Zeit schon fast zwei Millionen Downloads, war also nicht ganz unbekannt. Das genügte meinem Kopf schon, um Ruhe zu geben, und so beschäftigte ich mich in den folgenden Tagen und Wochen wieder gedanklich mit anderen Dingen. Es muss so zwei bis drei Wochen später gewesen sein, als ich eine E-Mail bekam mit dem Betreff »Buchanfrage«. Meine wundervolle Lektorin, die ich damals noch überhaupt nicht kannte, war ein Fan meines Podcasts und hatte die Idee, ob ich nicht mal einen leichten Ratgeber zum Thema Manifestieren schreiben wollte.

BÄM!

Genau zur richtigen Zeit, unser Jüngster sollte eins werden, als das Manuskript Abgabe hatte. Als nach dem ersten Telefonat herauskam, dass die Lektorin mein absolutes Lieblingsbuch in dem Bereich der Persönlichkeitsentwicklung damals auf den deutschen Markt gebracht hatte, war klar: Das kann nur gut werden.

Das Ergebnis hältst du gerade in den Händen, und ich bin nicht nur unglaublich stolz auf das Buch an sich, sondern auch auf die Manifestationsgeschichte dahinter. Was gibt es Tolleres, als wenn ein Buch, das dir das Manifestieren zeigt, durch eine Manifestation in diese Welt gekommen ist?

Was machst du ab heute konkret anders?

Am Ende dieses Buches möchte ich dich fragen: Was hast du mitgenommen?

Und noch viel wichtiger: Was wirst du ab heute konkret anders machen?

Vielleicht schwirren dir jetzt die vielen Begriffe und neuen Konzepte im Kopf herum. Für mich ist dieses Buch wie ein Buffet. Du darfst dich bei dem bedienen, was dir schmeckt. Und ähnlich wie bei einem Buffet gilt auch: Wenn du schon total satt bist, dann hör auf zu essen. Nimm dir den Donut und den Schokoladenkeks vielleicht auf deinem Teller mit und iss ihn später. Du musst nicht alles in dich hineinschaufeln, als gäbe es kein Morgen. Das Buffet ist auch am nächsten Tag noch reichlich bestückt.

Gleichzeitig darfst du dir die Sachen, die dir am sinnvollsten für dich erscheinen, nehmen und umsetzen. Vielleicht fängst du mit einer Sache an. Eine Sache, die du ab heute anders machst, eine Sache, auf die du ab heute achtest. Lieber eine Sache und die dann richtig machen, als alles aufladen und nachher völlig fertig im Fresskoma auf dem Stuhl zusammensacken. Schreib dir das, was du aus diesem Buch mitnehmen willst, gerne auf. Verteile Post-its in deinem Zimmer. Nimm dir kleine Häppchen mit, die du im Alltag umsetzen kannst.

Wenn das Konzept des Manifestierens vor dem Buch noch total neu für dich war, dann fang einfach bei Schritt 1 an und übe das Bestellen. Nicht mehr über das Negative reden oder bei dem, was schief läuft, nicht gleich eine Ladung voll Gefühle reinzugeben, ist schon eine sehr bewusste Aufgabe, die du einige Tage und Wochen machen darfst.

Hör dir selber beim Sprechen zu, höre anderen Menschen genau beim Sprechen zu. Vielleicht entdeckst du erstmal alle möglichen Glaubenssätze. Wichtig ist, dass du liebevoll und geduldig mit dir bist. Nicht gleich alles auf einmal und perfekt umsetzen willst. Sondern nach und nach.

Denke daran: Du bist auf einer Reise. Diese Reise dauert (hoffentlich) noch eine ganze Weile. Enjoy the ride. Hab eine schöne Zeit, feier dein Leben. Und dann setzt du nach und nach das um, was du für dich umsetzen magst.

Du kannst alles in dein Leben manifestieren, was du möchtest. Denn du und ich und wir alle manifestieren schon unser ganzes Leben lang. Jede einzelne Sekunde. Ab heute wirst du jeden Tag bewusster, was du eigentlich manifestierst und kannst nachjustieren, wenn dir das Endergebnis nicht zusagt.

Lass deinen Kopf öfter mal zuhause, wenn du rausgehst.

Folge deinem Herzen und deiner Intuition, die wissen ziemlich gut, wo es für dich langgeht. Die haben dich auch hier zu diesem Buch geführt, sonst würdest du diese Seiten nicht lesen.

Mach dir klar, dass nichts im Leben unmöglich ist.

Erlaube dir dein Traumleben. Zunächst einmal in deinem Kopf und dann nach und nach in deiner Realität.

Sei geduldig und genieße jeden Moment. Denn die Summe der einzelnen Momente ist das, was wir Leben nennen.

Gib dich nicht mit Mittelmaß ab, du kannst so viel mehr.

Bestell dein Traumleben, lebe es in deinen Gedanken, fühle, wie es sich anfühlt. Erlaube es dir, in deinem Kopf schon dort zu sein. Und dann empfange, was das Universum dir schickt.

Warte auf deine inspirierten Handlungen. Wenn sie kommen, dann überlege nicht lange, sondern folge ihnen.

Hab immer eine Handvoll Konfetti dabei und feier dein Leben, denn allein die Tatsache, dass du auf dieser Welt bist, ist schon ein unfassbares Wunder.

Sei dankbar für alles, was du hast.

Mach dir bewusst, wie viel schon in deinem Leben ist. Denn davon bekommst du mehr und mehr.

Sei liebevoll mit dir, alles kommt zur richtigen Zeit.

Frag um Hilfe und übe dich im Annehmen, denn das Gute kommt zu dir, ohne dass du etwas dafür leisten musst.

Du bist unendlich wertvoll, du bist unendlich machtvoll. Ab heute erinnerst du dich jeden Tag wieder mehr daran.

Und denk daran: Zieh die Mundwinkel nach oben und entspann dich.

Danke

Dieses Buch umfasst so vieles, was ich auf meiner bisherigen Reise gelernt und gelebt habe. Und gleichzeitig hätte es nicht entstehen können, wenn diese Menschen nicht wären:

Danke an dich, Titus, denn du warst ein großer Auslöser, diese Reise zu intensivieren. Ohne dich würde es all das hier nicht geben.

Danke, Lilly, dass du mich jeden Tag Geduld lehrst und »im Moment sein«.

Danke, Lasse, dass du mir sprudelnde Lebensfreude zeigst. Danke an euch drei für eure bedingungslose Liebe.

Danke an dich Johann, mein Schatz. Danke, dass du mit unseren »umgedrehten« Rollen so souverän und entspannt klarkommst, mich unterstützt, mich erdest und mich jeden Tag wieder so annimmst, wie ich bin. Ich liebe dich.

Danke an meine Eltern, dass ihr den Jüngsten betreut habt, damit ich die Freiheit hatte, während Corona doch noch einen ungestörten Arbeitsplatz zu haben.

Danke an meinen Bruder für das beste Zitat dieses Buches, das ich auch so oft in meinen Coachings nutze (»Ich bin schon ein geiles Stück DNA«).

Danke an meine Trainer Marc und Wiebke. Ihr habt mir eine völlig neue Welt eröffnet und so viele wertvolle Werkzeuge mit an die Hand gegeben.

Danke, Kathrin, für deine stetigen Erinnerungen, mir gut zu tun, annehmen zu lernen und das Gesetz der Anziehung wirklich für jeden Lebensbereich zu nutzen.

Danke, Stephanie für das Horizont-erweitern und für deine Freundschaft.

Danke, Fenja, dass du mich blind verstehst, schon so lange Teil meines Lebens bist, und für deinen unvergleichlichen Humor.

Danke an das beste Team der Welt. Ihr seid einfach der Oberhammer.

Danke an meine Lektorin Elena Grunwald fürs Entdecken und die entspannte Zusammenarbeit.

Danke an alle meine Kundinnen, besonders die im *Liebesmagnet* und im *Glücksmagnet*. Durch euch wachse ich stetig weiter.

Danke an alle, deren Geschichten ich für dieses Buch nutzen durfte: Angela, Franziska, Carina, Fabienne, Betty, Anja, Johanna, Antonia, Theresa, Petra.

Und danke an dich, dass du dieses Buch liest und es für dich nutzt. Das bedeutet mir sehr viel.

Quellen

1 Rhonda Byrne, *The Secret*. München 2007

2 Tony Robbins, *Where focus goes, energy flows*, https://www.tonyrobbins.com/career-business/where-focus-goes-energy-flows/, Aufgerufen am 19.06.2021

3 Dr. Joe Dispenza, *Ein neues Ich*. Burgrain 2017

4 Waldemar Pallasch und Kerstin Tams, 2008 https://de.scribd.com/document/81139734/Resonanzphanomene-Anthropologische-und-Neurophysiologische-Uberlegungen (abgerufen am 22.06.2021)

5 Süddeutsche Zeitung, 16.10.2003, https://www.sueddeutsche.de/panorama/hirnforschung-mit-der-kraft-der-gedanken-1.923784 Originalstudie Online-Zeitschrift *PLoS Biology* (DOI: 10.1371/journal.pbio.0000042) (abgerufen am 22.06.2021)

6 Tagesspiegel 23.08.2015, https://www.tagesspiegel.de/wissen/mit-der-kraft-der-gedanken-wie-gelaehmte-per-gehirn-implantat-roboter-steuern/12219114.html (abgerufen am 22.06.2021)

7 Pressemitteilung Weitzmann Institut, 26.02.1998, https://idw-online.de/de/news391 (abgerufen am 22.06.2021)

8 Schrödingers Katze (abgerufen am 22.06.2021) https://www.youtube.com/watch?v=bitYXYlmT2Y

9 Shawn Achor, *Das Happiness Prinzip. Wie Sie mit 7 Bausteinen der Positiven Psychologie erfolgreicher und leistungsfähiger werden.* Kandern 2020

10 Ellen Langer, *Die Uhr zurückdrehen? Gesund alt werden durch die heilsame Wirkung der Aufmerksamkeit.* Paderborn 2011

11 Bundesministerium für Bildung und Forschung Universitätsklinikum Hamburg-Eppendorf Institut für Systemische Neurowissenschaften, https://www.gesundheitsforschung-bmbf.de/de/placebo-effekt-sichtbar-gemacht-2847.php (abgerufen am 22.06.2021)

12 Thimon von Berlepsch, *Update für dein Unterbewusstsein.* München 2020

13 Vinoth K Ranganathan, Vlodek Siemionow, Jing Z Liu, Vinod Sahgal, Guang H Yue, *From mental power to muscle power – gaining strength by using the mind.* National Library of medicine https://pubmed.ncbi.nlm.nih.gov/14998709/(DOI: 10.1016/j.neuropsychologia.2003.11.018) (abgerufen am 22.06.2021)

14 Shawn Achor, *Das Happiness Prinzip. Wie Sie mit 7 Bausteinen der Positiven Psychologie erfolgreicher und leistungsfähiger werden.* Kandern 2020

15 Paul Watzlawick (Hrsg.), *Die erfundene Wirklichkeit.* München 1981

16 Alexander Hartmann, *Mit dem Elefant durch die Wand*. München 2015

17 Jen Sincero, *Du bist der Hammer. Hör endlich auf, an deiner Großartigkeit zu zweifeln und beginn ein fantastisches Leben*. München 2017

18 Gerald Traufetter, *Die Weisheit der Gefühle*, 23.09.2007 https://www.spiegel.de/wissenschaft/mensch/intuition-die-weisheit-der-gefuehle-a-507122.html (abgerufen am 22.06.2021)

19 Christopher Chabris und Daniel Simons, *Der unsichtbare Gorilla. Wie unser Gehirn sich täuschen lässt*. München 2011

20 Thimon von Berlepsch, *Update für dein Unterbewusstsein*. München 2020

21 Joseph O'Connor, John Seymour, *Neurolinguistisches Programmieren: gelungene Kommunikation und persönliche Entfaltung*. Kirchzarten bei Freiburg 1992

22 Rhonda Byrne, *The Secret*. München 2007

23 Jill Bolte Taylor, *Auf einen Schlag*, München 2008

24 Engelskreis® ist eine eingetragene Wortmarke der Autorin Claudia Engel

Über die Autorin

© Patrick Lipke

Claudia Engel ist Glückstrainerin und Coach. Ihr Erfolgspodcast *Glück in Worten* mit mehr als drei Millionen Downloads gibt Impulse für einen glücklicheren Alltag. Nachdem sie sich selbst aus dem Karriere-Hamsterrad befreit und den Job als Fernsehjournalistin an den Nagel gehängt hat, zeigt sie heute unzähligen Menschen den Weg zum Glück mit einer Menge positiver Energie und einer Handvoll Konfetti. Aktuell ist Claudia mit ihrem Mann und den drei Kindern auf Weltreise.